谨以此书献给希瑟（Heather）、瑞秋(Rachel)和伊丽莎白(Elizabeth)

总主编 ◎ 侣化强　苗文龙

· 宗教与法律经典文库 ·

中世纪晚期英国法中的最高权威

Fundamental Authority in Late Medieval English Law

［英］诺曼·多恩◎著
NORMAN DOE

杨尚东◎译

中国政法大学出版社

2018·北京

中世纪晚期英国法中的最高权威

This is a Simplified Chinese Translation of the following title published by Cambridge University Press:

Fundamental Authority in Late Medieval English Law
by Norman Doe
ISBN-13: 9780521384582

© Cambridge University Press 1990

This Simplified Chinese Translation for the People's Republic of China (excluding Hong Kong, Macau and Taiwan) is published by arrangement with the Press Syndicate of the University of Cambridge, Cambridge, United Kingdom.

© Cambridge University Press and China University of Political Science and Law Press 2018

This Simplified Chinese Translation is authorized for sale in the People's Republic of China (excluding Hong Kong, Macau and Taiwan) only. Unauthorised export of this Simplified Chinese Translation is a violation of the Copyright Act. No part of this publication may be reproduced or distributed by any means, or stored in a database or retrieval system, without the prior written permission of Cambridge University Press and China University of Political Science and Law Press.

版权登记号：图字01-2016-4469号

序　言

这部著作的内容是我已提交剑桥大学的博士论文中的一部分。在此，请允许我向我的导师表达感激之情：S. F. C. 米尔萨姆（S. F. C. Milsom）教授花费巨大精力指导我的论文写作，并在分析和提炼论文资料过程中，尤其是涉及年鉴的材料时，给予了我极为宝贵的帮助；已故的沃尔特·厄尔曼（Walter Ullmann）教授长期致力于中世纪法律理论的研究，也正是他的著作激发了我对于这一领域研究的兴趣，他还鼓励我在剑桥大学从事这方面的研究。同时，J. H. 贝克（J. H. Baker）教授、A. W. B. 辛普森（A. W. B. Simpson）教授和 J. H. 伯恩斯（J. H. Burns）教授我也心存感激，本文的完善离不开他们的真知灼见和严格审阅。当然，我还应该感谢阿伯里斯特威斯（Aberystwyth）的凯瑟琳和詹姆斯·格瑞斯女士基金会（Catherine and Lady Grace James Foundation）、曼彻斯特（Manchester）的克罗琪·安娜基金会（the Anna Kroch Foundation）以及剑桥大学的麦格达伦学院的众位师友，正是因为他们在资金方面的慷慨支持，才能确保我能够心无旁骛地在剑桥从事这项研究。还有长久以来为我提供帮助的剑桥大学图书馆和剑桥方形法律图书馆的各位老师，他们对我一直都很关照且提供了非常有价值的帮助。当然，我还应该一并感谢剑桥大学西利历史图书馆的各位老师、剑桥大学圣约翰学院和天一学院图书馆的各位老师以及威尔士大学卡迪夫人文图书馆的各位老师,他们也为我提供了可靠的图书资料。

不能忘怀的是,在威尔士大学卡迪夫学院攻读研究生的时候,托马斯·G.沃特金(Thomas G. Watkin)教授将我带入学习法律历史的大门,并一直培养我研究这一领域的兴趣:我始终觉得愧对他的鼓励与期许。同时,对于那些平时陪我聊天帮助我整理文章思绪的朋友们(不局限于法学圈),我同样心存感激之情,如理查德·巴特利特(Richard Bartlett)、爱德华·柯伦(Edward Curran)、唐纳德·基尔(Donald Keir)、约翰·莫里森(John Morison)、西蒙·利奇(Simon leach)、约翰·洛奇(John Lodge)和保罗·理查德森(Paul Richardson)。尤其值得感谢的是我的兄弟马丁(Martin),一名出色的律师,他利用休息时间非常辛苦地为我整理初稿。而后期的文字处理和脚注添加工作,则应分别感谢艾伦·迈耶(Alan Mayer)和卡川·威廉姆斯(Catrin Williams)。另外,我还想在此单独感谢剑桥英国法律历史研究丛书的编辑J. H.贝克(J. H. Baker)教授和剑桥大学出版社的全体同仁,没有他们的耐心校对,本书就不可能顺利出版。

最后,我想表达对父母的感激之情,是他们教会了我对于学习要有耐心,并多年来给予鼓励和支持,尤其值得一提的是,我父亲还是我法语和拉丁文的启蒙老师。同时,感谢我的岳父母,他们一直是我研究的忠实支持者。当然,在此我也需要特别感谢我的妻子希瑟(Heather),尽管她是药学专业,但长期以来,她都是我文章的第一读者,正是得益于她细致的阅读和清晰的思维，使我的文章更加通顺、明晰。除此以外，她还热情招待我的那些同样研究中世纪法律历史的朋友们到家里做客，为我们的学术交谈提供了非常好的条件。另外，郑重申明一点，对于文中的任何错误，我愿意独自承担所有责任。

缩 写 表

完整的引用可参见参考文献。

AJLH	《美国法律史期刊》（American Journal of Legal History）
Brook, GA.	罗伯特·布鲁克,《葛旺迪删节版》（1573）（Robert Brooke, Graunde Abridgement）
CB	财政署内室法庭首席法官（Chief Baron of the Exchequer Chamber）
CH	T. F. T. 普拉克内特《普通法简史》（第五版, 1956）（T. F. T. Plucknett, Concise History of the Common Law）
CJCP	民事诉讼法院的首席大法官（Chief Justice of the Common Pleas）
CJKB	国王法庭的首席大法官（Chief Justice of the King's Bench）
CLJ	《剑桥法律评论》（Cambridge Law Journal）
Co. Litt.	爱德华·科克,《英格兰法律协会第一部分》（1628）,对利特尔顿法官任期的评述（Sir Edward Coke, The First Part of the Institutes of the laws of Englands, a commentary on Littleton's Tenures）
Decretum	格雷希恩,《裁决或者不和谐准则中的和谐因素》（Gratian, Decretum or A Concordance of Discordant Canons）（c. 1140）

续表

De Laudibus	福蒂斯丘,《英格兰法颂》(1468—1471)(Fortescue, *De Laudibus Legum Angliae*)
De Legibus	布莱克顿,《论英格兰的法律与习惯》(Bracton, *De Legibus et Consuetudinibus Angliae*)(*c.* 1220-1240)
De Natura	福蒂斯丘,《论自然法的本质》(Fortescue, *De Natura Legis nature*)(*c.* 1463)
De Rep	托马斯·史密斯,《论共和国》(1583)(Thomas Smith, *De Republica Anglorum*)
Dialogue	圣日耳曼,《神学博士与研习普通法的初学者之间的对话》(1528—1531)(Saint German, *Dialogue Between a Doctor of Divinity and a Student of the Common Law*)
DNB	《英格兰传记大词典》(*Disctionary of National Biography*)
Donet	皮卡克,《多尼特》(Pecock, *The Donet*)(*c.* 1443-1449)
DP	帕瓦多的马西里乌斯,《和平保卫者》(1324)(Marsilius of Padua, *Defensor Pacis*)
HER	《英国历史评论》(*English Historical Review*)
Faith	皮卡克,《信仰的书》(1456)(Pecock, *Book of Faith*)
Fifoot, Sources	C. H. S. 法福特,《普通法的历史与起源:侵权和合同》(第六版,1969)(C. H. S. Fifoot, *History and Sources of the Common Law: Tort and Contract*)
Fitzherbert, GA	安东尼·菲茨赫伯特,《葛旺迪删节版》(1577)(Anthony Fitzherbert, *Le Graunde Abridgement*)
Folower	皮卡克,《致多尼特的鲜花》(Pecock, *Folower to the Donet*)(*c.* 1453)

续表

Governance	福蒂斯丘,《英格兰的统治》(Fortescue, *The Governance of England*)(*c.* 1471)
HCLC	A. W. B. 辛普森,《普通法中关于合同的历史》(1975)(A. W. B. Simpson, *A History of the Common Law of Contract*)
HFCL	S. F. C. 米尔萨姆,《普通法的历史基础》(第二版,1981)(S. F. C. Milsom, *Historical Foundations of the Common Law*)
Holdsworth	W. S. 霍尔兹沃思,《英国法律的历史》(1922—1966)(W. S. Holdsworth, *A History of English Law*)
IELH	J. H. 贝克,《英国法律历史的介绍》(第二版,1979)(J. H. Baker, *An Introduction to English Legal History*)
Inst.	查士丁尼的机构设置(Justinain's *Institutes*)
JCP	民事诉讼法院的法官(Justice of the Common Pleas)
JKB	国王法院的法官(Justice of the King's Bench)
JLH	《法律历史期刊》(*Journal of Legal History*)
LC	英国上议院的大法官(Lord Chancellor)
LEP	理查德·胡克,《论教会政体的法律》(1594)(Richard Hooker, *The Law of Ecclesiastical Polity*)
LPMA	W. 厄尔曼,《中世纪的法律与政治》(1975)(W. Ullmann, *Law and Politics in the Middle Ages*)
LQR	《法律评论季刊》(*Law Quarterly Review*)
MED	《中世纪英语词典》(*Middle English Dictionary*)
Mirror	《正义影像》(匿名作者,13世纪)(*The Mirror of Justices*)

续表

MPT	R. W. 和 A. J. 卡莱尔,《西方中世纪政治理论史》(1903—1936)(R. W. and A. J. Carlyle, *A History of Mediaeval Political Theory in the West*)
Oakley	F. 奥克利,《论皮埃尔·戴利的政治思想》(1964)(F. Oakley, *The Political Thought of Pierre D'Ailly*)
OED	《牛津英语词典》(*Oxford English Dictionary*)
Pascoe	L. B. 帕斯科,《琼·吉尔森：教会改革的基本原则》(1973)(L. B. Pascoe, *Jean Gerson: Principles of Church Reform*)
P&M	F. 波洛克和 F. W. 梅特兰,《爱德华一世之前的英国法律史》(第二版,1898年第一版,1968年再版)(F. Pollock, and F. W. Maitland, *The History of English Law Before the Time of Edward I*)
PGP	W. 厄尔曼,《中世纪政府和政治的基本原则》(1961)(W. Ullmann, *Principles of Government and Politics in the Middle Ages*)
Port, *Notebook*	约翰·波特爵士,《约翰·波特爵士的日记》(1493—1535)(Sir John Port, *Notebook*)
Repressor	皮卡克,《不要过多地指责神职人员》(1449—1455)(Pecock, *The Repressor of Over Much Blaming of the Clergy*)
Reule	皮卡克,《宗教中的基本法则》(1443)(Pecock, *The Reule of Crysten Religioun*)
Sel. Soc.	英国法制史学会(Selden Society)
Srji	高级律师(Serjeant-at-law)
Sigmund	P. E. 西格蒙德,《尼古拉斯·库萨和中世纪政治思想》(1963)(P. E. Sigmund, *Nicholas of Cusa and Medieval Political Tkought*)

续表

Summa	阿奎那,《神学大全》(1265—1273)(Aquinas, *Summa Theologiae*)
Tenures	利特尔顿,《土地法》(Littleton, *Tenures*)(*c.* 1480)
Works	《约翰·福蒂斯丘爵士的作品集》(1869)(*The Works of Sir John Fortescue*)
YB	年鉴(Year Book)

目　录
CONTENTS

001 ｜ 序　言
004 ｜ 缩写表

001 ｜ 导　论
009 ｜ 第一章　权威与同意：平民主义的视角
041 ｜ 第二章　人定法：实证主义视角
073 ｜ 第三章　自然法：超越道德的法律
102 ｜ 第四章　正义、法之严格规定和公正
131 ｜ 第五章　司法决定和理性的权威
163 ｜ 第六章　普通法中的良知
193 ｜ 第七章　危害与不一致
219 ｜ 结束语

225 ｜ 相关法律、法规简表
230 ｜ 相关案例年鉴表
239 ｜ 参考文献
253 ｜ 索　引

导　论

　　毋庸讳言，在当代，法律通常被认为是由法条和司法判决所组成的规则体系。然而在普通法发展的早期，法律与当代法律并非同一概念。在那时，尽管已存在法条和司法判决，但法律并不能完全理解为一个自治的、可识别的、具有实质内涵的规则体系，即明确允许做什么或禁止做什么。例如，当代的学者就曾表示，在普通法开始形成的早期，虽然也存在不涉及法院令状的法律程序，但是实质意义上的法律规则只是暗存于诉讼当事人向法院提出的诉求、利于实现诉求的法院令状（在皇家法庭开始诉讼的前置条件）以及这些法院令状所规定的救济措施当中。[1]对于私人之间纠纷的解决，并不是依靠法律规则的适用，而是通过法院制定各方都可以接受的包含解决纠纷方案的令状，"在整个程序之中，真正起作用的实质性规则已包含在各方均可以接受的解决方案中，尽管不甚明晰。"[2]正如普通法早期发展轨迹显示的那样，在法律的研究和实践中，令状制度扮演着极为重要的作用。那时

---

[1] Milsom, *HFCL*, pp. 4-5, 309. See, However, H. G. Richardson and G. O. Sayles, *Select Cases of Procedure Without Writ under Henry III*, 60 Sel. Soc. (London, 1941).

[2] *HFCL*, p. 39. The relationship between the absence of a substantive law and the non-consideration of facts by courts is discussed at ibid., pp. 38-9, 83-4, and S. F. C. Milsom, "Law and fact in legal development", 17*university of Toronto law Journal* (1967) p. 1.

法律著作的主题大都集中在有关规定令状制度的法律方面，而不是涉及财产或合同的法律。[3]中世纪早期的法律实践者发现，真正的法律存在于登记在册的令状之中，而不是立法机关制定的法律条文和司法判决中所确立的规则，"从某种意义而言，令状是构成普通法的基本因素，如同圣经中的十诫或古罗马的十二铜表法一样，具体的法律条文均由此产生"[4]。

相比之下，中世纪的教会法律则是由一系列的规则组成的。在教会法庭上，我们也确实发现法官们依据一系列的成文法条进行判案。[5]事实上，到中世纪晚期，依据我们的理解，随着实体性规则的不断完善，世俗法的意涵也变得越来越清晰、明白。对此，我们不妨研读一下14世纪和15世纪立法机关所制定的针对某类特殊伤害的惩戒规则，这足以证明实体性规则的存在。换言之，依据相关事实，必然导致法定结果的产生。例如一个领主将代表其身份的服装转让给其他领主或自由民，那么他将失去这套服装并被惩以一定数额的罚款；又如有人胆敢攻击参见议会活动的议员，那么他将赔付数额巨大的罚金给受害一方并向国王交纳赎金；再如一个妇女如果被强迫签订合同，那么这一合同就是无效的。[6]与此相似，在那一时期的司法判决中，皇家法院的法官

---

[3] Baker, *IELH*, pp. 49, 52; *HFCL*, p. 37.

[4] *HFCL*, p. 36 (and p. 37); and E. de Haas and G. D. G. Hall, *Early Registers of Writs*, 87 Sel. Soc. (London 1970); F. W. Maitland, "The history of the register of original writs", in *Collected Papers*, Volume Ⅱ, edited by H. A. L. Fisher (Cambridge, 1911) p. 110.

[5] H. J. Berman, *Law and Revolution*: *the Formation of the Western Legal Tradition* (Harvard, 1983), p. 224; 罗马法对于教会法律家们的影响参见, Ibld., pp. 144, 146, 149 and Ullmann, *LPMA*, pp. 125, 139. 至于教会法律家们撰写的案例参见 J. H. Baker, "Famous English cannon lawyers: William Bateman LL. D. (d. 1355), Bishop of Norwich", 3 *Ecclesiastical Law Journal* (1988) p. 3.

[6] See 2 Hen. Ⅳ, c. 21, 11 Hen. Ⅵ, c. 11 and 31 Hen. Ⅵ, c. 9.

们也更多地采取直接判定行为是非的方式，换言之，一项关于救济方式的司法规定往往就是一条规则形成的开始。例如 A 许诺将土地转卖给 B，而 B 也提前将购买费支付给了 A，但最终结果却是 A 将土地转卖给了 C，那么通过司法救济途径，B 被欺诈所失去的财产是可以追回的。[7]又如 D 过失放火且造成 P 的财产损失，那么 P 可依据该区域已存在的惯例要求给予赔偿。[8]再如 A 因守门人未履行职责导致财物受损，从而向法院提起诉讼要求赔偿，如果 A 想打赢这场官司，那么他必须依靠该区域已存在的惯例，即所有的看门人有义务接待旅游者并看管他们的财物。[9]

不可否认，上述例子可以证明那时的实体性的法律规则，即立法规则和司法决定，已经开始直接处理有害行为。当然，在中世纪之前，这样的实体性法律也是存在的，但是在法律中明确注明什么行为是允许的和什么行为是不允许的却发生在 15 世纪之后，主要标识就是"法"或与之类似的词汇，如"违法""与法相抵触"或者"依据法律"等，开始大量出现在法律规定中。[10]正因为从 15 世纪起，法官、立法者和理论家们正式将法律作为一

---

〔7〕 T 20 Hen. VI, 34, 4, *Doige's Case* (1442)；事实上，对于异议者而言，有很多机会被提供来讨论诉讼过程中所适用的法律参见 *HFCL*, pp. 45, 59, 73, 74, and *IELH*, pp. 67-71.

〔8〕 P 2 Hen. IV, 18, 6；*IELH*, P. 339.

〔9〕 See generally, *HCLC*, pp. 229f.

〔10〕 例如，1 Hen. IV, c.8（法律不允许国王私闯民宅）；P 18 Hen. VI, 5, 5 at 6 per Fulthorpe JCP（被告违反法律的行为将受到惩罚）；P 19 Hen. VI, 62, 1 at 63 per Newton CJCP（国王剥夺一个人的继承权或将其判处死刑的决定是违法的）；T 11 Ed. IV, 6, 10, per Neele JCP（法律禁止出售劣质食品）；行为必须符合法律规定，例如 T 4 Hen. VI, 31, 11 at 32 per Martin JCP, and M 20 Hen. VII, 13, 23, per Rede CJCP. 在早期的年鉴中，这类词汇也能被找到。例如，M 17 Ed. III, 61, 65；H 21 Ed. III, 46, 65 at 47（法律和习惯）；T 21 Ed. III, 19, 4 "为了法律"；P24 Ed. III, 40, 22 at 41（法官应依法判案）。

种规范错误行为的工具,所以当代的法律工作者才能较自信的认为那一时期的法律已经被有意识地作为调整社会关系的工具。[11] 与此形成鲜明对比的是,在中世纪早期,很少有人将世俗法作为一个实体进行研究,因为那时明确、清晰的实体法律是缺乏的,不久之后,人们的关注点便聚焦到了涉及法律的理论方面。那一时期,我们只能从一些哲学家,如皮卡克(Pecock,1395？-1460)[12]、福蒂斯丘(Fortescue,1394？-1476？)[13]圣日耳曼(Saint German,1460？-1540)[14]和研究较偏向实践方面的利特尔顿(Littleton,1422-1481)[15]的著作中去寻找相关的内容。研

---

[11] Compare the views of Ullmann, *LPMA*, pp. 27f. and Milsom, *HFCL*, p. 81.

[12] 雷金纳德·皮卡克,圣阿瑟夫教堂的大主教,1444 年转任奇切斯特地区的大主教,1450 年又转任威尔士地区的大主教,早年曾进入牛津大学奥里尔学院接受教育,并在 1417 年成为该学院院士。在他的理论著作中涉及大量关于世俗法的内容:在《宗教中的基本法则》这本书中,他谈论了上帝和神法的本质;而在多尼特书中,他则介绍了关于基督教信仰的基本因素;而在其姊妹篇《致多尼特的鲜花》中,他探讨了道德问题;又究竟该如何处理信仰之间的分歧了,在《不要过多地指责神职人员》书中,雷金纳德·皮卡克拒不认同罗拉德派的教义和信仰(基督教)。这些著作均是用英语写作。如果试图了解雷金纳德·皮卡克的一生,可参见,V. H. Green, *Bishop Reginald Pecock: A Study in Ecclesiastical History and Thought* (Cambridge, 1945); E. F. Jacob, "Reynold Pecock, Bishop of Chichester", 37 Proceedings of the British Academy (1951) p. 121; A. B. Ferguson, "Reginald Pecock and the renaissance sense of history", 13 Studies in the Renaissance (1966) pp. 147-165. 至于他退休之后的生活,可参见 B. Wilkinson, The Later Middle Ages in England: 1216-1485 (London, 1969) pp. 332, 333.

[13] 约翰·福蒂斯丘,1438 年成为高级律师,在 1442—1461 年之间,他成为王座法院的首席法官;主要著作包括,*De Natura*, *De Laudibus* 和 *Governance*。至于雷金纳德·皮卡克和约翰·福蒂斯丘之间法律思想的比较,可参见 N. Doe, "Fifteenth-century concepts of law: Fortescue and Pecock", 10 *History of Political Thought* (1989) p. 257.

[14] Christopher Saint German: *Dialogue*, See J. A. Guy, *Christopher St. German on Chancery and Statue*, 6 Sel. Soc. Supplementary Series (London, 1985) for his *Little Treatise Concerning Writs of Subpoena* (1532?) and the *Little Treatise called the New Addition* (1531).

[15] 托马斯·利特尔顿,1453 年成为高级律师,从 1466—1481 年间,担任民事法庭的法官,其任期到 1480 年结束。

读这些著作的目的在于弄清楚从什么时候起法律被作为一个可识别的实体进行研究的。当然不可否认的是，在他们的著作中的确存在很多创新的部分，但是这些理论家们也不可能杜撰一个与固有的普通法律理念不同的法的概念。他们的学说符合他们所支持的民法理论、教会法理论和托马斯主义的法学理论。依据中世纪的评判标准，这些法哲学理论大致上是正统的，很大程度上是欧洲思想的产物。但是法律实践者的想法却与法学理论存在着分歧。主要的分歧体现在研究重点、视角和结论上。概言之，对于法的理论描述过于简单化且有夸张的成分，这与复杂化、平常化和精细化的法律实践特征并不相符。

基于对中世纪突然出现的实体法律（包括程序法律）和相关哲学著作进行分析，接下来的篇章将细致探究15世纪实务界和理论界对于世俗法的基本思想。本文的目的是试图重新理解中世纪晚期理论家和法律实务工作者们对于"法"的认知，不过依凭的基础并不是调控社会错误行为（譬如欠债行为、侵占行为或者违约行为等）的具体法律规则，而是一些最基本的观念，即探究实体性法律规则出现的根本原因。简言之，本文的研究重点放在了那一时期法律人对于法的本质和法的权威的理解方面。

在此需要言明的是，有两类最基本的观点将是我们重点研读的。一类观点强调法律的自治。依据我们现在的理解，那时的法律工作者和理论家们已开始将法律作为一种依靠人类意志独立存在的现象，它主要是由戒律和禁止性规则组成，并且其目的也很世俗，即处理日常生活中发生的纠纷和侵害行为。法律并不是由上帝而是由人来制定的，它的产生和改变都来自于人的颁布和使用。还需要强调的是，法律之所以具有规范性是因为它获得了人们的同意，并且它调控社会事务的具体方式也是人们自己选择的。

基于此，法律被普遍认为与道德并无多大关联。换言之，真正创造法律的是人民的意志，而不是那些所谓具有神圣性的能判断正误的抽象原则。正因为人类意志被作为法律的制定基础和权威来源，所以在那一时期已有迹象表明实证主义的法律观正悄然形成。法律实务工作者和理论家们开始接受法律是由人制定的，与道德品质并无多大关联的观点。

与此同时，一些法学著作也表述了另一类关于法律与其权威的基本思想。这一类观点强调法律与抽象的是非观念之间的联系，即法律与道德之间的关系。[16] 随着带有道德色彩的词汇不断涌入法律条文中，抽象地判定行为对错的原则逐渐支配着人类的立法行为，除此之外，道德与正在发展的实体性法律规则体系也融合在了一起，不易分离。带有神圣色彩的道德不仅仅是一种独立于人定法之外的理想规则体系，事实上实定法已经开始全面地吸纳依据道德所产生的规则。15世纪公开发布的年报和开展的立法活动中都存在一个重要的特征，即对立法决定、司法决定以及几乎所有的法律辩论活动而言，大家都习惯于将道德作为自己行为的正当性基础。纵观整个15世纪，不管是不断发展的实体性法律规则，还是沿用历史留存的习惯法规则，规则本身已经为自己的存在和适用提供了解释、奠定了正当性基础。另外，在处理具体难题和案件时，立法者和法官们也广泛使用一些具有神法色彩的词汇，如良知和理性。毫无疑问，这些词汇构成了另外一种对法及其权威的基本理解：即法律有道德基础，法律的权威来源于规

---

[16] 本文采用"道德（morality）"一词有出于方便写作的目的，其本意是指那些能判断行为正误的抽象规则。如神法的要求，正义和良知也属于"道德"的范畴。不过相对而言，本文中"道德"的内涵要狭窄的多，对行为正误抽象原则的理解也更贴近平常人的理解，仅仅包括与行为动机和损害相关的判断标准。

则本身的道德性。因此，表述规则的语言是非常重要的，毕竟立法者和法官们处理日常难题的方法就隐藏其中。通常，年报中所记录的讨论都是格式化的诡辩。很显然律师有义务帮助客户处理好涉及自身的案件，摆脱当前的困境。[17]但与此同时，那些关于法律目的和本质的基本观念肯定会影响这些律师的思维。毫无疑问，大量的属于道德范畴的词汇进入法律规定后，法官审理具体个案时必然受之影响，即会在一个已经有"正误"判断思维框架之内去思考某个难题。

  从最本源上讲，这两类观点是对立的。一类观点强调法律的基础应当是人的意志。法律的权威来源于人们的同意，即人们的使用和创制塑造了法律。而这种平民主义视角也为以后实证主义法律观的出现奠定了基础，换言之，人类自身制定的规则就是法律，哪怕这一规则违反了道德。法律和道德是完全分离的。另一类观点则强调法律的道德意涵。法律的权威来自于神圣意志铸造的道德，并且只有那些符合这些道德，即能抽象地能判断行为正误的规则才是法律。简言之，法律的权威并不仅仅来源于人的意志，更重要的是依凭那些具有神圣性的道德。

  至于普通法，我们不难发现在整个 15 世纪，实务界和理论界都不断尝试能否在法律与道德之间进行沟通、对话。与中世纪晚期的思考方式完全不同，当代的法律实践者和理论家们则完全拒绝在法律讨论中涉及道德问题。尽管如此，今天我们在发展实体性法律规则体系的同时，也在反思所持的实证主义的法律观。正如米尔萨姆（Milsom）教授所言："关于法律体系的确定性与抽象

---

  〔17〕 这里有一个警示性说明，参见 *HFCL*, P.7："历史学家……如果他认为律师参与案件的动机不仅仅是帮助其被代理人摆脱当前的困境还存在其他的企图，那么这个历史学家肯定存在认识偏颇之处。"

正义之间关系的讨论是无止境的,不过讨论本身是在相对明确的框架下进行,即法律的确是对于符合前提条件的行为规定了相应的后果的实体性规则。"[18]对于生活在15世纪的法律工作者而言,他们坚信"行悖而出者亦悖而入"这一观点是有价值的(实际上,这一谚语包含了两类不同的观点:一类观点是指依据抽象地评判行为正误的原则,错误的行为一定要纠正;另一类观点也强调要遵守已确立的制度,保持连贯性)。毫无疑问,这一谚语清晰地揭示了中世纪晚期法律思想中存在的内在紧张关系,这一矛盾也逐渐发展成为现代实证主义法律思想中的一个争论焦点。

---

[18] Ibid., p. 94.

第一章

权威与同意：平民主义的视角

在 15 世纪之前，除了布莱克顿（Bracton）和奥卡姆（Ockham）外，几乎没有英格兰的理论家认真讨论过法律的起源问题*。当然，在此之前很长一段时间内，对于许多中世纪大陆罗马法学家和教会法学家们而言，这类问题已有标准答案。直到雷金纳德·皮卡克的著作（Reginald Pecock，1443-1456）和约翰·福蒂斯丘的著作（John Fortescue，1463-1471）出版，法律权威来自于人的集体意志的观点才第一次受到广泛关注，逐渐与大陆法理学家们的观点呈分庭抗礼之势。本章将叙述依据民众同意的观点，如何最终形成了法律。不过需要言明的是，这一观点不能脱离时代的局限，也受到了封建法律思想的部分影响。依据雷金纳德·皮卡克和约翰·福蒂斯丘的观点，议会立法的主体应当是国王和民众代表，法律应受到民众广泛的支持。另外，从实然的角度而

---

* 布莱克顿，13 世纪英国法学家，著有《英国的法律与惯例》一书。奥卡姆的威廉（William of Ockham），英国学者，约 1285 年生于萨里；1349 年卒于德国慕尼黑。奥卡姆（被称为无敌博士）曾加入方济各会修士会，在牛津大学学习，从 1315—1319 年在牛津任教。他是中世纪最后一批学者之一。——译者注

言，同意也应当被认为是法律的基础，详言之，王国内施行的法律应当获得国内民众代表的同意，而不同地方施行的习惯法则肯定起源于当地的习俗并获得民众的认可。在这一论述中，对于法律的权威究竟来源于哪里的问题，人的意志成了标准答案。当然也有部分学者认为从普通法或习惯法的角度观察，法律应当是由法官的意志和他们的实践创造的。不过关于"法官造法"的问题，雷金纳德·皮卡克和约翰·福蒂斯丘都没有在其著作中进行论述。

同意与立法过程

约翰·福蒂斯丘在著作中将政府分为三类。首先，如果统治者依据其制定的法律统治国家，那么这种政体应被称为"王治政体（dominium regale）"[1]。其次，如果统治者依据民众制定的法律治理国家，那么这种政体则应被称为"民治政体（dominium politicum）"[2]。最后一种政体，则是"君民共治（the dominium politicum et regale）"，即统治者依据君主和民众都认可的法律治理国家。而"君民共治"的政体形式也是福蒂斯丘对当代英国法律制定体系的一种归类。[3]事实上，福蒂斯丘借用"君民共治"的理论模型作为分析当时英国立法体系的一种工具，我们可以清晰地

---

[1] *De Natura* I, c. 16.
[2] Ibid., c. 26.
[3] *De Laudibus*, c. 13, pp. 31-33. 对于此观点福蒂斯丘的论述可参见 *IELH*, pp. 144, 163, n. 14; *CH*, pp. 278-279; *MPT* VI, pp. 142, 172; *LPMA*, pp. 300, 301; S. B. Chrimes, *English Constitutional Ideas in the Fifteenth Century* (Cambridge, 1936) p. 60; F. Gilbert, "Fortescue's *dominium regale et politicun*", 2 *Medievalia et Humanistica* (1994) pp. 88-97; R. W. K. Hinton, "English constitutional theories from sir John Fortescue to Sir John Eliot", 75 *EHR* (1960) p. 410; J. L. Gillespie, "Sir John Fortescue's concept of royal will", 23 *Nottingham Medieval Studies* (1979) p. 47; J. H. Burns, "Fortescue and the political theory of *dominium*", 28 *Historical Journal* (1985) p. 777.

第一章 权威与同意：平民主义的视角

发现封建习俗和平民理论都对立法体系产生了影响。值得强调的是，作为立法基础的"同意"是至关重要的，也是两种理论的共同特征。

然而，福蒂斯丘的"同意理论"的适用范围并不仅仅局限在立法过程中。在仔细研究"君民共治"立法模式下的"同意理论"之前，我们应当强调的是立法的主体，即国王和议会都是被推选出来的。就议会而言，"依据英国的法律，整个机构都是人民的代表"[4]；而国王则是代表王室参与立法（一般而言，王室是由社会自然生成的），[5]这一观点已经被普遍接受。即使教会至上主义者，如皮埃尔·戴利（Pierre D'Ailly, 1350-1420），简恩·吉尔森（Jean Gerson, 1363-1429）以及库萨的尼古拉斯（Nicholas of Cusa）*，也都认为世俗政权的权威应当来自于民众的广泛认可。[6]

---

[4] *Works*, pp. 514-517: "pleno corpora regni in parliamento illo et secundum iura Angliae representato". 而这一观点同样可参见 P 39 Ed. III, f. 7A: "le parliament represent le corps de tout le royalme".

[5] *De Natura* I, cc. 18, 19. 对于亚里士多德的观点，即人类社会和政府机构是自然生成的，更为详尽的论述可参见 W. Ullmann, *Medieval Foundations of Renaissance Humanism* (London, 1977) pp. 91f. 而对于阿奎那（Aquinas）及其观点认为，"不言而喻，人就是社会和自然动物"和"如果没有人专职负责照看公共财物，那么人就无法群居在一起"，可参见 *Summa*, 1a, 96, 4（一般也可参见 *MPT*, V, pp. 10-12 and below, n. 24). 相类似的观点，还可以参见 Sigmund, p. 134; for Gerson, see Pascoe pp. 25, 28. Pecock's view was that scripture (and natural law) approved princehood: *Repressor*, II, p. 429.

* 库萨的尼古拉斯（Nicholas of Cusa, 1401-1464），德意志枢机主教、哲学家及科学家。——译者注

[6] Generally *MPT*, V, pp. 86f.; *LPMA*, pp. 140, 243, n. 1, 277, 289, n. 1; *PGP*, pp. 231-305. 对于戴利，可参见 Oakley, p. 63, n. 50: 人天生就享有的权利，"不管是对世俗政权而言，还是教会，民众都有选择的权利。简之，民众有权选择统治自己的人"；对于吉尔森，可参见 *MPT*, VI, p. 159, n. 2; and for Nicholas of Cusa, Sigmund, pp. 140, 144, n, 14. 对于约翰·梅尔（John Major, 1469-1550），可参见 *Historia Majoris Britanniae* (1521), translated by A. Constable, Publications of the Scottish History Society, volume 10 (Edinburgh, 1892) p. 213; 在讨论关于英国国王的权威时，他断言："对于国王而言，不可能否认他的权力来自于他的子民。"

皮卡克则认为国王及其继承人都是被挑选出来的统治者。[7]

依据福蒂斯丘的想法，一旦出现国王没有继承人的情形，那么领主和普通民众就必须选举出新的国王。[8]实际上，领主和普通民众也选举了斯蒂芬（Stephen）为新任国王，换言之，新国王当选的前提是必须获得普通民众的同意。而玛蒂尔达（Matilda）之所以推选她儿子成为国王的计划失败，最主要的原因在于她并没有获得英格兰领主、贵族和普通民众的选票支持。[9]斯蒂芬国王去世之后，也是由议会通过公开的选举方式推选了新的国王继位，即亨利二世。[10]进一步言之，福蒂斯丘还认为亨利六世如若想成为法国国王，也必须先获得法国民众的认可。[11]但必须承认的是，福蒂斯丘的思想中也存在一定的冲突之处。他在著作中也表达了类似"国王是由上帝挑选的"的观点。可以肯定的是，在福蒂斯丘的时代，一个普遍认可的观点就是所有的权力均来自于

---

[7] *Reule*，p.338；尽管如此，皮卡克仍是将选举机构与教会政府联系在一起，at p.318，在文中，他暗示新教的领导人都是"由人民通过选举的方式"得到任命；另外，他还进一步辩称尽管教皇"作为罗马教的最高领导人，也是所有教会的最高领导人，但他也是依据教会法令由选举产生的"：*Represssor*，II，p.439.

[8] *De Natura* II，c.35. 由民众选举一人成为国王的观点可参见 *De Laudibus*，c.13，p.31："因此，对于生活在一起的一群人，他们应当可以根据自己的偏好选举出自己的领导人"，简言之，"老百姓推选领导人"。*Governance*，p.112，也记载着布鲁图（Brutus）由一个政治选举团推选为国王的故事（布鲁图的传奇故事流传甚广，同样可参见 Port，*Notebook*，p.135）。一般也可参见论战性小册子 *Defensio Juris Domus Lancastriae*，*Works*，pp.505f："所谓的政治团体是由持有相似政治主张的人组成，其领导人应当能够代表他们的意愿。"而对于福蒂斯丘著作中涉及政治的部分可参见 P. E. Gill, "Politics and propaganda in fifteenth-century England: the polemical writings of Sir John Fortescue", 46 *Speculun* (1971) p.333.

[9] *Works*，p.505；参见 *De Titulo Commitis. Marchiae*，p.78；至于斯蒂芬，福蒂斯丘也有论述：*Works*，p.538.

[10] *Works*，p.505："新的国王继承王位必须经议会的公开选举产生。"

[11] Ibid.，pp.513,514："法国也同样认可这一原则，即议会挑选国王。"

上帝。[12]另外，福蒂斯丘也敏锐地观察到国王如同尘世中的上帝。[13]斯蒂芬不仅是由民众选举出来的国王，而且他是得到教会认可的君主。[14]同样，亨利六世也是由民众同意继承王位的，只不过教会史无前例地认可其王位的合法性，因此通过神圣的宗教仪式，亨利六世成为领主们的基督。[15]此前流行的布莱克顿学说认为国王只是上帝的儿子（*vicarius dei*），可见理论变革已不可阻挡。[16]但与之前的理论家们不同，福蒂斯丘并不试图调和这些关于权威来源的针锋相对的理论观点，如奥卡姆认为宗教仪式完全是一种人的行为，[17]而如库萨的尼古拉斯则认为通过选举产生的

---

[12] 关于福蒂斯丘的介绍参见 *De Natura* I, c. 27；关于皮卡克的介绍参见 *Repressor*, II, p. 443. 关于吉尔森的介绍则参见 Pascoe, p. 22；关于戴利的参见 Oakley, p. 76, n. 5, 关于库萨的尼古拉斯参见 Sigmund, p. 148. 关于阿奎那的参见 *Summa*, la, 2ae, 96, 4.

[13] *De Natura* II, c. 36；实际上，上帝选择扫罗（Saul）成为人间的国王：ibid., c. 11. 至于宗教对于王室的看法，参见 W. Ullmann, *Medieval Political Thought* (Harmondsworth, 1975) p. 31. Saint German wrote of "*the Ordinance of God which has given power to princes to make laws*": *Dialogue*, p. 262.

[14] *Works*, p. 505: "斯蒂芬获得王位是得到民众同意的"；关于亨利四世和五世的资料参见 *Works*, p. 501, 514；关于亨利王世和六世的："至于亨利五世和亨利六世。他们继承王位时，也是获得了代表普通民众意愿的议会的同意。"至于理查德二世向议会宣布退位的材料，可参见 *MPT*, VI, pp. 71f. 从法律的角度讲，亨利七世的国王权威来自于当时的议会。G. R. Elton. *The Tudor Constitution* (2nd edition, Cambridge, 1982) p. 4.

[15] 关于英国继承王位的合法性基础应当是经过民众同意、教会的认可和上帝的允许的观点，可参见 *Works*, p. 84. Also p. 498. 关于国王具有多种角色重合特征的论述，可参见 ibid., p. 514. And William Lyndwood, *Provinceale* (1430), edited by J. V. Bullard and H. C. Bell (London, 1929) p. 126；同时也可参见 H 10 Hen. VII, 17, 17at 18 per Brian CJCP；关于赫西法官（Hussey CJKB）的宗教思想，参见 H 1 Hen. VII, 10, 10, and for statute, 16 Ric. II, c. 5.

[16] *De Legibus et Consuetudinibus Angliea*, translated by S. E. Thorne, Volume II (Harvard, 1968) p. 33；讨论参见 Ullmann, *Medieval Political Thought*, p. 152.

[17] A. S. McGrade, *The Political Thought of William of Ockham* (Cambridge, 1974) p. 86.

国王只有得到上帝的认可后，方具有权威。[18]

封建实践和平民理论

封建制度从本质而言起源于地主与农民之间关于土地租期的私人契约。对于这份根据双方自由合意产生的契约，领主和封臣都必须遵守。[19]必须强调的是，国王也是封建领主，他与农民的代表也需要签订相类似的合同，基于此，这些代表对国王的政府也具有影响力。我们不难发现，一方面关于王权的理论始终想把国王放置在平民社会的外面（如此可以强调国王权威的神圣性），但另一方面封建制度又将国王与平民社会紧密地联系在了一起。[20]顺言之，依据国王在封建社会中所扮演的角色，是不可能独自制定法律的，必须得到农民代表的同意。当然这一过程也可以用这样一种方式表述："如果政府计划制定某部法律，封建国王必须提前与王国的贵族们（他们与国王的关系可理解为契约关系）协商并达成共识。"[21]封建社会开始的一个标志就是贵族参与立法活动，这也是封建社会的一个最重要的特征（国王与贵族共治），不过从十三、十四世纪开始，参与立法的主体范围逐渐扩大，最终囊括社会各阶层。[22]

---

[18] Sigmund, p. 144, n. 14："尽管所有的权力都来自于人民，但是统治权的建立，必须经过一定的固定的格式"；n. 15："统治权来自于上帝，但必须进过人民和议会的选举同意方可行使。"

[19] 例如可参见 H. S. Maine, *Ancient Law* (1861), with an introduction by J. H. Morgan, (London, 1917, reprinted 1977) p. 214; F. L. Ganshof, *Qu'est-ce que La Féodalité?* (2nd edition, Brussels, 1944) p. 89. 一般可参见 S. F. C. Milsom, *The Legal Framework of English Feudalism* (Cambridge, 1976) p. 39.

[20] *PGP*, p. 151; *LPMA*, p. 215.

[21] *PGP*, pp. 150, 151.

[22] C. H. McIlwain, *The High Court of Parliament and Its Supremacy* (New Haven, Conn., 1934) pp. 9, 19-22; C. H. McIlwain, *Constitutionalism and the Changing World* (Cambridge, 1939) p. 248.

第一章 权威与同意：平民主义的视角

在 13 世纪，布莱克顿对于立法的探讨主要集中在封建政府层面。在英国，依据《大宪章》的规定，法律只有获得贵族们的同意和议会的批准方能具有效力，同时这份文件也首次明确了国王的权力；另外，如果没有依据法定程序，即获得贵族们和议会的同意，任何法律不得被修改或废止。[23]毫无疑问，这一思想与大陆法学家们的平民理论非常相似，即法律产生的决定力量应当是人民的同意。帕多瓦的马西里乌斯（Marsilius of Padua，d. 1343?）*在其代表作《和平保卫者》（*Defensor Pacis*，1324）[24]中，认为法律是由民众制定的，并且其强制力也来自于民众作为立法者的意志。[25]

---

[23] *De Legibus*, II, pp. 19, 21. 格罗斯泰特（Grosseteste）也持相类似的观点：H. M. Cam, *Law-Finder and Law-Makers*（London, 1962）p. 137. 国王就任时必须宣誓他必须捍卫由议会通过的法律：P. E. Schramm, *A History of the English Coronation*（Oxford, 1937）p. 206；至于批评意见，可参见 *The Mirror of Justices*, edited by W. J. Whittaker and F. W. Maitland, 7 Sel. Soc.（London, 1893）p. 155.

* 帕多瓦的马西里乌斯（Marsilius of Padua，1275/1280-1342/1343）出生在帕多瓦声誉显赫的美纳蒂尼家族。在他的直系亲属中有律师，法官和公证人。他的父亲是帕多瓦大学的一位公证人。马西略从小就受到了城市政治事务的影响。他的专业是医学，他却热衷于政治，并成为一名市民领袖的好友。他曾经在巴黎大学艺术系任教。他一生的大部分时间与德国国王路德维希四世王室有着密切的关系，先后担任过路德维希四世的大使和顾问，也为后者的事业进行过广泛而有深度的辩护。1324 年，他在巴黎完成了《和平保卫者》一书，这是中世纪晚期最富原创性和影响力的一部著作。此后，他又撰写了两篇关于罗马帝国和罗马皇帝权威的论文，即《论帝国的转移》和《小辩护书》（也译作《维护者小著作》），后者是《和平保卫者》一书的提纲，也是对该著作观点的重申。——译者注

[24] *DP*, II, p. 45. 概言之，阿奎那似乎还是赞成一种"混合"政府的政体形式（同时，他也表示神法存在是必要的）："因此，一国之内最好的政治制度应当是一个特别优秀的人统治所有人，在他之下，政府的各个机关履行其负有的职责。当然，这些人都是被选举出来的。毫无疑问，这是最好的政体，君主混合体制。国王作为贵族的代表统治大家，而民主制则确保统治者是由人民选举的。"（*Summa*, 1a, 2ae, 105, 1）. 奥卡姆认为民众的同意是立法世俗权威最原始的基础。当然如果条件适当，有时民众也需服从强制的权威。不过奥卡姆否认人民"有权收回它已经赋予政府的权力"：McGrade, *The Political Thought of William Of Ockham*, pp. 103-107.

[25] 一般可参见 *PGP*, pp. 283-285.

借助罗马法的内容，巴托鲁斯（Bartolus de Sassoferrato，d. 1357）认为公众的明确同意是成文法的基础，法律是由议会或总代表（代表人民的意志，由人民选举）所制定的。

法律理论：封建制度与平民理论的融合

福蒂斯丘的"君民共治"理论是探究当代立法制度的工具，详言之，这一理论强调国王与民众共同制定议会法律的行为。当然，福蒂斯丘创建的理论只是对过去封建制度实践经验的总结。一方面他采用较宽泛的解释方法来详细阐述一类已非常成熟的封建制度，另一方面却试图依据平民理论重新阐述立法过程。福蒂斯丘之所以能够这么做，主要原因在于封建制度与平民理论在"同意"思想方面存在一定的契合关系。实际上，封建制度的根基就是"同意理论"，而这也确保福蒂斯丘可以采用平民主义观点来阐释立法过程。

福蒂斯丘解释道，"君民共治"政体意味着参与治理的政府主体是多元的，民众与君主一同制定法律，缺一不可。[26]当然这一理论的提出也有历史背景，即国王如果没有领主的同意不能单独制定法律（尤其是在征税方面）。对于这一封建制度的核心，13世纪著名学者布莱克顿就曾详细论述。与此同时，大量关于平民主义（Populist）的学说被学者用来解释政治制度的安排。例如福蒂斯丘就曾借用托马斯主义（Thomist）的观点解释"君民共治"政体，并认为任何关于政治的法律，只有经过民众的同意方能创立。[27]对

---

[26] De Natura I, c. 16.

[27] Ibid., c. 26. 阿奎那曾论述过应当在两种立法思想之间寻求一种妥协，即全部人同意与负有照顾臣民的君主需要达成一种协议，可参见 *Summa*, 1a, 2ae, 90, 3; 97, 3; 2a, 2ae, 57, 2; 同时参见 *MPT*, V, pp. 68, 69. 当然，他也支持一种混合的政府体制：前面注释24.

第一章 权威与同意:平民主义的视角

于任何社会而言,人民的意志是其生命的源泉,而福蒂斯丘很好地将此理念适用到了他的"君民共治"理论之中。根据福蒂斯丘的理解,国王不能够独自修改或废除法律来反对人民的意志,[28]同时如果没有法律依据并且经过普通法院法官的裁决,国王不能剥夺公民的财产或限制他们的人身自由。[29]另外,如果没有经过代表整个国家的议会的同意,国王也不能擅自决定征税。[30]事实上,福蒂斯丘将法律视为通过选举产生的国王和代表民众的议会共同的行为,即基于"同意"的一种双方立法行为,很大程度上可以用平民主义理论(封建制度发展成熟到一定程度的产物)来解释。

实际上,福蒂斯丘在其论文中所提及的由国王和民众共同制定法律的观点,皮卡克比其早二十年左右在著作中就有论述。依据皮卡克的观点,"世俗法律既包括国王的命令和法令,也包括民众的命令和法令,如此方能以一种和平地和妥协余地较充分地方式统治人民"[31]。另外,皮卡克也一直认为,"英国的法官都是由

---

[28] *De Laudibus*, c. 13, pp. 31-33:"议会是代表民众意愿的政治组织。""既然议会能代表民众的意愿,那么任何法律的修改必须获得它的同意,个人是无权更改法律的。"

[29] Ibid., c. 36, p. 89:"如果没有法律依据并且经过普通法院法官的裁决,国王不能剥夺公民的财产或限制他们的人身自由,哪怕是公民已然犯下重罪。"

[30] Ibid., c. 36, p. 87:"国王只有在获得议会同意的前提下,方能对公民个人增加法律义务,比如加税、降低薪水等。"

[31] *Folower*, p. 53; and *Repressor*, II, p. 454:"在一个世俗的和民选的政府中,为了更好地统治民众,国王应当和他的臣民一起决定国家大事和制定法律,这才是合法的。"当然我们并不清楚皮卡克多大程度上赞成教会之上主义并将此理念适用于教会政府中,不过在他关于教会法的论文中,他一再强调同意的重要性:参见 N. Doe, "Fifteenth-century concepts of law: Fortescue and pecock", 10 *History of Political Thought* (1989) p. 257 at pp. 262-264. 林伍德(Lyndwood)似乎反对教会之上主义,可参见 F. W. Maitland, *Roman Canon Law in the Church of England* (London, 1898) pp. 15, n. 3, 16.

14 国王任命、依据国王和他的议会制定的法律裁判所有的案件"[32]，并且在民众同意的前提下，国王的职责就是制定符合增强共同利益目的的法律。[33]而在另一篇论文中，皮卡克非常明确地表达了自己的观点，即人民的意志和同意是法律制定的基础。[34]进一步言之，只有经过人民同意的法律才能规定惩罚性的措施。[35]事实上，皮卡克解释道，如果国王居住在法国的加斯科涅（Gascony），写信回英格兰告诫民众应当遵守法律，那么"我们不应认为这封信是国王基于英国法律的要求而写的，毕竟英国所有的法律都是英国议会所为，尽管这封信是国王所写，但是议会并没有要求他那么做"[36]。当皮卡克谈论到国王应当遵守法律的时候，他论述到除非是基于增强公共利益的考量，且获得普通民众的同意，否则国王不能够向民众征税。另外，国王也不能强制民众服劳役，而这也只能由法律（民众同意的）才能规定。[37]

立法和实践者关于"同意"的观点

在实践中，"没有议会的允许任何征税行为都是违法的"这一观念至中世纪晚期时已经牢牢建立。[38]从1340年起，立法机关一再强调，如果没有获得议会（代表包括教士、贵族和民众代表）

---

[32] *Faith*, p. 281.
[33] *Reule*, p. 335.
[34] *Folower*, p. 217; also pp. 143, 216.
[35] *Reule*, p. 336.
[36] *Repressor*, I, pp. 21, 22.
[37] *Donet*, p. 76："除非是基于增强公共利益的考量，且获得普通民众的同意，否则国王不能够向民众征税或派遣徭役，而这只能由尊重民众意愿的法律才能规定。"
[38] W. Stubbs, *The Constitutional History of England* (1874-1878), abridged by J. Cornford (Chicago, 1979) pp. 286-290.

的同意，民众不应承担任何费用。[39]在那个时代，早在1410年这一思想就由希尔法官（Hill JCP）进行了阐述，即国王不能通过颁布专利特许证的方式授予某人向他人收取费用的权力，"总之，在专利事项上，政府无权加重民众的负担。"如果国王（或政府）试图强制收取这样的费用，那么将被法院判定为是非法行为。加斯科因大法官（Gascoigne CJKB）就赞同此类观点，"在议会之外，国王无权向民众征税"[40]。到了1441年，福蒂斯丘再次重申了这一观点，即除非人民的授权，国王无权征收任何税赋。[41]

毋庸讳言，在征税方面，依据"同意理论"能最好地阐释议会立法过程。当制定涉及具体征税标准的法律条款时，必须获得议会（代表普通民众）的同意。[42]正如费纽克斯律师（Serjeant Fineux）所言，"议会的行为就是司法行为，它就是一种判决，而对于这类判决，国王、领主和普通民众都必须参加，缺一不可。"[43]

---

[39] 14 Ed. III, St. II, c. 1; see also 25 Ed. I, c. 1 (1297).

[40] H 13 Hen. IV, 14, 11 at 16A for Gascoigne; for Hill, ibid., at 14B（其他案例可参见 T 11 Hen. IV, 86, 37）。尽管如此，加斯科因也讨论了在有利于公共利益的情形下，国王还是可以独自决定征税；also, per Littleton, P 35 Hen. VI, 56, 2 at 57：议会的决定的效力肯定高于国王的决定。

[41] P 19 Hen. VI, 62, 1 at 62A："法官勒罗伊早已断言王国以后（哪怕是到亨利十世或亨利十六世）的重大决定都必须获得民众的同意。"

[42] 参见 the Preambles. Typical is 4 Hen. IV："我们的君主在获得宗教和世俗领袖们的同意，且符合普通民众愿望的情形下，依这样的一种方式制定法令"；时常依据"建议和同意"立法；例如可参见 5 Hen. IV, preamble, or 23 Hen. VI："依据宗教、世俗领袖们和代表民众的议会的同意和建议，国王开始制定法令。"

[43] T 7 Hen. VII, 14, 1 at 15; Brooke, *GA*, "Parliament", 76："议会的行为就是司法判决，任何一部法律的效力都如同法律判决，当然这类判决做出前必须获得贵族、法官以及民众的同意，如此才是一份公平的判决，否认不产生效力。"法律如果判决的观点并不是首次提出：M 8 Hen. IV, 12, 13 at 13A per Srjt Tirwit; 1 Hen. IV, c. 3；关于议会就是最高法院的观点可参见 P 19 Hen. IV, 62, 1, at 63A per Fray CB, 一般也可见 A. Harding, *The law Courts of Medieval England* (London, 1973) pp. 80-82. 当今关于有效性的表述可参见 Manuel v. AG [1983] 1 Ch. 77.

度去思考征税和豁免。因为依据议会的规定，所有的神职人员都应当向国王上交其十分之一的个人收入，而那个获得豁免权的神父也是这个群体的一员。牛顿大法官坚持认为这个神父应当缴付个人所得税，其职责不能豁免，"似乎可以确认这个神父不应获得豁免权，毕竟我们都已经知道，缴纳税费的决定是议会作出的，并且该神父也是议员"。牛顿大法官继续分析道，如果不存在议会，那么国王就可以剥夺一个人的继承权，乃至判处其死刑，"但在有议会的情况下，由议会选举的国王怎么可以允许某一个神父不上交同样由议会决定征收的费用呢？而且征收十分之一或十五分之一的个人所得税是议会决定，无人可以例外（何况案件涉及的神父本人也是议员）。"[47]赫迪大法官（Hody CJKB）补充到即使一个议员对于议会将要通过的某项特许状不赞成，"那么这也没有多大价值，毕竟大多数人是支持的，这项特许状也会得到执行"[48]。

  事实上，在牛顿大法官的论述中已经隐含着这样的一种观点，即一旦一项决定被通过，那么对于所有赞同它的人而言，都具有约束力。同意也就意味着他们有责任遵守规定。而这与皮卡克所阐释的正当性理论具有一定的相似性。依据皮卡克的理论，人民同意制定法律也就意味着他们失去了违背法律的理由。他坚信个人受到法律的约束，"如果一个人同意并依据其意志制定法律，那么他必然受法律的约束"。皮卡克采用这样一种方式解释："如果

---

  [47] P 19 Hen. VI, 62, 1 at 63A："社会习俗一旦被议会认可，其性质就被改变了，它就会成为法律。任何人都应遵守法律，除非是议会自己宣布它无效，否则其效力不会随着国王的更替而消失。" Brooke, *GA*, "Grants" 40, "Estoppel", 183. 至于古代那些不是法律制定者的人是不能质疑法律本身合法性的观点，可参见 Newton at P 7 Hen. VI, 35, 39.

  [48] P 19 Hen. VI, 62, 1 at 63B.

所有人或大多数人都同意制定这样一部法律,且随后大多数人仍赞成保留该法律,那么依据理性和法律本质的要求,所有人都应当遵守它。"[49] 进一步言之,"人们也就放弃了与执行法律相冲突的所有权利"[50]。至少就有关"多数主义"的理论来评价,这无疑是中世纪晚期英格兰地区最为重要和成熟的法理理论之一。与牛顿大法官一样,皮卡克也表明同意理论为法律被遵守提供了正当性理由,即任何获得民众同意的规则对民众自身具有约束力。

这是一个非常有意思的观点。同样,我们可以将之与中世纪欧洲大陆法学界所适用的"同意理论"做一类比,即罗马法中的全体同意原则。根据这一原则,做出任何影响到所有人的行为之前必须获得所有人的同意。[51] 例如库萨的尼古拉斯就曾说过:"依据做出任何影响到全体人的行为之前必须获得所有人的同意的原则……拟实施的法律必须获得所有人或大部分人的同意,毕竟实施后,所有人都将受其约束。"[52] 在这一点上,我们不难发现皮卡克与库萨的尼古拉斯意见是一致的,不过尼古拉斯进一步言

---

[49] *Folower*, p. 142:"法律的根本特性是获得了王国民众的同意,换言之,只有经过民众同意的规则才能成为法律,因此所有的人都应当遵守法律规则。"Ibid., p. 217:"如果社会规则不能获得民众的同意,那么它就不能成为法律,也就不能产生任何法律效力。"教会法中也有相类似的观点,参见 *Reule*, pp. 322-328.

[50] *Folower*, p. 142. 然而,尽管多数原则非常重要但并不新颖,在更早的教会法和库萨的尼古拉斯时期的法律中就已经出现,参见 *LPMA*, pp. 155, 156, 303. 关于马西里乌斯和瓦伦蒂亚斯公民一起制定法律的事情可参见 *DP*, II, p. 51. 事实上,从亨利六世开始,英格兰地区有关选举的法令就以明确规定当选议会议员的人同时也就放弃了一些权利,可参见 L. Riess, *The History of the English Electoral Law in the Middle Ages*, translated by K. L. Wood-Legh(New York, 1973)p. 82. 这一理论同样也适用于与陪审团和他们判决相关的事项,参见 ibid., p. 82, n. 5.

[51] G. Post, *Studies in Medieval Legal Thought: Public Law and the State, 1100-1322*(Princeton, 1964)p. 163. 奥卡姆关于类似的论述可参见 McGrade, *The Political Thoughts of William of Ockham*, p. 107.

[52] Sigmund, p. 151, n. 29.

明，一旦所有人都同意强制实施某项法律，那么任何人都必须服从法律，没有例外。[53]通过比较的方式，福蒂斯丘发现如果政体形式是君主至上的，就存在暴政的可能性，这也为将同意作为制定法律的基础提供了正当性说明。在"君主至上"的政体中，法律的制定完全依据国王的喜好（罗马法对此有专门论述）。福蒂斯丘担忧在此政府框架下，好的法律也会变成坏的法律。[54]尽管我们并不清楚福蒂斯丘理论中"影响全体之事必经由全体同意原则"的具体意涵，但当他在 1440 年担任高级律师时曾表示，"尽管国王同样宣布在爱尔兰地区实施由英格兰国会通过的征收十分之一或十五分之一个人所得税的决定，但因为爱尔兰与英格兰之间存在明确的领土界分，所以对于爱尔兰人民而言此项决定并没有约束力，唯一例外的情形是爱尔兰议会同意实施此项法令。"[55]当然，这里必须强调的是，"影响全体之事必经全体同意原则"非常符合福蒂斯丘采用平民主义视角解释封建立法过程的思路，特别是福蒂斯丘也将早期的封建关系归纳为一种契约关系时。[56]

同意与习惯法

对于皮卡克和福蒂斯丘而言，法律制定的基础是人民的意志和同意。然后，同意理论的适用范围被严格限制在了议会立法过程中。这些理论家们并没有将同意理论与习惯法联系起来（这里的习惯法包括地方的和王国的）。事实上，与立法者、利特尔顿和

---

[53] Ibid.
[54] *De Natura* I, c. 28；为了证明"君民共治"政体的正当性，福蒂斯丘也认为多人制定的法律会使政府变得更加明智：ibid. , c. 23. 皮卡克也认同这一观点：*Repressor*, II, p. 370.
[55] M 20 Hen. VI, 8, 17.
[56] Ullmann, *Medieval Political Thought*, p. 153.

德国宗教领袖们不一样,[57]皮卡克和福蒂斯丘并没有将地方的习惯法和王国的习惯法区分开来。他们并没有将"同意"视为习惯法制定的基础,这一观点与立法者和欧洲大陆法学家们的观点都不一致。例如在罗马法框架下,巴托鲁斯*就坚持认为成为法的权威来自于民众明确的支持,而不成文习惯法的权威则来自于民众缄默(不反对)的态度。巴托鲁斯还认为习俗是习惯法形成的远因,民众缄默(不反对)的态度才是习惯法形成的近因:"习惯法不同于成文法,因为制定成文法需要民众明确表态予以支持,而习惯法则只需要民众缄默(不反对)就可以了。"[58]

同意当地习惯法

在中世纪晚期地方习惯法中(收集或整理的有关习惯法文献),同意理论起着非常重要的作用。自治区的市长或管理委员会都会遵从某项特殊的习惯法。[59]一般情形下,习惯法意味着某些

---

[57] 例如可参见 M 8 Ed. IV, 18, 30, at 19 per Littleton, JCP, and M 21 Ed. IV, 55, 28 at 57 per Catesby JCP; *Tenures*, Bk. I, c. 9, s. 77; *Dialogue*, pp. 45, 71. 皮卡克的确说过"在英格兰王国,习惯法也是法律的重要组成部门……因此,它也被称为普通法国家": *Folower*, p. 143.

* 巴托鲁斯(1314—1357)出生于萨索费拉托(Sassoferrato),14世纪意大利著名法学家,意大利法则区别说的代表人物,后期注释法学派杰出代表。——译者注

[58] See W. Ullmann, "Bartolus on customary law", 52 *Juridical Review*, (1940) p. 265 at pp. 269, 270.

[59] 关于习惯法的一些论述,可参见 *Borough Customs*, edited by M. Bateson, 18 and 21 Sel. Soc. (London, 1904 and 1906); 18 Sel. Soc. (London, 1904) p. 23, 一本编撰于1346年的兰特里森特地区的习惯法守则就规定:"被强制关押的人的口供是无效的……" Ibid., p. 149, 伊普斯威奇地区在1291年规定:"可以暂时限制扰乱秩序的人的自由……" Ibid., p. 113, bury, c. 15, 1327:"许可证不能一次性发出……" Ibid., p. 245, 伦敦, 13世纪:"不经过法定程序,市民权不受限制" Ibid., p. 302, Reading, 1290:"本地方的习惯法必须考虑居民的想法……"有关同意理论与乡村习惯法关系的论述,可参见 W. O. Ault, "Village by-laws by common consent", 29 *Speculun* (1954) p. 378.

约定俗成的行为习惯具有和"法律"一样的约束力,[60]并且这些习惯被地方接受并适用。[61]概言之,习惯法等同于社区自己制定的规范。一些习惯法的表达方式也经常出现,如"我们的行为方式""普遍采纳的习俗""市民社会的法律"或者是"该地方所适用的习惯法"也经常出现。[62]简言之,习惯法依存于社区并由社区保障实施。在1412年发生的一起案件中,希尔法官曾说道:"有关继承方面的习惯法和其他的习惯法一样,由社区承认并适用于社区的所有人。"[63]虽然福蒂斯丘的"君民共治"理论尽管也包含很强的平民主义色彩,但是在法律制定的过程中,也强调君王的意志(不过他在此也强调君王是民选的)。与此形成鲜明对比的是,习惯法采纳的是平民主义的视角,它被认为是完全由社

---

[60] 18 Sel. Soc.（1904）p. 135, London, 1305: "secundum usus civitatis"; ibid., p. 304, Exeter, Court Roll, No. 18, 1321-1322: "一旦一项习惯在一个城市中被接受和使用,那么其他很多城市也会参照适用。"Ibid., p. 145, Nottingham, 1395: "在诺丁汉地区,没有成为法规定时,才考虑适用习惯法。"Ibid., p. 156, London, 1419: "习惯法适用的范围很广泛。"Ibid., pp. 264, 265, Hereford, cc. 84-86: "对于市民权利的保护业主要适用习惯法。"参见 P 22 Ed. IV, 8, 24 per Catesby JCP. 曾经还有人表述过:"习惯虽然也合法,但如果不用,也是不好的": for this translation see J. H. Baket and S. F. C. Milsom, *Sources of English Legal History*: *Private Law to 1750*（London, 1986）p. 315.

[61] 18 Sel. Soc.（London, 1904）p. 78, Ipswich, c. 73, 1291: "成文法的适用是优先的……"; ibid., p. 57, Lydd, c. 20, 1476: "如果某人被发现偷钱包",那么他将被社区罚款并宣誓从此再也不能去那里; ibid., p. 264, Hereford, cc. 84-86, 1486: "如果一个人不知道他在该城市应当如何被审判,那么他可以询问他人该城市意见审理犯罪嫌疑人有哪些法律规定和习俗"。

[62] Ibid., p. 190, Hereford, c. 36, 1486: "普遍的习俗……"; ibid., p. 118, Hereford, c. 74, 1486: "普遍的行为方式……"; ibid., p. 222, Waterford, c. 12, c. 1300: "议会或市民制定的法律"; ibid., p. 62, Kilkenny, c. 31: "成为法的效力要高于习惯法和市民的习俗"。

[63] M 14 Hen. IV, 2, 6, at 9 B: for *trenchant*, from *trencher a*, 参见 J. H. Baker, *Manual of Law French*（Avebury, 1979）, "to enure"; 也可参见 Co. Litt., 209b（向领主缴纳赋金是一项义务）; 一般也参见 Pigot, M 22 Ed. IV, 30, 11: "mayor and commonalty of london to certify their custom".

区"同意"或"批准适用"的。[64]

在 15 世纪之前，习惯法建立在人民同意基础之上的观点已经被普遍接受。一本出版于 1291 年的伊普斯维奇（Ipswich）地区的习惯法汇编列举了一个不诚实的职员篡改本地区的数字的案例，为杜绝此类事件再次发生，"该地区所有的法律和习惯法均将放置于公开的平台上，供所有人查阅。"[65]编撰于 1341 年北安普顿（Northampton）地区的习惯法汇编则解释道："这就是为何该地区民选领导或议会同意在涉及诽谤的侵权案件中，原告只有一次缺席请求权，哪怕法律另有相关规定的原因。"[66]伦敦地区于 1379 年制定的习惯法汇编中规定，"在皇家法庭上，遗嘱执行人将负责遗嘱人所有债务的偿还。据说这是伦敦地区议会认可的习惯做法，其目的在于防止钱被用作他途。"[67]同样的，制定于 1389 年科尔切斯特（Colchester）地区的习惯法汇编也记载："由 24 人组成的代表民众的地方议会同意如果议会被起诉，他可以获得一次缺席审判的请求权。"[68]

从 1486 年起，准确讲是在威廉征服以前的时代，赫里福德

---

[64] 18 Sel. Soc.（London，1904）p. 256，Cork，c. 9，c. 1339；"习惯法是受到大家共同遵守的"；ibid.，p. 181，Norwich，c. 27，before 1340；"制定法律应当依据上位法的规定和城市适用的习俗"；ibid.，p. 89，Bristol II，c. 21，1344；"成文法与习惯法的内容规定是一致的……"；ibid.，p. 184，London，1356；"成文法与习惯法一样都是民众的同意为生效前提……"；ibid.，p. 239，Killkenny，1543；"因此可以这样表述，法律是由君王、贵族和普通民众都同意实施的。"

[65] Holdsworth，II，p. 374，n. 7.

[66] 18 Sel. Soc.（London，1904）p. 153，Northampton III，c. 58，1341；"这一不合一般逻辑的惯例也是得到普通民众同意的……"

[67] Ibid, pp. 210，211，London，1379；同时参见 HFCL，p. 257，n. 1.（预立遗嘱的人必须先发誓，他们已考虑各种可能，做出的决定是最好的；这一规定主要是参考了普通法上对于赌博的排除规定。）

[68] 18 Sel. Soc.（London，1904）pp. 155，156.

(Hereford)地区的习惯法规定如果有团伙袭击警察,那么首犯将被处以极刑。而在威廉统治时代,牧师(通常是国王派驻该地区的代表)抢夺他人妻女时,通常也会殴打警察。这部习惯法手册继续解释道:"因此,威廉写信期望这类死刑判决和习惯法能被废止,特别是针对该起案件的判决。最后,国王的提议被当地民众接受了,在我们的时代,这项习惯法已经不再存在了"。[69]

进一步言之,我们可以在一个更大的空间内去思考作为地方习惯法基础的同意理论。王国管理机构很少通过议会立法的方式去同意和赞同地方的习惯法。但也有这样的例子,比如议会在1339年通过的法令规定:"伦敦市和其他王国的市、区都继续享有过去一直享有的合理的特权"。[70]

普通法和司法同意:适用与先例

事实上,无论是在皮卡克和福蒂斯丘的理论中,还是在年鉴中,我们都不曾发现将同意理论作为整个王国习惯法(即普通法)基础的论述。相反,不断发展的先例制度观念(即法院的司法裁判活动)却被当成了普通法的基础。换言之,司法同意理论(而非普通民众同意理论)才是普通法的源泉。

因为法律诉讼机制本身的限制,在诉讼过程中弄清楚法律问题通常是很困难的,尤其是当真相被遮蔽时。在此情形下能认识到司法判决具有立法属性的法官少之又少。[71]然而,随着在异议或特殊判决中,越来越多的法律开始被讨论,我们会发现更多的

---

[69] 21 Sel. Soc. (London, 1906) p. 25, Hereford, c. 70.

[70] 14 Ed. III, St. I, c. 1;也可参见 14 Ed. III, St, II, c. 2:"王国内的享有自治权的城镇,其制定的合理的习惯法自动具有效力";2 Hen. IV, c. 1;8 Hen. VI, c. 11。关于肯定伦敦习惯法方面的文献,可参见 M 21 Ed. IV, 67, 50 per Brian CJCP.

[71] *HFCL*, pp. 44-48, 59, 73, 74; *IELH*, pp. 69, 70, 171, 172.

法官判决或对法律的阐释会作为将来的先例。在 1305 年，亨格汉姆（Hengham）*对律师说道："在此问题上，请不要再妄加评议了；请去大法官法庭查找一下关于欺诈的令状；从现在开始可以将之视为一普遍的规则。"[72]在 1310 年，贝佛德大法官（Bereford CJCP）通过解释在某类行为上的决定，认为"我们应当制定在王国内都能适用的法律"[73]。在 1313 年，当先例制度可能形成之时（即后任法官可以沿用前任法官制定的规则），斯坦顿法官（Stanton JCP）认为："如果法院的判决并不支持原告的诉求，那么他将在此之后很难有机会推翻这一判决结果，同时这一判决中所确立的规则也会成为法律。"[74]

从 15 世纪开始，有些观点认为使用司法惯例本身建构了普通法。在 1455 年，P 凭债券要求以遗嘱订立者财产偿债，而遗嘱执行人 T 抗辩称他在签订合同时对此并不知情。这个问题上他们是相违背的，法庭判决 P 不仅可以执行以遗嘱订立者财产，而且可以执行遗嘱执行人财产。[75]在这个问题上，福蒂斯丘大法官说："如果这个判决是第一次做出，以我的观点看，判决不可能使原告

---

* 英国 13 世纪的一位大法官。——译者注

[72] YB 33 and 35 Ed. I(RS) 4；关于将"普遍博学"的律师视为立法者的观点，可参见 *IELH*, p. 172；15 世纪的例子可参见 H 11 Ed. IV, 10, 5 per Catesby; p 8 Hen. VII, 11, 1, per Hussey CJKB; T 9 Hen. VII, 3, 4 at 4 per Brian, CJCP; H 11 Hen. VII, 15, 11, per Srjt Keble.

[73] YB 3 and 4 Ed, II (22 Sel. Soc., London, 1907) p. 161 (*Venour v. Blund*, 其开始于第 157 页); P 39 Ed. III, f. 7 per Thorpe CJCP: "commandons que vous alowes cela pur statut".

[74] YB 6 and 7 Ed. II (36 Sel. Soc., London, 1918) p. 178：这个案件是米德霍普诉柯克姆的优先权（*Midhope v. Prior of Kirkham*），从第 172 页开始。

[75] M 34 Hen, VI, 22, 42（福蒂斯丘的观点在 24A）；如果遗嘱执行人违背遗嘱人的意愿，错误的处置了他们的财产，那么遗嘱执行人需用自己的财产来补偿其错误行为所造成的损失，参见 S. F. C. Milsom, "The sale of goods in the fifteenth century", 77*LQP* (1961) p. 257 at p. 278, n. 42.

收回属于执行人自己的物品。但是因为这就是法律，并且这些惯例单独就构成了法律。"确实，普通法的观念就是法律这样运作的，并且也是这样调控的，判决隐含在这些说法之中：判决就说明了普通法就是"我们的法"，或者他们就是这样"维护法律的"，在1468年耶尔弗顿法官（Yelverton JKB）就说法庭就是在"实施实定法"[76]。有时候，法官采用这样一个观点，存在一个规则或者达至一个结果是因为他们"同意"如此。[77]

虽然通常的情况是在技术的意义上在判决过程中如此使用，但是一个判决一般被当作以后判案的先例：法官经常是基于"文本"来定案的。[78]在15世纪末，赫西大法官（Hussey CJKB）说过："我们在这个案件中的判决就构成了一个先例"[79]，并且在同一时期，在判决一个非法侵入土地的案件中，费纽克斯律师总

---

[76] M 8 Ed. IV, 9, 9 at 12; "nous ferromus un positive ley sur cel point"; 关于"我们的法"参见 T 4 Hen. VI, 31, 11 at 32 per Martin JCP; H 33 Hen. VI, 7, 23 at 9 per Ashton JCP; M 20 Hen. VII, 4, 14 at 5 per Hody CB; 关于判决就是把某物当法的观点，参见 M 20 Hen. VII, 5, 15; M 21 Hen. VII, 41, 66 per Fineux CJKB; 对于莫里法官将普通法的许诺说成是"ley"的观点，可参见 P 37 Hen. VI, 17, 4.

[77] 关于同意：M 3 Ed. IV, 24, 18; H 3 Ed. IV, 28, 3. 关于同意（被当作是良法）：M 3 Ed. IV, 26, 20; M 4 Ed. IV, 31, 12; M 12 Ed. IV, 19, 25 at 21B; M 5 Hen. VII, 9, 21; P 5 Hen. VII, 27, 9. 关于判定"规则"是法律的观点：T 3 Hen. VI, 51, 17 at 51B per Babington CJCP. 关于法庭的观点：T 3 Hen. VI, 54, 25; P 2 Ed. IV, 4, 8. 法院判决：P 4 Ed. IV, 13, 20; T 7 Ed. IV, 10, 1. 法官"将依据更为严格的观点"：P 4 Ed. IV, 12, 19.

[78] 一般参见 T. E. Lewis, "The history of judicial precedent" (1930-1932) 46 LQR pp. 207-224, 341-360; 47 LQR pp. 411-427; 48 LQR pp. 230-247; C. K. Allen, Law in the Making (7th ed, Oxford, 1964) pp. 199-202; 编年书籍参见：M 3 Ed. IV, 15, 10 以及 16 per Choke JCP; H 15 Ed, IV, 16, 4 at 17 per Neele JCP; T 22 Ed. IV, 19, 46 at 20 per Hussey CJKB; M 5 Hen. VII, 2, 3 per Hussey CJKB. 关于法庭审理的案件：M 3 Ed. IV, 17, 12 at 19, 关于那些在判决之前的情况，P 4 Ed. IV, 10, 13. 关于判决的备忘，P 4 Ed. IV, 13, 21.

[79] M 11 Hen. VII, 10, 33：这个案件过期了；赫西逝世于1495年。

结说:"我可以理解你对这个案子的判决从这一天起就会成为以后类似案件的一个先例,虽然法律的意见与你的判决相抵触,但是我们施与救济并不是一个错误,即便救济还没有得以实施。"[80]我们经常会看到法官拒绝采取一个特别的判决结果,因为这么做是与以往的判决实践抵触的。例如,在1464年,P起诉了一个追偿债务的案件,D承认有这样的债务,但是要求宽限。可以为D设定请求的日期,如果至期限D仍未履行,那么P就可以请求法院因此作出判决,丹比法官(Danby JCP)说,"法庭对于类似的案件有很多先例……因此这就应该以先例来予以处置"[81]。或许,基于属于普通法的观念的一个最为明确的例子可以在1455年的案件里发现。

D依据一个财产返回令向T提出请求。在收到返还令状后,T主张"根据土地法"他并没有被传唤。当T寻求陪审团对此案予以解决之时,D表示异议并质疑T是否有资格请求陪审团来处置这问题。D就会尽力说服法庭让T按照法律的规定接受传唤,而T就会争辩说这件事情让陪审团来处置是被准许的。[82]根据已经建立起来的规则(例如布莱克顿所说的),[83]在否认传唤的情况中,被告可以适用法律。针对这种情况,法官的意见也是分裂的。在关于陪审团审判中可以进行延迟的政策性争论中,莫里法官(Moile JCP)和阿斯顿法官(Ashton JCP)都坚持已经建立的规则并断定庭审应该按照法律的规定而行,例如莫里就解释说"我们

---

[80] T 13 Hen. VII, 26, 5 at 27;这个案件的日期被编年书说成是在1498年,这是不正确的:费纽克斯是在1495年接替赫西担任国王法庭的首席大法官的。

[81] M 5 Ed. IV, 86 at 87: "uncore pur ce que divers precedents come est dit sont en le court icy…et pur ce il covient ester fait accordant as precedents"; Brooke, *GA*, "Default and Appearance", 68.

[82] 当事人可以不希望采取法律方式的观点,参见 *HCLC*, p. 139.

[83] *De Legibus* IV, pp. 64, 151.

27　蒂斯丘说国王只能以法律规定的正当理由剥夺臣民的财物。[90]即便是因为时刻紧急，国王也要为其从臣民手中征用财物的行为付出相当的代价。[91]通常来说，只有根据土地法和在一般的审判下，臣民才可以被逮捕和被抄没其财产。[92]这与布莱克顿的著名断言相互印照："君主在上帝与法律之下。"[93]由此，福蒂斯丘推断说君主要服从所有形式的法律，而皮卡克则认为君主仅服从于制定法，他说，"若不以公共的需要或者利益出发，或者在没有取得其人民同意的前提下，君主不得随意从其臣民那里进行征税。"同样，君主也不能"在超越其臣民同意的关于税收、限制以及摊派等问题上所制定的法律理性的情况下，要求臣民违背自己的意志为其服役"[94]。

　　这样的观念一再出现在法律制定与年鉴中。比如说，1402年的一部制定法中的部分资料提供了例证，如果国王想要获得的领地已经被神职人员所占据，那么"在国王通过法律正当方式以及其法庭作出更正的报告之前，国王的代表就不会被接收"。如果国王的代表以其他的方式被接收"并且神职人员没有正当的方式予以拒绝的话"，神职人员可以在接收代表一年之内提请诉讼以图救

---

[90]　*Governance*, p. 139.

[91]　*De Laudibus*, c. 36, p. 87: "哪怕是在紧急情况下。国王征用臣民的私人财产也需要进行补偿。" *De natura* I, c. 25 君主时刻要像君主一样统治。

[92]　*De laudibus*, c. 36, p. 89: "根据法院的判决，国王才可以逮捕臣民和抄没其财产。"

[93]　*De Legibus*, II, p. 110; 同样可参见 *Mirror*, 7 Sel. Soc. (London, 1893) p. 155: "首要的和最大的权力滥用就是君主超越法律的界限，因为他应当服从它，这已经包含在他的誓言之中了。"

[94]　*Donet*, p. 76; above, n. 37.

济。[95]同样，在讨论 1441 年的一个案子（关于教区长免除税收的事情）弗雷法官（Fray CB）说："因为议会是国王的法庭，并且他有最高法庭，所以法律是国王所拥有的至高无上的遗产：通过法律国王自己和他的臣民都要接受治理，如果没有法律就不会有国王和遗产了。"[96]

然而，有些人也声称，国王不必服从当地的习惯法和有些形式的制定法。在 1456 年财政会室法院听说 T 得到了本属于国王的珠宝，为了偿还 S 的债务将其进行质押。[97]S 声称，他并不知道这些东西是属于国王的，并辩称伦敦的习惯法中规定对于这些用于质押的物品是可以保存到归还之时的。海德斯通律师（Serjeant Hyndestone）说，"习惯法是与普通权利相违背的，对于这些人的财产存在着偏见，因此它就不能依赖于习惯法。"他继续说道，"即使可以这么做，它仍然与国王相悖，它是毫无价值的，因为国王是在法律之上的……如果一个人在交易中获得了利益，即使国王也确实也这样做了，国王仍然不需要为其支付什么，因为他是在法律之上的，并且没有人能强迫国王这么做。"乔克律师（Serjeant Choke）也同意这个看法，并补充说："即使习惯法是好的，国王仍然不会受其约束。"普里索特大法官也说国王不会受到这些习惯法的约束。另外，莫里法官区分了依托于本地的以及依托于个人的习惯法，他论证说国王只是受前者的约束而不

---

[95] 4 Hen. IV, c. 22；参见 T 35 Hen. VI, 60, 1 at 62 莫里论制定法（除了通过法律不能随意罢免）；而制定法也确认了 13 Ric. II, St. I, c. 1.

[96] P 19 Hen. VI, 62, 1 at 63A；同样的观点参见 H 8 Hen. VI, 18, 6 at 19 per Cottesmore JCP（国王不能保证如果 A 欠 B 的债务，那么 B 不得随意行动），以及 M 1 Hen. VII, 2, 2.

[97] M 35 Hen. VI, 25, 33；for Hyndestone, 26A；"car le Roy est desus la Ley"；Brooke, *GA*, "Custom," 5；同样可参见 41 Sel. Soc. (London, 1924) p. 74, per Bereford（讨论了国王高于法律的观点）。

能受到后者的约束。[98]这样的观点在制定法中也是存在的。只要国王没有在制定法中公开声明，那么国王也是不受制定方的约束的。[99]莫登特律师（Serjeant Mordant）也认为，即使制定法可以约束所有人的自由，那么国王也不会受其约束，除非法律明白规定，正如在制定法《封地买卖法》（*Quia Emptores*）中一样"所有人都要遵守除了国王"。但是，当制定法对国王是有利的，那么即使国王没有公开明示，他也是遵守这个法律的。这里有一个基本的观念，官署的行为只有得到法律的授权才是被允许的，这一观念也符合现代的越权无效原则，并且在实践领域亦是如此。在他们的权力行使过程中，政府的低级官署必须根据法律行事；官署的行为必须有法律的基础。1405年的一个制定法描述了一个债务人如何被正当的法律在这个范围内惩处而被投入监狱。[100]这说明了这些监狱的看守者"根据其自身的权威和意志来处置前述的借贷者"[101]。它也说明了在这样的案件中债权人如何提请诉讼（债权人根据法律是有资格提请诉讼的），[102]看守者购买了国王的保护权，因此可以延迟或阻挠债务人的权利救济。因此，根据立法的要求，按照其列举的情形，这样的保护不再针对守护者的行为，而它只是在普通法的减损中得以完成的。这里法律的权威是清楚的。守护者在释放被法律所惩处的债务人的恣意行为（根据其自

---

[98] 关于依托于地方和个人的习惯法的区分，参见 W. G. Salmond, *Jurisprudence*, edited by P. J. FitzGerald (12th ed, London, 1966) pp. 203-204；而"custom"可在 M 2 Ed. IV, 23, 21 和 M 21 Ed. IV, 67, 50 中做对比。

[99] 例如可参见 T 35 Hen. VI, 60, 1 at 62B 这里是阿斯顿和莫里正统的观念；同样也可参见 M 13 Hen. VII, 4, 3；后一个例子参见 *William v. Berkeley* (1561) Plowden, 239-240, 以及 *Case of Ecclesiastical Persons* (1601) 5 Coke's Reports 14b.

[100] T 12 Hen. VII, 19, 1（关于这样的法律事件参见 *CH*, p. 580 and n. 2）.

[101] 7 Hen. IV, c. 4.

[102] 1 Ric. II, c. 12.

身的权威）被认为是对"法律的减损"。制定法的基本形式在这个历史时期里重复出现。[103]

这种观念的发展以一种相当表面的权威形式被马克汉姆律师（Serjeant Markham）在1442年继续使用。如果一个人被直接委任以询问一个国家的非法入侵，并且十二个法官在被委任者询问面前宣誓这是一项重罪，那么"起诉我重罪，所有这些都是没有授权的"[104]。但是法官不会承担法律责任"因为这么做是被委任者的强迫使然，这就是法律对他们的授权"。同样，马克汉姆说如果一个法庭错误的签发了一个逮捕令，并且警察也执行了，那么这个警察是不会因为错误的逮捕行为而承担责任的，"因为他们只不过按照法律的权威行事。"[105]

正当程序与社区

通过对社区中普通成员的地位加以考察，对法律至上的纵向维度与法律权威的观念的理解才是完全的。在年鉴和制定法中我们能发现这一原则，个人根据法律才能伸张其主张，以及除非按照法律的规定，法律不得对个人严苛以待——诸如接受惩罚。在1426年，马丁法官（Martin JCP）曾借鉴过这一观念。在那年的一个案子中，他陈述了这样一条规定，一个已经出嫁的女子如还有能力在法律上占有财产，那么她就不能指定执行

---

[103]　11 Hen. IV, c. 9；11 Hen. VI, c. 7.
[104]　T 20 Hen. VI, 33, 3；M 30 Hen. VI, 5, 15；Brooke, *GA*, "Conspiracy", 1：法庭似乎也会同意当法庭有所指令的时候这个行为不会对人产生偏见。
[105]　但是在 P 2 Hen. VII, 15, 1 中布莱恩大法官（Brian CJCP）说当一个被逮捕的人知道逮捕是合法的时候逮捕才是有效的；参见 M 7 Ed. IV, 20, 19（依据布莱恩大法官观察：这里需要比怀疑更多的东西），T 11 Ed. IV, 4, 8, 和 M 5 Hen. VII, 4, 10.

人。[106]因此,一个出嫁的女子指定了执行人,那么这个人无权在法律上去诉那些属于这个女子的债务,"因为这个行为是法律所载明的,它已经进入法律的规定之中。"[107]"确实,我们也好不吃惊"当布莱恩大法官(Brian CJCP)在1489年讨论这个一般原则时说,考虑到土地出让问题,"每一个出让行为都必须按照普通法或制定法才可以。"[108]同样的,在1490年,整个法庭也同意,当一个地主破坏了佃户及其质押物,后来发现这种情况并没有按照正当程序执行时,地主就可以被佃户起诉:"他就会被当作权利的侵犯者而接受惩罚,因为前述的原因,即只要人们在法律中有其权威,那么他就必须按照法律所要求的去寻求这种权威。"[109]

类似的原则还有,除非根据法律,个人不得剥夺其财产或受到惩罚。在《大宪章》中陈述这一根本原则,当然在1441年的制定法中予以重复:"自由人不应该被限制自由或被监禁,或者剥夺其财产,或其自由,或其生活方式,或其被无端认为其违法或被驱逐,或者以任何方式被侵犯;我们也不能压迫他,或者谴责他,

---

[106] Holdsworth, III, p. 542, n. 7; *HCLC*, p. 546; 亦可参见 M 39 Hen. VI, 27, 38; 与教会法相比较,Holdsworth, III, p. 542. 在这个时期的最后一个阶段,参见 T 12 Hen. VII, 22, 2 at 24 per Fineux CJKB, and Holdsworth, III, p. 544. 一般而言,执行者可以起诉要求订约者的债务:*HCLC*, p. 82.

[107] T 4 Hen. VI, 31, 11 at 32:"对于这类行为的处理,法律已有明确的规定。"

[108] P 4 Hen. VII, 8, 9:"普通法已有规定的行为,必须依法而行。"

[109] H 5 Hen. VII, 10, 2 at 11:"法律是有权威的,人们必须遵守它。"也可参见 52 Hen. III, c. 3 and *Tenures*, Bk. I, c. 9, s. 77. 参见 M 7 Ed. IV, 19, 16 per Danby CJCP (地主无权撕毁契约,而佃户只不过在从事其服务工作),并且 M 21 Ed. IV, 80, 27 per Brian CJCP (侵权地主可以被起诉)。在 P 21 Hen. VI, 29, 9 中一方只有按照法律的规定才能行使这些权利。基布尔律师(Sijt Keble)在1495年罗尔莱伊诉托夫特(*Rollesley v. Toft*)一案中重复了这个观念,"每一个人都受到普通法约束 [chescun est tenuz par le comen custome de le realme]": Port, *Notebook*, p. 31.

除非根据陪审团的审判或者法律。"[110]

这种观念是极为普遍的。为了保护航行与海中的鱼类，立法禁止将网织得过密，1423 年的制定法中规定那些如此设置渔网的人"应该根据法律被定罪"，并且只要被证实是有罪的，每次应该向国王缴纳 100 先令的罚款。[111]同样在这一年，议会立法规定，当一个被判有叛国罪的人逃脱了，"那么如果这个人根据法律被捕获的话，这种逃脱也要被判为叛国罪"[112]。一个有趣的例证来自 1421 年。很多牛津大学不知名的职工和学者强占了其他人的地产，在各种不同的园区从事打猎活动，并威胁要杀死守门者，并要"根据法律的正当程序"释放这些职工。[113]结果议会宣布这些学者的错误行为是与正当的法律程序相违背的，因为他们的侵犯行为，在普通法和制定法中都有明确的规定，根据这个案情，如果他们不承担责任，就要判他们违法。[114]

本章小结

有相当多重要的证据来支持 15 世纪法律践行者的这种观点，包括理论学家皮卡克和福蒂斯丘（后来还有圣日耳曼），认为法律的基础在于人们的意志和同意。在实践上，立法的权威建基于同意之上，社群的同意，当然也包括君主的同意，这些共同构成

---

[110] 20 Hen. VI, c. 9. See K. Jurow, "Untimely thoughts: a re-consideration of the origins of due process of law", *AJLH* (1975) p. 265, and C. H. McIlwain, "Due process of law in *Magna Carta*", 14 *Columbia Law Review* (1914) p. 27.

[111] 2 Hen. VI, c. 19.

[112] 2 Hen. VI, c. 21.

[113] 9 Hen. V. St. I, c. 8.

[114] 其他的情形，参见 4 Hen. IV, c. 25（已被证实）；2 Hen. V, St. I, c. 2（根据法律处以监禁）；3 Hen. VI, c. 3（根据法律进行指控）；8 Hen. VI, c. 27.

了立法的源泉。而且，在习惯法的传统中这一观点不断重复出现，地区的同意是基于更大的社会意志：地区的习惯是在大社会的同意和意志之下不断被塑造的。当然，理论家将同意看成是立法的基础，皮卡克先于福蒂斯丘近二十年前就看到了这一点。但是，他们并未将其刻画为地方的习惯法或整个范围内习惯法，或者普通法本身的基础：他们的分析比实践中的情况简要地多。相反，在具体实践的人那里这是首要的一个观点，普通法是建立在法庭的实践和惯例之上的：司法惯例和司法认同，而非大众的同意构成了普通法（圣日耳曼指出，虽然有时候也会使用一些虚构的东西，但社会是同意习惯法的）。后来在中世纪的法律思想中，我们能够看到整个社会所服从的法律，并非来自上帝或者发现，而是在人类习惯与立法发展过程中逐渐形成的。

第二章

人定法：实证主义视角

　　迄今为止对法的观点的刻画还是意志论的，人类通过同意和实践制定了法律。从立法上，就是基于国王与社会的同意；从习惯法上，就是基于社会的实践与同意；在普通法的案件上，就是基于国王委任的法官的同意与实践。理论家与实践者是通过建构一种人类法的完全世俗概念，来发展意志论。这与现代法理学的经典实证主义有着千丝万缕的联系。理论家将法律看成命令，而实践者则承认法律的可变性：法律会随着地点、人物和时间而相应改变。此种对法律目的之理解完全是在世俗平等意义上而言的。虽然法学理论中出现了一种将法律视作高尚品德的观点，但是在实践上法律只不过服务于一般的利益，它的存在只是为了解决日常发生的争端。将法律与道德相分离只是人定法观念的另一个侧面，这只是源于法律是基于人类意志而产生的这一观点。因为法律是意志的产物，并且法律又是在实践中颁布产生的。因此我们开始发现，法律的规则无关道德：即令人生厌的规则也是法律。在经典的实证主义看来，这样的观念只有通过采取意志论的民主式的法律观点才是可行的。

法律的本质

在这一节中,我们试图重构中世纪后期关于命令、义务和法的强制性的观念,并对法律加以分类。

法律:命令与禁止

法律不是上帝制定的,而是由人类制定的。福蒂斯丘将法律看成是由人类制定的,国王不能强制征税"或者改变法律,或者制定新法,除非是得到议会所代表的整个王国的同意"[1]。确实,皮卡克采用"实定法"这一表述来指称由人类制定的法律(虽然在实践上,这一表述是用来指称制定法和普通法的)。[2]皮卡克经常使用这些表述:"君主和其臣民……制定了这些实定法""由此就没有国王和其领地上的实定法""出自人类制定的法""人类制定的政治法""重新制定的实定法"等。[3]皮卡克的观点可以这样总结为人民的"意志和同意制定了法律"[4]。

一方面,皮卡克的"实定法"由"国王及其臣民的命令及法

---

[1] *De Natura* I, c.5; *De Laudibus*, c.36, p.87;同样可参见 *De Natura* I, c.16. 托马斯·史密斯在一个世纪之后解释说"议会废除旧法制定新法,并未过往与未来事务赋予秩序": *De Republica Anglorum* (1583) edited by L. Alston (Cambridge, 1906) II, c.1.

[2] 参见下注15。在1468年,大臣斯蒂灵顿(Stillington)采取了"实定法"这一表述,参见 B. Wilkinson, *Constitutional History of England in the Fifteenth Century: 1399-1485* (London, 1964) p.315.

[3] *Folower*, p.143; *Repressor*, II, pp.463, 464. 戴利同样也将法律写作"humana et postiva": Oakley, p.174. "实定法"这一概念在15世纪并非新事物: J. Gaudemet, "Equité et droit chez Gratien et les premiers decretistes", ch.10, *La Formation du droit canonique médiéval* (London, 1980) p.270 at p.281, n.53. 阿奎那也使用 *ius positivum Summa*, 2a, 2ae, 57, 2. 圣日耳曼也使用这一概念: *Dialogue*, pp.31, 158.

[4] *Folower*, p.143; also p.217.

第二章 人定法：实证主义视角

令一起构成"[5]。这些命令式的实定法概念具有与神圣的道德法迥异的功能："人类的法律正是以人类的命令及传统来规范人们做此或彼，上帝的法律不再有以前的约束力。"[6]皮卡克不仅将法律看成是命令和禁止，而且还肯定其促进作用。与教会的产业相关联，人法批准和维系了教会的产业。[7]另一方面，对于福蒂斯丘而言，法律只是批准了"有德性的命令并禁止了相反的行为"[8]，这是相当正统的看法。福蒂斯丘的这种看法也出现在（大约在1240年）《阿库修斯教令集评注》（*Glossa Ordinaria of Accursius*）这本书中，布莱克顿大概在两个世纪之前就基于阿佐（Azo）（大约1220年）和罗马法的观点，不仅同意法律和习惯法有时候是命令有时候是禁止，还同时认为"既然有些法律是准许的，那么并非所有的法律都是命令"[9]。根据阿奎那的看法，"法律是对人类行动的命令或者指导，由此一个人可以被引导去做某事或者被阻止做某事"[10]。马西里乌斯认为，法是标准的命令、禁止和准

---

[5] Ibid., p.53. 人的意志和命令在经典的实证主义理论中是法律的基础，参见 J. Bentham, *Of Laws in General*, edited by H. L. A. Hart（London, 1970）chs. 1 and 2; J. Austin, *Lectures on Jurisprudence*, edited by R. Campbell（London, 1880）Pt I, sec. I, ch. I; 也可参见 H. L. A. Hart, *The Concept of Law*（Oxford, 1961）pp. 97-107, 且一般还可参见 J. Raz, *The Concept of a Lagal System*（London, 1970）.

[6] *Repressor*, II, p.453. 这样一种观点也适用于教会法：参见 *Donet*, p.53;"去按照教会所批准和制定的特定规则来行动"。

[7] *Repressor*, II, p.320.

[8] De Laudibus, c.3, p.9: "lex est sanccio sancta iubens honesta et prohibiens contraria".

[9] 关于阿库修斯，参见 *De Laudibus*, p.147, 此书中 S.B. 克莱姆斯（S. B. Chrimes）对 H. 康托落维茨（H. Kantorowicz）向他提供的这个原则出现在阿库修斯的注评中表示了谢意；关于阿库修斯的影响参见 *LPMA*, pp. 88, 91, 101. 关于布莱克顿的声明 "lex...significant sanctionem iustam, iubentem honesta, prohibentem contraria"，参见 De Legibus II, pp. 21, 22, 24. 关于阿佐，参见 *Select Passages from the Works of Bracton and Azo*, edited by F. W. Maitland, 8 Sel. Soc.（London, 1894）p. 24. 也可参见后面注释 103.

[10] *Summa*, 1a, 2ae, 90, 1; 91, 3, 关于准许性法律, 92, 2.

许，包括对人类意志行为的训诫，[11]同时代的戴利也认为"它就是从上位者而言的训诫与禁止"[12]。

在实践领域，法律被认为是被制定的。[13]在1440年的案子里，它描述了爱尔兰的领主及其臣民在议会中如何集体讨论，法律如何在意志中诞生。[14]在1455年，考虑到前面提到过的案子，普里索特大法官说过，"实定法……被判决以及被制定法所塑造"，并且在1468年，耶尔弗顿法官断言，"实定法是理性的"[15]。然而，在实践上，这种命令式的观念并不显见。更易发现的观点是禁止性的，在立法过程中议会会禁止一些行为或者"指令"的某些状态持续下去，抑或是法官将某个被认为是被法律禁止者描述为"违反法律"。尼尔法官在解释"法律禁止"如何售卖坏掉的事物的时候使用了这一观念。[16]有时候，"规则"一词也用来说

---

[11] DP, II, pp. 35-37, 44, 45, 180, 189.

[12] Oakley, p. 192; Gerson, Pascoe, p. 64, 圣日耳曼追随吉尔森的看法, Dialogue, p. 27.

[13] 这样的例子: 9 Hen. V, St. I, c. 4, 也可参见 14 Ed. III, St. I, c. 6 (le statuit fait); 8 Hen. VI, c. 9, 也可参见 15 Ric. II, c. 2 (les estatutz et ordinances faitz); 20 Hen. VI, c. 8, 可参见 36 Ed. III, St. I, c, 6 (lestatus fait); 17 Ed. IV, c. 1, 也可参见 9 Ed. III, St. II, c. 2 and 2 Hen. VI, c. 6 (lez quell ordeignancez furent faitz). 也可参见 P 4 Ed. IV, 3, 4 at 4A per Choke et al.: "car chescun statute fait, covient ester prise solonque l'entent dde ceux que ceo feceront".

[14] M 20 Hen. VI, 8, 17 per Fortescue; H 39 Hen. VI, 38, 3 at 40 per Moile JCP.

[15] H 33 Hen. VI, 7, 23 at 9: "positive ley…fuit ajuge ou fait per statut"; M 8 Ed. IV, 9, 9 at 12.

[16] T 11 Ed. IV, 6, 10. 关于立法方面的情况: 8 Hen. VI, c. 22 (任何交易都建立在双方自愿的基础上); 8 Hen. VI, c. 24 (陌生人不能强迫使用黄金交易); 18 Hen. VI, c. 4 (陌生人不能将货物卖给陌生人); 18 Hen. VI, c. 11 (除非年收入达到20镑否则不得在和平协定中担任裁判); 8 Hen. VI, c. 25 (重要的市长可以在其任上担任两年时间); 18 Hen. VI, c. 3 (黄油和奶酪可以未经许可直接出口). 关于违反法律的情况, 可参见 P 18 Hen. VI, 5, 5 at 6 per Fulthorpe (辩护人自己违背法律做了错事应该接受制裁).

明法律的某些要求:比如说在 1443 年,法庭必须考虑继承人的权利主张的时候,耶尔弗顿法官说:"有关继承的规则应当考虑继承人的利益。"[17]这样的表述在年鉴中被称之为"法则"(maxim)。在 1440 年,牛顿大法官认为,"在法律里面这是一条古老的法则,'自愿者不能请求赔偿',基于这条原则,一个人如果故意犯罪,那么他在犯罪中所受的损害不能要求赔偿"[18]。在《土地法》(Tenures)一书中,利特尔顿使用原则和法则来定义法治。正是基于法则,他说"继承者是向下继承,而非向上追溯",正如在法则中,他说"他拥有地产但从其一生而言,他既不能不忠诚,也不能免除忠诚"。并且就是这样一条原则,"每一片土地的费用只能用另一片土地的租税来偿还。"[19]

按照法律是命令和禁止的观点,理论家很容易理解法律对个体的要求、约束以及强制。在欧洲大陆这种观点是极为普遍的。吉尔森认为"法律是一种通过人类权威被建立起来的表象,借助

---

[17] M 21 Hen. VI, 13, 18. 也可参见 M 38 Hen. VI, 2, 5 per Moile: "nous fesons bon rule pur le mischief"; M 3 Hen. VII, 12, 8 per Hussey CJKB: "[d]ivers rules ont este faits de ceo"; H 14 Hen. VII, 17, 7 at 18 per Vavasour: "il ad este rule devant or". 规则的概念在理论上有着重要的印记,参见 Pecock, *Reule*, p. 301: 法律规定:"政府是代表公益的,他们应无偿为民众创造财富"; *Repressor*, I, p. 106; for Saint German, *Dialogue*, p. 97: "因为王国的每一个人都同意了颁布的法律,因此每一个都应遵守法律"; p. 158: "一部实定法中包含若干强制性的法令和规则。"

[18] P 18 Hen. VI, 6, 6 at 7. 也可参见 M 2 Hen. VI, 1, 1 (在年鉴里被错误地引用作 9, 1) per Rolf(法律原则); M 19 Hen. VI, 25, 48 at 26 per Yelverton; T 19 Hen. VI, 73, 2 at 74 per Markham.

[19] *Tenures*, Bk. I, c. 1, s. 3; Bk. II, c, 1, s. 90; Bk. III, c. 11, s. 648. 福蒂斯丘在其著作中使用了这一原则,*De Laudibus*, c. 8, p. 23, 他将英格兰法的普遍性描述为"法则"。关于圣日耳曼的观点,参见 *Dialogue*, p. 59. 年鉴中有对"法则"问题的出色的论述,罗马法中对规则的讨论可以在 P. 斯坦(P. Stein)的著作中找到,参见 P. Stein, *Regulae Iuris: From Juristic Rules to Legal Maxims*(Edinburgh, 1966), pp. 154, 155.

人类权威，它可以指令一个人做某事或者不做某事"。[20]库萨的尼古拉斯说"法律的力量就在于其强制性"，因为"没有强制力的法律就失去其约束力和生命。如果没有强制力就不能称其为法律，就如同一个尸体不能称之为人一样"[21]。同样福蒂斯丘也这么认为，他说"宪法约束臣民"，法律不是虚幻的，而是有实际作用的，因为它是有约束力的。因此法律可以说是对权利的限制，依据法律人们可以被限制做某事或者承受正当的责任。[22]根据皮卡克的观点，"法律的约束源自人的命令"。他论证说，人是不能受到人定法的约束这一观点是不正确的。[23]同样，正如我们看到的，实定法只不过是出自人的命令和那些约束人们的传统"正如以前人们并不接受上帝法的约束一样"[24]。作为一种自主性的力量，人定法的权威可以对个体施加义务是毋庸置疑的。但是，皮卡克也重申了"人们并非因为法律是出自人们之手才接受法律的约束，而是因为这种法律基于人们的同意"；这种关于法律在本质上是有约束力和强制性的观点经常出现在年鉴之中。[25]

---

[20] Pascoe, p. 64.

[21] Sigmund, pp. 206, 211. 关于阿奎那可参见 *Summa*, 1a, 2ae, 90, 1; 95, 1; 99, 1; Marsillius, *DP*, II, p. 36.

[22] *De Natura* I, cc. 10, 30: "Unde lex dici potest juris vinculum quo quis constringitur facere aut pati quod est justum"; 也可参见 *De Laudibus*, c. 36, p. 87（即使是君主也必须受自己的法律的约束偿还紧急时期征用的物品）。圣日耳曼也论证说"实定法可以约束所有服从于法律的人": *Dialogue*, p. 158.

[23] *Repressor*, II, pp. 454, 494.

[24] Ibid., p. 453；类似的观点参见 I, p. 218, II, p. 525；前注 6。

[25] *Folower*, p. 217. 关于法律是在实践中有强制性、有约束力的和强迫性的（动词的词根通常都是"以……的方式"和"以……的命令"），参见 M 7 Hen. VI, 14, 24 at 15 per Paston; M 8 Hen. VI, 35, 3 per Martin; M 19 Hen. VI, 15, 36; M 35 Hen. VI, 14, 24 at 25 per Prisot; M 1 Ed. IV, 2, 7 at 2 for "coherción de ley"; M 1 Ed. IV, 5, 13 per Littleton: "car custome et usage lyeront et serront allowes en touts courts"; T 1 Ed. V, 6, 12 at 7 per Sulyard; P 2 Hen. VII, 15, 1 at 16 per Brian; H 5

在实践领域，通过威慑力来保证约束力、施加义务并要求服从法律是非常常见的。比如说在 1400 年，制定了违反罗拉德派（Lollards）的法律，规定侵犯者要在人群面前的一个高地上接受火刑的惩罚"这样就能在其他人的内心中激发恐惧"。[26]这也是在论证制定法正当性时，列举的一个在公众面前施行错误行为的"邪恶的例子"。1413 年的制定法规定，在近期的叛乱中的受伤的威尔士人将不会被制裁。[27]而其他参与叛乱的人因为其在叛乱中的行为而被起诉，"这些行为对守法的人造成了伤害，这就是一个坏的例子"。在 1488 年的一个有趣的案子中也采用了这样的观点，一个不足九岁的孩子承认杀害了另一个孩子。费尔法克斯法官（Fairfax JKB）说，福蒂斯丘以前论证过："一个人被绞死的理由只能是这可以对其他人产生震慑作用，从而避免这种行为再次发生。"他补充道，一个未成年人或者一个成年人没有稍加思虑地杀害一个人，"如果没有人会去效仿地采取这种做法"，那么这个人就不应该被绞死。[28]

公　布

　　根据托马斯主义的法律理论，为了取得制定法的完整意义，制定法应该予以公布。阿奎那自己也这样来论证："为了获得作为法律本质特性的约束力，它应该应用于被要求遵守的人们，只有通过公布才能让人们得知。"[29]福蒂斯丘没有将公布当作法律效

Hen. VII, 11, 4 at 14A.

　[26]　2. Hen. IV, c. 15. 在福蒂斯丘的著作中出现强制力的论述：*De Laudibus*, c. 34, p. 95; Pecock, *Reule*, p. 150.

　[27]　1 Hen. V, c. 6; see also 2 Hen. V, St. II, c. 5; 9 Hen. VI, c. 5.

　[28]　H 3 Hen. VII, 1, 4; Brooke, *GA*, "Corone", 132; 未成年人杀人的案件前面还讨论过，参见 M 35 Hen. VI, 11, 18, translated by Baker and Milsom, *Sources of English Legal History*, p. 326.

　[29]　*Summa*, 1a, 2ae, 90, 4. 关于格尔森，参见 *MPT*, VI, p. 140.

力的一个前提条件的相类似论述,[30] 但在法律实践中通常用这种方式对法律加以公布,国王通过采其国内的治安官下达命令或者直接与法官沟通的方式公布法律。[31] 很多立法自己也提供了公布手段,[32] 有时候这种公布不是以新法的形式,而是以既存的旧法的形式进行的。1422年的法律规定所有与销售者和购买者相关的命令措施:"都应该以国王的命令的形式在全国范围内予以宣布。"立法也确立了进行周期性的宣布,这样可以提醒那些已经得知法律的人。[33]

但是没有公布的法律是否有效力则犹未可知。当然,应该承认的是法律应当被公布。《正义影像》的作者也主张这一观点,法典化与普通法也与此相关:"如果法律及其在特定的领域被加以运用而不被公布出来,这就是对法律的滥用,因此它们应该被公布出来并让所有人周知。"[34] 皮卡克也认为,虽然人定法是"被制定和公开的"[35],公布本身并不是衡量法律效力的标准。但是,他说法律应该被公布,这样可以减少法律遵守者的混淆与误解,"这样人们就能清楚地知晓何时他们应该做什么"。[36]

在1366年的案子里,索普大法官(Thorpe CJCP)反对不公布

---

[30] 但是,在有一个地方,他解释道当习惯被记录与公布,那么它就取得了制定法的地位:De Laudibus, c.15;如此对法律特性加以忽略是没有理由的,参见 De Natura I, c.46.

[31] 相关的著作,参见 Holdsworth, II, p.436; T. F. T. Plucknett, *The Legislation of Edward I* (Oxford, 1949) pp.11, 12; H. G. Richardon and G. O. Sayles, "The early statutes", 50 *LQR* (1934) p.540 at pp.544f.

[32] 例如, 9 Hen. IV, cc.1-9; 11 Hen. IV, c.5; 2 Hen. V, St. I, cc.6, 8.

[33] 1 Hen. VI, c.2.

[34] 7 Sel. Soc. (London, 1893) p.156.

[35] *Donet*, p.63.

[36] *Repressor*, II, p.454. 对马西里乌斯来说,"法律最好被所有人的所遵守就像每个人给自己施加的一样":*DP*, II, p.47.

法律就会影响法律的效力这一观点。在这个案件中，国王基于《藐视王权罪法》（praemunire）反对奇彻斯特主教，但是辩护者却称这个法律按照惯常的做法没有被公布。索普回应说："虽然在国家范围内没有公布，但是谁都知道在会议中到底发生了什么。"因此，"只要议会已经做出了结论，法律自然要求每一个人都遵守，因为议会代表的是整个王国的所有人，所以对于立法而言公布已经生效的法律就是不必要的。"[37]

法律的种类

法律理论家和实践者对于法律的分类颇为不同。理论家的分类相当简单明了：他们将法律简单分为议会立法和习惯法，这种分法可能欠妥。皮卡克认为，"公民的法律就是命令以及传统"，他也论述过"实定法"[38]。福蒂斯丘也认为，"源自人类的法律要么是制定法要么是习惯法"[39]。理论家也从未论及议会立法的种类和形式，不过法律实践者却经常将其区分为永久性的议会立法和临时性的法令。[40]

福蒂斯丘使用"*lex*"和"*ius*"两个概念对法律做了有趣的区分：一般而言，在罗马法中，"*lex*"指的是制定法（statute），而

---

[37] P 39 Ed. III, f. 7; see also *CH*, p. 328.
[38] *Repressor*, II, p. 453; *Folower*, p. 143.
[39] *De Natura* I, c. 5; and *De Laudibus*, c. 15, p. 37.
[40] 11 Hen. IV, c. 4 谈及过"判定法"12 Ric. II, c. 6; 13 Hen. IV, c. 2 of 8 Ric. II, c. 2, and 7 Hen. IV, c. 14 of 1 Hen. IV, c. 7. 有时候有些制定法也是临时性的：11 Hen. VI, c. 14. 也可参见"acts"，22 Ed. IV, c. 3; 11 Hen. VII, cc. 25, 26. 关于"判定法"（ordinances）参见 1 Hen. V, c. 5; 2 Hen. V, St. I., c. 6. 关于临时性法令，参见 2 Hen. V, St. I., c. 9; 4 Hen. V, St. II, c. 2; 9 Hen. V, St. I., cc. 4, 8, 9; 1 Hen. VI, c. 6. 在使用这些概念的时候经常发生混淆：法令（enactment）同时描述了"判定法"（statutes）和"制定法"（ordinances）; 7 Hen. IV, c. 14; 13 Hen. IV, c. 3; 1 Hen. V, c. 9; 在实践领域用来说明立法的情况，参见 Allen, *Law in Making*, p. 436.

"*ius*"指的是整个法律体系（有时候指非制定法），"在特定的情况下被承认或者被'发现'是正义的"[41]。在自然法的语境中，常常使用的是"*ius*"：自然法（the *ius naturale*）。[42]像布莱克顿一样，福蒂斯丘经常交替使用这两个概念。有时候他将制定法说成是"*ius*"，有时候把习惯说成是"*lex*"，有时候把自然法说成是"*lex*"有时候又是"*ius*"，在有些情况下"*ius*"又涵盖了全部的人定法。[43]

现在，福蒂斯丘说通常制定法（*lex statuti*）在其被制定的同时就是要写下来的，但是习惯却并非写就或者制定的。[44]虽然与布莱克顿有关，[45]但是这种观点与某些欧洲的法学家相区分。比如，巴托鲁斯认为将其化约为"简单的抄写下来"并不能改变习惯的性质：习惯并不必然服从抄写。[46]即便如此，福蒂斯丘也认为"习惯……一旦被化约为书面……那么其性质就被改变成为宪法的一部分或者成为一种制定法"[47]。另外，实践者仍然将由制定法所确认的习惯性规则说成是习惯。[48]

[41] B. Nichola, *An Introduction to Roman Law*（Oxford, 1982）p. 14；Stein, *Regulae Iuris: From Juristic Rules to Legal Maxims*, p. 4 and pp. 8, 9.

[42] Nicholas, *An Introduction to Rome Law*, p. 54.

[43] See *De Laudibus*, c. 15, p. 37；*De Natura* I, cc. 4, 21, 30；*Governance*, c. 2.

[44] *De Laudibus*, c. 18, p. 41（statute）；*De Natura* I, c. 30（custom）.

[45] *De Legibus* II, p. 22.

[46] W. Ullmann, "Bartolus on customary law", 52 *Juridical Review*（1940）p. 265 at pp. 267, 268, 271.

[47] *De Laudibus*, c. 15, p. 37. 但在实践上他却是不一致的：在地区市镇上习惯是被习惯法法典化的，但是却同时被认为是"习惯"；参见前面第一章注释60。

[48] 在伦敦（或其他地方）的习惯是被制定法确认的，参见 14 Ed. III, St. I, cc. 1, 2；关于使用这些概念来描述"习俗"（custom）参见 M 1 Ed. IV, 5, 13 per Littleton；H 21 Ed. IV, 16, 11；H 21 Ed. IV, 74, 2；M 22 Ed. IV, 30, 11. 而关于习惯不是建立在理性基础上的这一个错误的看法，并且也不能为制定法所确认这种有趣的观点，参见 Brian CJCP in M 21 Ed. IV, 67, 50.

第二章 人定法：实证主义视角

无论将其化约为书面的形式产生何种影响，重要的是要强调习惯也具有法律的地位。这就是中世纪的一般性看法，当我们思考自然法的时候这一点尤为重要。[49]福蒂斯丘论及过实定法（*lex consuetudinis*）以及人法［*human law*（*ius*）］，他说这要么是制定法要么是习惯。[50]习惯上一种被概念运用造就的法律形式，它产生于重复发生的行为和漫长的时间历程。[51]罗尔夫律师（Serjeant Rolf）在1429年说，"*consuetudo*" 源于惯例，"惯例与习惯是相等同的"[52]。当然在实践领域，地方习惯也被视作法。圣日耳曼认为"特定的"习惯（地方性的习惯）才被当作法律，[53]当莫里法官在1459年把习惯法的民事诉讼权利当作法律权利的时候，[54]他就是这么使用的。1464年的一个关于土地继承与市政事项的说明就被当作准法律（*quasi-law*），1481年凯茨比（Catesby）曾说这两个习惯法是地方性的法律（*local ley*）。[55] 这是一个比较古老的观念。比如在1321年，艾克赛特（Exeter）的一个习惯法中声言，

---

[49] 关于《正义影像》作者的观点，参见 7 Sel. Soc.（London, 1893）p.155："soulle Engleterre negedent use ses custumes e ses usages pur lei"；关于布莱克顿的观点，参见 *De Legibus*, II, p.21；关于阿奎那的观点，参见 *Summa*, 1a, 2ae, 97, 3；关于巴托鲁斯以及厄尔曼的观点，参见 "Bartolus on customary law", p.265 at p.267；关于威克里夫（Wycif）的观点，参见 W. E. Farr, *John Wyciff as Legal Reformer*（Leiden, 1974）p.138.

[50] *De Natura* I, c.30（与戴利不太愿意将习惯当作法律相比较，参见 Oakley, p.175）；*De Laudibus*, c.15, p.37.

[51] *De Natura* I, c.10；*De Laudibus*, c.17, p.39；关于圣日耳曼的观点，参见 *Dialogue*, p.45.

[52] M 8 Hen. VI, 3, 9 at 4（此案例的其他部分，参见 P 7 Hen. VI, 31, 37）.

[53] *Dialogue*, pp.71, 75.

[54] P 37 Hen. VI, 17, 4.

[55] 关于凯茨比的观点，参见 M 5 Ed. IV, 8, 23 以及 M 21 Ed. IV, 55, 28 at 57. 一般性的看法可参见 M 7 Ed. IV, 20, 23；M 21 Ed. IV, 53, 22 at 54，这即是布莱恩论述的 "by-laws"；M 22 Ed. IV, 30, 11 at 32.

"习惯（consuetudines）在本市也像其他的城市一样也被视作法律（pro lege habeantur）"。[56]

不像利特尔顿和圣日耳曼，也与皮卡克和福蒂斯丘不同，实践者区分了地方性习惯和全国范围的习惯。[57]但法律就是习惯法这一观点是毫无疑问的。根据利特尔顿法官（Littleton JCP）在1648年一个案件中说的："影响整个国家的习惯就是普通法（common ley）"：它包括这样的规则，如果旅客的物品遭到偷窃，客栈老板就应该出钱赔偿，虽然在1443年马克汉姆律师将这个规则描述为"既非习惯也不是法律"[58]。同样，圣日耳曼也是这样认为，他说："古老的适用于整个王国的普遍习惯是被主权者国王及其先辈与臣民所认可和接受的……就具备的法律的效力……并且这些习惯就可以被称为普通法。"[59]

在年鉴一书中，制定法通常被认为是优先于习惯的。它能够使地方性习惯失效，[60]一个普通法的法官就能做出这种裁定。[61]对地方性习惯的司法确认可以使其在未来发生约束力。[62]因为在

---

[56] 18 Sel. Soc. (London, 1904) p. 304.

[57] *Tenures*, Bk. I, c. 9, s. 77; *Dialogue*, pp. 45, 71. 皮卡克确实也提及过英格兰的普通法；*Folower*, p. 143.

[58] 关于利特尔顿的观点，参见 M 8 Ed. IV, 18, 30 at 19 [乔克法官（Choke CJP）也以同样的方式谈到过由于疏忽导致失火的情况]；关于马克汉姆的观点，参见 M 22 Hen. VI, 21, 38；关于《正义影像》，参见 7 Sel. Soc. (1893) p. 5.

[59] *Dialogue*, pp. 46, 47.

[60] T 8 Hen. VII, 1, 1 at 4 per Brian CJCP：除非符合另一个制定法，一个人的规定不能违背制定法。圣日耳曼也是同意的，参见 *Dialogue*, pp. 57, 163. 也可参见 Pecock, *Reule*, p. 332, 关于罗马的习惯法，参见 6 Hen. IV, c. 1. 相反的看法可以参见 Ullmann, "Bartolus on customary law", pp. 280, 281. 还可以参见 M 35 Hen. VI, 25, 33 at 29 per Prisot CJCP：一个习惯如果为理性所确认那么它就是有效力的而无论其是否为普通法所接受。

[61] 法官是何时诉诸理性或者普通法的：见后面第三章。

[62] M 1 Ed. IV, 5, 13.

普通法领域习惯就是在造法，[63]而制定法是否使用则对其制定法的成立及消灭没有影响：正如在1463年所言："虽然制定法没有被使用，但这并不是实质性的，很多制定法的法律文书都没有被使用，这并不重要，因为它们依然是法并且能够制裁那些违反法律的人。"[64]

法律的变动性

这一系列观点提升了我们对早期人定法世俗化的看法，其根植于这样一种观点，即人的意志创设了命令与禁止，不同的社群法律存在相互差异，人类制定的法律也永远在变动。布莱克顿在《正义影像》中认为，在英格兰，"地方性的习惯随着地区不同而互有差异，这些因为地域而不同的法律乃是基于不同的地区和人民的特性变动的。"[65]但在中世纪后期，理论家和实践者在关于法律变动性的看法上存在很多差异。理论家一般只从时间和地点方面关心法律的可变性。而实践者虽然也承认法律是可变的，但他们更看重的是法律的确定性和恒常性：在实践领域，确定的概念和永恒的立法是比较常见的。

---

[63] M 34 Hen. VI, 22, 42 at 24A per Fortescue CJKB.

[64] P 4 Ed. IV, 3, 4 at 4A; M 11 Hen. IV, 7, 20 at 8B per Hankford J, and M 11 Hen. IV, 37, 67 at 39A per Thirning CJCP: "uncore per que il fuit un statute fait, et ne fuit unques repeal, il est assets bon"; P 38 Hen. VI, 30, 13（错误地被编成了12）per Fortescure: "il n'ad este tenu ple en noz livres adevant". 但是，是否使用法律并不会对其造成任何问题；3 Hen. VII, "一个抵制谋杀的法律"也就指的是前面所说的一种措施，"一旦法律被忽视就造成其滥用，这样的就给谋杀者以机会"。

[65] *De Legibus*, II, p.19; 7 Sel. Soc.（London, 1893）p.5. 中世纪法学中关于此问题的观点，参见 Aquinas, *Summa*, 1a, 2ae, 95, 3, 关于马西里乌斯的观点，参见 *DP*, II, p.45.

理论家与可变性

福蒂斯丘的一个重要成就在于将英格兰法律与法国市民法加以比较。他的一个结论是"市民法与英格兰法是不同的"[66]。比如，英国的司法系统因其与社区的联系而能良好地运转，在这个背景下个体能就近理解纠纷和事实，由此"在那些采取市民法的地方对于系争事实的探寻就不如英格兰的法律所采取的程序那么优良"。基于这一点，"在王国领地内，英格兰法律就比市民法更为合适，我们也没有意愿将其改成市民法"[67]。他也认为，作为领地规则（dominium regale）的一个特征，这个法律规则（ius regis）是随着君主的意志而改变的：[68]一般说来，国王"推动世俗的法律变革"[69]。同样，当基于领地的政治和法律对法律的制定立法者的意图没有影响的时候，这些法律是很容易改变的。[70]

对于皮卡克来说法律"不可能一直遵循同一规则，也不能按照一种方式形成，也不可能在任何地方都一样，或者按照一个规则形成。"他说，认为法律不可能改变的命题是错误的。这种观点是"没有考虑到法律在漫长时间中的改变和扭曲，也会受到政治治理形式的修正"。这对于世俗政权与神圣政权而言都是适用的。由此，皮卡克说，没有人能在法律里考虑到所有的例外情况，它

---

[66] *De Laudibus*, c. 20, p. 43.

[67] Ibid., c. 30, p. 73；关于圣日耳曼的观点，参见 *Dialogue*, p. 17, 经论者林伍德（Lyndwood）（1446 年去世）在其著作《乡村状况》（*Provinciale*, 1430），F. W. Maitland, *Roman Canon Law in the Church of England* (London, 1898) pp. 29, 30.

[68] *De Natura* I, c. 29.

[69] *Works*, p. 484.［这一段的作者问题在《神学博士与研习普通法医初学者之间的对话》中，参见 M. S. Blayney, "Sir John Fortescue and Alain Chartier's *Traité de l'espérance*", 58 *Modern Language Review* (1953) p. 385.］

[70] *De Laudibus*, c. 18, p. 41；see also pp. 39, 41.

必然因情景变化而发生更革,因为"法律在不同背景下并非总是好的,它始终处于变化和更革之中"[71]。当法律不能再服务于人民的利益或者法律违背了更高的、更有价值的法律的时候,法律就应该得到修正。[72]

固定性期限与永久性立法

当然,在实践上是议会对法律加以修正的。在立法中有些例子证明了前面废除法律的情况,[73]但这毕竟是少数。相反,后来的立法确认和认可前面的立法却是一个趋势。[74]在理论中并没发现法律有固定性期限与永久性的立法这样的情况。一般而言,会议能够相当谨慎地规定出一个立法经过多长时间可以生效。[75]它是通过这种方式来做到的,即在立法生效的固定时期上附加一个声明,"这个法律应该一直有效,对任何时候都有效"直到"下一届议会"。[76]这里有很多例子可以对此加以佐证。

1439 年有一个有趣的制定法,它确认了 1421 年的立法,而后

---

[71] *Repressor*, I, pp. 106, 107. 在阿奎那那里有类似的观点,参见 *Summa*, 1a, 2ae, 97, 1 以及 Gerson, Pascoe, pp. 62, 63.

[72] *Reule*, pp. 335, 341.

[73] 例如可参见: 6 Hen. IV, c. 4 repeals 5 Hen. IV, c. 9; 9 Hen. IV, c. 6 repeals 7 Hen. IV, c. 10; 33 Hen. VI, c. 2 repeals 31 Hen. VI, c. 6; 39 Hen. VI, c. 1 repeals all the legislation of 38 Hen. VI.

[74] 例如可参见: 2 Hen. IV, c. 31 confirm 21 Ric. II, c. 15; 11 Hen. IV, c. 8 confirms 14 Ric. II, c. 2; 13 Hen. IV, c. 2 confirms 8 Ric. II, c. 2; 10 Hen VI, c. 5 confirms 21 Ric. II, c. 18.

[75] 11 Hen. VI, c. 14; 规定了四年: 22 Ed. IV, c. 3; 规定了五年: 28 Hen. VI, c. 4; 规定了六年: 20 Hen. VI, c. 3; 规定了七年: 28 Hen. VI, c. 1; 规定了二十年: 1Hen. VII, c. 9.

[76] 9 Hen. V, St. I, cc. 4, 8, 9; 27 Hen. VI, c. 3 (直到下一届议会); 4 Hen. VI, c. 3 (*a toutz jours adurer*); 10 Hen. VI, c. 5 makes 21 Ric. II, c. 18 perpetual (*pur toutz jour*); 31 Hen. VI, c. 6 makes 20 Hen. VI, c. 2 perpetual (*perpetuelment dendurer*), as does 1 Ric. III, c. 6 makes 17 Ed. IV, c. 2 (*perpertuelment apres denduer*).

者是在亨利四世的第九年关于处理错误的诉愿和起诉的法律。[77]当亨利四世从法国返回后下一届议会重新举行，1421年的法律是否已经失效就受到了质疑。但是在亨利统治期间并没有其他的议会，直到国王去世"这个法律有人认为是失效了，有人则认为并没有"。因此在1439年，规定说："前述在亨利四世九年制定的法律直到亨利去世，有些人认为失效了而非被废除了，那么这个法律应该始终有效，在法律意义上的制定法和命令是永远应当如此的。"

但是这个地方立法者怀疑前述的法律是否还在实行，而后面的例子则表明这个固定期限只能从字面上加以理解。1441年的法律重述了1436年的法律（关于处理羊毛出口的），后来它一直被使用到下一届议会。[78]因此，1441年的法律说，国王"因为1436年的法律已经无效……命令……前述的1436年的法律和命令就已经失效了"，它就应该直到下一届议会召开前一直有效或者十年内有效，无论这个时间是否短了些。确实，基于1444年的立法，1436年的法律就成为永久性的了，"基于同一个议会的权威，它就应该是永久性的，应该一直保持其效力"[79]。

然而，相反的情况是议会又公开废除了固定性期限与永久性立法，它看上去像延续性的条文。在1397年的立法中，它规定应该维持加来的灯塔运行，但这条规定却在两年后的1399年被废除了。[80]1399年的法律宣称1397年的立法被永久性废除，但是1422年议会无视1399年的立法，坚持前面1397年法律的永久性。[81]同

---

[77] 18 Hen. VI, c. 12, reciting 9 Hen. V, St. I, c. 1.
[78] 20 Hen. VI, c. 6 reciting 15 Hen. VI, c. 2.
[79] 23 Hen. VI, c. 5.
[80] 1 Hen. IV, c. 3 repeals all of 21 Rich. II including, therefore, c. 18.
[81] 10 Hen. VI, c. 5.

样，在 1441 年的一个法令中规定在兰开夏郡（Lancashire）被剥夺权利的人可以不放弃其他国家的土地，这个规定维持了七年时间。[82]但是，1452 年议会规定 1441 年的法令（正如前面说明的"制定法"）应该永久有效（perpetuelment dendurer）。[83]然而，在 1455 年的立法中又宣称 1452 年的制定法"应该被废除，其无效并且不具备法律效力"[84]。

标准性的固定期限与永久性立法具有相当重要的宪制意义。两种解释说明了这一点。其一，它质疑关于"议会不能约束其后继者"这种观点，这在当前的宪制理论和实践中是被广泛接受的，[85]而在 15 世纪则是被实践者所坚持。固定期限与永久性条款限制了后继的议会在规定的时期内去修改法律的权限：它们说明了制定法应该在确定的期间或永久性有效。毕竟，这种立法并不是说"除非被废除，制定法会永远有效下去"，这种解释是不可能的。比如，爱德华三世的法律第三章第 42 条就规定任何立法只要和《大宪章》相抵触就是无效的。[86]其二，在这些情形下议会确实认为自己有权力超越前任议会制定的永久性法律。这样一个所谓的延续期间仅仅表达了一种希望，即立法应该具有一定程度的永久性：除非废除特别说明，它应该一直有效。在皮卡克和

---

[82] 20 Hen. VI, c. 2.

[83] 31 Hen. VI, c. 6.

[84] 33 Hen. VI, c. 2. 也可参见 2 Hen. IV, c. 13, 它确认了 21 Ric. II, c. 15, 虽然被 1 Hen. IV, c. 3 所废除, 其目的是要永久性地废除所有的 21 Ric. II.

[85] 这样的例子可以参见 E. C. S. Wade and A. W. Bradley, *Constitutional and Administrative Law*（10th edition, London, 1985）p. 70.

[86] 可以参见 25 Ed. I, c. 1（1297）:"与《大宪章》相抵触的行为都是无效的"；以及 11 Hen. VII, c. 1, 它禁止任何违法良知和理性的行为：这个立法再后来的立法争议中意志有效。也可参见 H 21 Hen. VII, 1, 1 at 2 per Kingsmill JCP 以及议会在圣神事务上的有限权力, 这样的类似的观点可以参见 *Mirror*, 7 Sel. Soc.（London, 1893）p. 185.

福蒂斯丘的论述中并没有出现关于永久性的说法。他们尤为关注的是法律的变动性。

法律的目的

47　　虽然他们的关注重点略有不同，但是在关于法律的目的上理论家与实践者之间却又有很多共同点。中世纪时期一般从目的论方面来理解法律。法律有自己的目的和归宿。阿奎那认为法令都是有其具体目的的，因为被要求做某事是实现某个目的所必需的。[87] 像吉尔森[88]以及以往的传统一样，皮卡克和福蒂斯丘着眼于两个层面观察法律的目的：一个是世俗功能，它服务于一般性的利益；另一个是更高级的功能，其目的是培养德性。前一个是实践者所强调的，后一个不时地出现在立法中，但这在年鉴中并无记载。

法律的世俗功能

皮卡克解释了法律存在的一种观点，"法律是为了在世俗和公民政府意义上更好的治理人民，它所期待者乃是和平繁荣以及财富。"[89] 法律的制定就是为了处理这些问题，它与共同的利益有关，并在人类自然的能力限度内可以维系和满足：它们的存在是为了增进同胞的共同利益，"比如说在财产和物品上契约和约定能产生约束力"。[90] 根据福蒂斯丘的观点［同样的观点也被费纽克斯大法官（Fineux CJKB）在1521年的案件中使用］，法律之于社

---

[87] *Summa*, 1a, 2ae, 99, 1.
[88] Pascoe, p. 61.
[89] *Repressor*, II, p. 454; for Gerson, Pascoe, pp. 54, 64; Nicolas of Cusa, Sigmund, p. 202.
[90] *Reule*, p. 335. 也可参见 ibid., pp. 301, 334.

会就如同肌肉之于人体,"法律使得人群组合成人民,就如同就如同身体被肌肉组成,这样人体就由肌肉所组合,而社会就人所组成。"[91]他说:"因此,在法律之下,生命就是平静和安全的。"社会成员就可以享受最简单的物质福利,并且享受其劳动果实。因此,福蒂斯丘认为英格兰的法律对于政府治理这片土地而言是适合的,采取这样的法律就如同采取市民法对整个帝国的好处一样。当然,关于法律共识的本质性部分是它们提高了那些同意这样立法的人的利益,"因此它们不可能对人民产生害处,也不会不去保护人民的利益。"[92]

用来强调公共利益作为立法合法性基础的语言是必不可少的。这些用语在15世纪上半叶经常出现。正如大量的措施之中有一个处理一般性非法行为的例子,[93]1399年的一个法律是惩处那些给骑士、地主和自耕农以仆从待遇的贵族的(除了国王之外)。[94]在1400年的另一个法律中确认了前面采取的针对"不得已以及必要性"的措施。[95]根据1425年的法律,它重申了以前的规定,即允许将玉米销往国外,但除了敌国以外。它也解释了为什么理查德二世希望他的议会限制这种自由出口的原因,"这些限制对他

---

[91] *De Laudibus*, c. 13, p. 31: "Lex, vero, sub qua cetus hominum populous efficitur nervorum corporis phisici tenet racionem, quia sicut per nervos compago corporis solidatur, sic per legem, que a ligando dicitur, corpus huiusmodi misticum ligature et servatur in unum."关于费纽克斯的观点,参见 Port, *Notebook*, p. 125.

[92] Ibid. , c. 18, p. 41;还可以参见 ibid. , pp. 37, 65, 88, 89,以及 *De Natura* II, c. 29,其中讨论了人定法其存在是为了终止争讼的观点。

[93] Holdsworth. II, p. 452.

[94] 1 Hen Ⅳ, c. 7;正如立法中所言,其目的是为了"增进友爱,和平以及国地上所有人民的安宁"。

[95] 2 Hen. Ⅳ, c. 21.

们的国家利益而言是需要的。"[96]如是，他命令其"议会一旦对其领地而言有利的话就限制前述出口"。

这一时期末，在公共的利益方面，法官也采取了同样的表述。在1468年，丹比大法官（Danby CJCP）裁定渔民在靠近海岸晒网的违法行为是合理的，因为这对于整个王国的公共利益以及国家的维系是有好处的。[97]在1496年，费纽克斯大法官判决，A可以赠与B一块土地，如果B能够在其上建立一座桥梁，或者建立一座灯塔，抑或组织人民来保卫国王的城堡，那么这样的批准就是好的，因为这种赠与可以取得好处"对于领地而言这就是公共的利益"。对于费纽克斯而言，他在1521年说，"国王和整个领地是一个政治体，这是有法律来加以组织和维护的。"[98]同样在庆贺1506年的什一税案时，金斯米尔法官（Kingsmill JCP）说，若有人的物品被违背其意志而征用，或者为了保卫他人而拆毁另一个人的房子，"这些事情如果是因为保卫公共利益那么就可以被认为是正当合法的"。[99]

法律和德性的增进

理论家通常预设人定法有更高的目的，而在这一点上实践者往往忽略了。法律的存在是引导个体去按照德性来行动，并避免

---

[96] 4 Hen. VI, c. 5, reciting 17 Ric. II, c. 7; see also 11 Hen. VI, c. 11; 31 Hen. VI, cc. 4, 6; 3 Hen. VII, c. 9.

[97] M 8 Ed. IV, 18, 30；丹比不同意，大多数人认为风俗是不合理的。

[98] H 11 Hen. VII, 12, 3; Brooke, *GA*, "Tenures" 109；关于芬纽克斯对于法律和秩序的看法，参见 Port, *Notebook*, p. 125.

[99] T 21 Hen. VII, 27, 5; Fifoot, *Sources*, p. 199；关于其他在司法判决中采用公共利益和公共利益的观点的例子，参见 H 40 Ed. III, 17, 8; H 39 Hen. VI, 38, 3; M 4 Hen. VII, 18, 12; M 7 Hen. VII, 16, 1 at 2; T 8 Hen. VII, 1, 1; P 12 Hen. VII, 15, 1 at 17B per Tremaile.

罪恶，这在中世纪的法律理论中是一个共识。[100]阿奎那论证说，制定法律是为了引导人们的行为，法律之所以能指导人们向善取决于法律对德性的贡献程度。他说，在某种意义上，德性是极为关键的，因为除非公民是有德性的，否则政治社会不可能生长出德性来。但是，"并非所有的德性行为都是被命令出来的，也并非所有的罪恶行为都是法律设立的义务所能禁止的。"[101]多数人并无更高的道德标准，因此法律的存在只是避免更为糟糕的罪恶，这些都是普通人可以避免的：也就是一般而言对社会和他人都有害的东西。[102]

福蒂斯丘遵循了阿奎那的一般看法。每一个立法者的目标都是让人民去亲近德性。这一目标通过法律的方式可以得以实现。毕竟，福蒂斯丘对法律的定义（在阿库修斯和布莱克顿中也是如此）是"一种有德性的并且禁止违背的神圣约束命令"[103]。他说明了在讨论非婚生子问题上人定法的某些方面，他说在婚前生育子女的正当性问题上市民法逊于英格兰法，并认为这"更倾向于是一种罪孽，不仅忽视上帝而且也忽视教会的告诫"。因此，这个

---

[100] 关于14世纪意大利法学家巴尔杜斯·德·乌巴尔迪斯（Baldus de Ubaldis, 1327-1400），参见 W. Ullmann, "Baldus' conception of law", 58 *LQR*（1942）p. 386 at p. 392；关于威克里夫的观点，参见 W. E. Farr, *John Wyclif as Legal Reformer*, p. 73；关于布莱克顿的观点，参见 *De Legibus*, II, p. 25.

[101] *Summa*, 1a, 2ae, 92, 1；96, 3.

[102] Ibid., 92, 2. 根据奥卡姆"法律是为不义而制定的而非正义"：McGrade, *The Political Thought of William Ockham*, p. 214.

[103] *De Laudibus*, c. 3, p. 9："lex est sanccio sancta iubens honesta et prohibiens contraria"（也可参见 *De Natura* I, c. 44, and II, c. 35）. 关于阿库修斯、阿佐、布莱克顿，参见前注9. "Honesta" 在福蒂斯丘那里被翻译成"德性"；参见 S. E. Thorne's translation of Bracton（*De Legibus* II, p. 25）："honeste vivere, alterum non laedere, ius suum unicuique tribuens"（关于何为正义的诫命："要德性地生活，不要伤害他人，给他人以正当的权利"）；还可以参见 T. G. Watkin, "*Honeste vivere*", 5 *JLH*（1984）p. 117, 索恩（Thorne）的翻译比较容易接受。

市民法"是与何为良法之本质相违背的，因为法律是对什么是有德性之事及其相反之事的要求与禁止；因为法律不仅禁止，而且还应该指导有德性的行为"[104]。

皮卡克并没有花多少精力在关注人定法和德性的关系上。这是神法与自然法的工作。[105]但是，皮卡克认为国王应该按照德性的方式生活，并敦促自己的人民遵守法律和"掌握这些观点和政府的治理，法律的德性与真理会提醒法官们如此行事"[106]。在年鉴中法官也很少提及德性问题，只有1410年曾提及这一点，并且还是在消极的意义上说法律不会惩治有德性的行为。格洛斯特（Gloucester）地区一所学校的两位负责人起诉另一所有竞争关系的学校违法侵权。原告辩称在竞争中他们遭受了损失，不得不降低学费。因为不同的理由，法官裁定原告的诉状是真实的。索林大法官（Thirning CJCP）将其看成一个精神事物，而汉克福德法官（Hankford JCP）将其看成是现实损害。而希尔说："如果有一个人像原告一样以其优良学识来教育未成年人，这就是一件有德性并值得尊重的事情，对于人们来说也是非常需要的，因此他不应该受到我们法律的惩处。"[107]

---

[104] *De Laudibus*, c. 34, pp. 93, 95；关于圣日耳曼的观点，参见 *Dialogue*, p. 31："制定法律的目的是为了使人民变好并赋予其德性"。

[105] 皮卡克深入地思考了德性行为的本质：*Folower*, p. 45；关于神法和德性的论述，参见 ibid., p. 82.

[106] *Reule*, p. 334；*Repressor*, I, pp. 21, 22；参见 *Donet*, p. 75，它考察了人定法的存在是为了维系上帝的德性之法。

[107] H 11 Hen. IV, 47, 21："c'est virtuous et charitable chose, et esse al people, pur que il ne puit ester puny per nostre ley"：这里的"*ease*"翻译为"有需要的"，这也以"*besoignous*"的形式出现在 MSS 中。(Bake and Milsom, *Sources of English Legal History*, p. 614, n. 9)；作为例子也可参见 Brooke, *GA*, "Action on the Case", 42；Fitzherbert, *GA*, "Action on the Case", 28 以及 Holdsworth, VIII, p. 425.

第二章 人定法：实证主义视角

在立法中德性并不常见，[108]只不过有大量的行为包含着德性的观念。比如，1482年的法律解释说在王国领地的"所有国王的臣民合乎德性地都占有并使用弓箭射击，因此在上帝的庇护之下，这些行为得到王国的保护"。这个法律是通过确定长弓箭的价格以及惩治过分贸易的方式来鼓励大家练习射箭。[109]与其说它是一个德性的观念，不如说是一种社会公德。通常立法的设计目的是铲除罪恶。使用罪恶行为的案例（一般来说是比较少的）与失业问题以及保持国家的空闲情况有关。比如说，1483年的一个法律规定，如果不是从英格兰而是从国外雇佣服务人员进入英格兰，商人的行为就要被禁止。针对这种情况，该法条规定"如果你的国王的臣民没有职业就会游手好闲，变成小偷、乞丐和强盗，那么人民就会过上悲惨的生活，这对王国的荣耀是有损的"[110]。

恶法的地位问题：实证主义者的理论

平民主义和法律世俗化的观点都为将法律与道德相分离而铺

---

[108] 德性和有德行在中世纪并非法律来源，参见 *OED*：在今天，这个词的意思是以德性的态度行动："基督比其他的被造物更为卓越而有德性"，*An Apology for Lollard Doctrines* (attributed to Wyclif) (*c.* 1400), edited by J. H. Todd, Camden Society Publications (London, 1842) p. 91："你如何让你的灵魂远离罪恶与卑劣并按照德性去生活"，*Three Prose Versions of Secreta Secretorum* (1422), edited by R. Steele and T. Henderson, Early English Text Society, Extra Series, 74 (London, 1898).

[109] 22 Ed. IV, c. 4；也可参见 1 Hen. IV, c. 19（如何缓解贫困人口的生活）；4 Hen. IV, c. 18（他们是善良的和有德性的）。

[110] 1 Ric. III, c. 9；也可参见 27 Hen. VI, c. 1（关于罪恶和邪恶生活）；3 Ed. IV, c. 1（根据神的意愿被禁止的恶行）；这段时期的立法直接针对异端，参见 Holdsworth, II, p. 471. 关于"恶行"和"邪恶的"同时代的非法来源，参见 *OED*：例如，犯了盗窃和谋杀的……邪恶行为和罪行的人将被判处火刑。《索尔朝圣记》[*The Pylgremage of the Sowle*，法国诗人 G. 德高勒威（G. de Guilleville）所著] (*c.* 1400) (Ms. Egerton615) IV, xxxv, 85.

平了道路。正因为法律依赖于自身的权威和人的意志,而非依赖于道德,虽然因时代而改变,但法律的目的始终是服务公共利益,这让法律最终从抽象的道德中被分离了出来。法律是自主的领域。规则要求了法律的本质和权威,其原因是这样的:法律是由意志行为而产生的。这种观念产生的一个重要结论成为了实证主义学说的基础。规则被纳入法律之中是因为他们是意志的产物,并且也加入到普通法和制定法之中。规则就是法律,无论其在道德上的意义为何,它都应该在案件和立法中起作用。置于中世纪的法律语言中,规则之所以是法律,是因为其可以被"使用",可以在规定、条文和法律文本中被找到。而不是因为其与道德保持一致性。恶法亦法:它们同样是有效的。

实证主义者的观点与法律理论

皮卡克对法律的实证主义观点的理解出现在他对自然法的讨论之中(后面我们会进一步阐释)。他认为如果一个行为始于自然法并与其保持一致,那么这个行为也获得了附加的法律属性,因此为自然法所准许的人定法就是合法的,"我们可以贴切的将其称之为一个合法之物。"[111] 然而,人定法本身也要传达出完整的合法性,因为"无论在何种统治下,除非违反了实定法禁止的行为,或者理性的判断,亦或者人类正义,那么就都不是非法的"[112]。皮卡克论定若人定法不能与自然法相一致,就会产生出罪恶,这就只能被当成是不义的了(与自然法相冲突)。这样虽然不能说被作废,但是却是无效的。他论证说,有瑕疵的法律依然是法律:他们仅仅是没有价值的存在物。皮卡克说"这样

---

[111] *Repressor*, I, p. 135.
[112] Ibid., I, pp. 161, 180, II, p. 372.

恶的法律可以通过理性正当判断而被认定为不值得采用"[113]。这当然是说坏的规则也是法律，但不太清楚"不应该存在和使用"是什么意思。在讨论法律的可变性的时候，他比较能接受的是如果法律不再对人们有益，那么可以通过立法者对其加以修改。总体而言，针对"法律不应该存在和使用"这个看法提出了一个有趣的问题，即皮卡克是否希望臣民不去遵守坏的法律或者法官不应该去援引坏的法律。在这些问题上他缄默不言。在任何问题上，皮卡克都会与阿奎那进行比较，他认为不正义的法律"不应该被遵守"，"除非对它们的遵守对避免丑闻和打乱社会秩序是必须的，那么这样的法律不可能对良心有约束力"[114]。

　　福蒂斯丘的实证主义观点比较精细，虽然并非简单明了。福蒂斯丘对现实中的恶法非常警觉。萨米尔（Samnel）说，国王法是罪恶的，因为它准许国王做那些"己所不欲勿施于人"的事情，但它仍是法律。[115]正如用同时代的法国作为证明，法国的国王法准许其使用严刑拷打的手段（大陆的法学家为其提供的理论的论证）。[116]"法国法并不满足于在死刑案件中以目击证人的方

---

[113] Ibid., II, p. 432: "out of whiche wallen the seid yvelis, ben bi right doom of resound unleeful and not worthi to be had and usid"; 也可参见 I, pp. 227, 228; 对于实证主义理论的一个简短讨论，参见 N. Doe, "The positivist thesis in fifteenth century legal and practice", 11 *JLH* (1990) p. 31.

[114] *Summa*, 1a, 2ae, 96, 4; 2a, 2ae, 104, 6: "人们只有在正义的要求的限度上应该遵守世俗的法律……如果它们要求做不正义的事情，那么其臣民就不应该遵守它们，除非在一些比较特殊的案件里，这就是关于可以避免丑闻发生或者某些引起社会动荡的事情上"; 参见 A. P. d'Entreves, *Natural Law: An Introduction to Legal Philosophy* (2nd edition, London, 1970) p. 46; 也可参见 F. C. Copleston, *Aquinas* (Harmondsworth, 1955, reprinted 1970) p. 240.

[115] *De Natura* I, cc. 12, 17.

[116] A. Esmein, *History of Continental Criminal Procedure*, translated by J. Simpson, volume V, The Continental Legal History Series (New York, 1968) pp. 79-113, esp. p. 112; Holdsworth, V, p. 170-176.

式加以指控……而是更偏好于用严刑拷打的方式使其经受不住而不得不承认他们有罪"。确实"当没有足够目击证人的时候，市民法在刑事案件中也采取了类似的刑讯逼供方式来获得真相，而在其他很多地方也是如此"[117]。

福蒂斯丘发展了这样一种实证主义观点："当一个法律适用于人民，那么对人民而言法律永远是法律，即便它有时候好有时候坏。"根据统治原则，国王法是按照这条规则被制定的，只要国王高兴他就使法律生效，"法律自身可以是可好可坏的"[118]。只要以国王的意志为基础，那么它就具备了法律之名，即使没有什么东西比这个法律更不正义。而且，实证主义的观念蕴含在这样一个命题之中，"国王的法律命令如果错误那么只能被自然法的规则所修改"。在能够被修改之前这些法律也应当以法律的形式继续存在。福蒂斯丘也将这种观点运用在以政治法的名义制定的法律上面："政治法的规则，也即宪法和习惯，只有当其与自然法律相背离的时候才可以被废止。"[119] 福蒂斯丘得出了一个相对宽泛的结论，"所有法律都是基于人的命令，虽然他们不能直接与自然法相抵触，但毫无疑问它们必须从自然法开始并且和自然法共有一些相同的必然性要素，尽管必定要接受特定的限制；如果它们在这些方面没有不同，那么它们并非其他类型的法律而是同样的法律。"因此，福蒂斯丘论证道："由人公布的法律并没有证明自然

---

[117] *De Laudibus*, c. 22, pp. 47–51.

[118] *De Natura* I, c. 27: "sed cum ad populum ius illud referatur lex semper illis est, quandoque vero bona quandoque vero mala"; c. 28: "lex ipsa tamen sepius mala est"。

[119] Ibid., c. 29: "一旦成为法或习惯法和自然法相违背时，其效力自然被废止。"

法是在这些点上是一样的。"[120]

在福蒂斯丘的这些论述中,赋予法律以自主性,尽管有缺点,但还是应该把这些规则当作法律,他表达了一种对于现代实证主义法律理论的基础性命题。福蒂斯丘能够对这些观点有所发展,认为法律源自人类的意志和同意。从概念的清晰性上看,这些表达比皮卡克的类似观点更为精细。而且,它们反映出来一种很难在其他中世纪法学家的作品中发现有任何推进的立场。如果我们从这些理论的形式上,而非其对"不正义的法"的现象加以承认的角度思考,那么一个视野宽广的研究应该从一般意义上考察中世纪法理论中的实证主义原初形态开始进行,尤其是市民法和解经学的主要思想。这种观念是比较隐晦的,比如说在阿奎那的思想中,他不仅认识到不正义的法存在的可能性(正如我们看到的)而且他也认为它们并不能在道德上产生约束,也不应当被遵守;虽然这些观点看上去符合他对自然法的注释(后面我们会继续考察),在这个背景下法律当以这种形式存在,公民无需去遵守。[121]

议会对不良立法的处理

表面上,实证主义法律理论的关键方面是针对立法而言的,

---

[120] *De Nature* II, c.51:"所有的法律虽然都是基于人的命令,但是通常情形下,它们不能直接与自然法相抵触,换言之,自然法指导着人定法的制定过程,一些自然法的精神也被注入到人定法的制定过程之中。"

[121] 关于阿奎那的观点,参见前注 114。而论述如从自然法的观点(我们发现不正义的法是无效的),参见第三章注释 79。关于隐含的实证主义观点,参见 Bracton, *De Legibus*, II, p.24,其中讨论了法作为一种判断有时候也是不正义的。关于马西里乌斯的观点,参见 E. Lewis, "The positivism of Marsigilio of Padua", 38 *Speculum* (1963) p.541;可以与之相比较的是 J. Quillet, *Le Defenseur de la paix* (Paris, 1968):*DP*, II, p.191:"有些东西根据人定法是合法的,但是根据自然法确实不合法的";ibid., p.36:"不正义的法律不是完美的";但是也可参见 ibid., p.191:"但是当其在命令、禁止、许可上发生分歧的时候,在绝对意义上的合法和非法必须根据神法而非自然法来判定。"

当议会要修改一个被说是令人厌恶或者坏的单行法律时。在下面的情形下，后法依然把前法当成法律，虽然前法已经被当成有瑕疵和有损害的：前面的法律依然还是法律，它不会因其有瑕疵而无效。基本的观念是先前的措施是可被撤销的：它是需要由其他法律修改的法律。

在14世纪后期，土地侵占者联合起来剥夺他人土地并将土地的利益占为己有。被侵占者通常不知道劫掠者的具体身份。通过1377年的立法，这样的侵占行为被裁定是无效的并且被侵占者可以从侵占者手中收回土地的利益，前提是在这种行为发生一年内启动这个程序。[122] 在1402年，考虑到时间并不充分的问题所导致的利益受损者之间产生的不一致，立法者通过法律延长了这一时间。[123] 因此立法说"国王认为由于时间规定得比较短，前述立法可能给其臣民待来困扰和损失"，那么法律应该对土地的侵占者在同样的时间内所享受的土地利益加以抵制。这里的立法并没有因为它是恶法所以被当作完全无效。1377年的法律依然被认为具有法律的品质并且被1402年的立法所修正。

在这个例子中，之前的议会所制定的法律一旦被认为是不好的法律，后来就会被加以修正。之后还有一个事件，即1497年的立法确认伦敦商人所创设的法令有法律效力但是还需修改。同样，虽然被认为违背了理性和良知，但是法令并没有因此被自动认定为无效。[124] 当然在伦敦之外的商人却抱怨说，他们对外贸易的自

---

〔122〕 I Ric. II, c. 9; see A. W. B. Simpson, *An Introduction to the History of the Land Law* (2nd edn, Oxford, 1986) pp. 183, 184.

〔123〕 4 Hen. IV, c. 7; 关于对于这个问题以及其他的处理该事项的立法问题的内容，参见 Holdsworth, IV, p. 444.

〔124〕 12 Hen. VII, c. 6; 也可参见 Holdsworth, IV, p. 323; 关于商人作为立法者的情况，参见 H. J. Berman, *Law and Revolution* (Harvard, 1983) pp. 340, 346-348.

由受到伦敦商人的影响。他们宣称后者"违反所有的法律、理性、宽容、权利和良知"制定这样的法律，规定非英格兰商人若没有对其进行一定的补偿就不得在各种市场上购买和销售商品。结果，这个法律所强调的自由和征收超越十马克（ten marks）的补偿金，导致了其他商人的商品在伦敦卖不出好价钱。但是，立法并没有取消这一法令，而只是对其运行范围进行了限制。这就意味着一个非议会的法令若要获得法律效力就必须得到议会法律的公开的认可。

鉴于前面的两个例子都是说明单一立法（一个是议会的，一个是非议会的）被修改的情况，这就是同一个法律实证主义方法在面对整个议会立法所使用的情况。在后面的情况中，立法者承认前述的议会立法就是法律，更为重要的是有害的法律，并非是无效的（考虑到法律的糟糕性质），但是这需要未来的立法加以废除。

1399年的立法要求1398年所指定的法律都是无效的。[125]它解释了这样一件事情，即以前的议会如何错误地通过法律、裁决、法令以及措施破坏了王国内人民的生活。因此，国王"考虑到前述论及的各种不一致，并经过宗教和世俗贵族的赞同与建议"指令议会前面的立法是没有效力和价值的：它的权威"要被改正，废除，使其无效，不起作用，取消以及永久性废止"。

这样的观点也隐含在1460年的立法中。这个法律解释了为什么国王在考文垂（Coventry）的前一年召集议会来处理那些被不公正对待的人的煽动行为，这些人的行为主要是针对那些对他们不怀好意的领主和其他人的。[126]其继续道"因为在议会中经过阴险

---

[125] I Hen. IV, c. 3; see also 3 Hen. VI, c. 4 and, especially, 20 Hen. VI, c. 3 describing mischiefs ensuing from the operation of 2 Hen. IV, c. 16.

[126] 39 Hen. VI, c. 1；而关于私人交易的观点，参见18 Hen. VI, c. 1。

的谋划与活动，在违背善良的信仰与良知的情况下制定出了法律、法令，这些法律、法令永久性地摧毁了合法的贵族、产业和臣民，以及那些无辜的人和他们的后代"。这个法律也解释了同一个议会的很多成员"没有经过正当的投票程序，有些甚至就没有通过投票，这与国王的法律程序是相抵触的"。因此，所有经过前面的议会所指定的法律、制定法和法令应该被推翻、废除，没有效力也不应该起作用。这个制定法反映出这样的观念，即议会立法只要是以违背良知的方式指定的，虽然并非自始无效，但却是可以被认定无效的，因此只有直到其被后续的立法所取代之前它还有效力并能正常运行。

对糟糕立法的司法处置

对于立法者而言，糟糕的立法也具有法律的品质。在被后来的立法修改和废除之前，它依然作为法律存在。尽管其法律性质不善，但是法官依然将其视作有效力的法律：正如赫迪大法官在1441年所言，国王可以通过其议会否决一个人的继承权，议会也可以驳回另一个议会所制定的法律。[127]这种观点建基于议会主权的原始观念。在1407年特威特律师（Serjeant Tirwit）说，"议会的法令……应该被当作是议会的司法判决，不能被下级法院所修改或推翻。"[128]同样，在1455年的一个案子里，福蒂斯丘大法官也强调了这一观念，这一点与现代的宪法思想颇有相似之处，即法院没有资格质疑议会立法过程中的瑕疵："此乃议会之立法，在

---

[127] P 19 Hen. VI, 62, 1at 63.
[128] M 8 Hen. IV, 12, 13 at 13A; M 11 Hen. IV, 7, 20 at 8 A per Hankford, 当他在谈及一个制定法的时候说"议会的权威是有限制的", M 11 Hen. IV, 37, 67 at 39 A per Thirning: "如果议会制定的法律是恶法，可经过程序予以废止。"

我们废除议会立法之前,应该详细思虑接受建议。"[129]在1443年的一个案子中,虽然立法是有害的,但是还是被司法所接受。

威斯特敏斯特法令第二部分第十四章(Westminster II c. 14)中规定了关于废弃物的法令,如果被告人在被传唤之后没有到庭,法官就会指令一个陪审团来询问废弃物的相关情况。[130]这是在法律中规定的程序,只要被告没有出席或者不在场,它便许可反对被告的判决,这个调查将对被告不利。在我们的案件中,法庭是承认这一点的,即被告缺席这会对其造成诸如此类的损失。但是,帕斯顿法官(Paston JCP)认为,即使对被告造成如此损失,这样的立法程序也必须得到执行。他说:"先生,无论你说接下来的危害是什么,目前为止我们不会予以考虑。"帕斯顿继续道:"这是因为虽然当一个制定法与法律(与普通法不同)相违背甚至造成损失;但是直到其被修改或被废除之前,它依然还是法律,那些制定法律的人已经考虑到了这样的损害。"由此,对于帕斯顿而言,糟糕的法律并非无效,直到被修改之前它都是有效的。

在1490年出现了这样一个案例,它解释了1484年如何保护一个通过信托受益人的土地购买者的利益,这样受益人可以中断受托人从道义上为他保有土地的义务。这就是说"在良心上"可以被占据,但是立法可以有效地在没有法律土地权益的情况下将其转让,从而推翻施加在受托人身上的义务和道义负担。[131]以普

---

[129] P 33 Hen. VI, 17, 8 at 18(法案首先在下议院被接受,然后到上议院被认可)。

[130] T 12 Hen. VI, 56, 13; Fitzherber, *GA*, "Waste", 45; 关于扣押令的讨论,参见 J. C. Fox, "Process of imprisonment at common law", 39 *LQR* (1923) p. 46.

[131] P 6 Hen. VII, 3, 5(年鉴上所指是错误的:指的是 5 Hen. VII)。关于这项立法,1 Ric. III, c. 1, 参见 Simpson, *History of the Land Law*, pp. 184, 185, *HFCL*, p. 125, and *IELH*, p. 213: 受益人有权转让这个法律权益。在信托下所引起的良心上的义务的论述,参见 *IELH*, p. 210.

通法论之，它是倾向于法律而反对这种良心上的论证的，由此它坚持一种严格的法律观念，这种观点认为宁可所有不一致也必须遭受如此损失，这种观点就是中世纪的法律实践者所采取的实证主义观点。当我们考虑到使用良知，损失以及不一致的时候，这些我们后面还会考察。

本章小结

在年鉴、法律理论和立法中有很多迹象显示出了中世纪的法律思想与"现代"实证主义的某些方面有联系。平民理论强调法律应该是基于人民的意志行动，这种观点为后来的经典实证主义命题铺平了道路。正如同意被看作是议会立法和地方性习惯的基础一样，惯例也被当成普通法的基础，因此法律并不依赖于神圣性的道德性权威，而仅仅依赖于人类的意志行为。法律包含着命令与禁止，它们基于人类意志而在时间上和地域上是彼此不同的。当然，在一定时期，实践者认为法律是有恒常价值的。法律自身的根本目的在于服务共同利益（虽然法律的具体实践和理论中存在着不一致的地方，正如福蒂斯丘认为法律是在培养人的德性）。但是，后来我们发现法律并不能满足特定的道德需要，或者关于评断何为正义和不义，不过这并不影响制定法之所以为法律的判断。一旦规则被融入制定法（正如我们在普通法中所看到的），那么它就应该被当作法律而无论其是否有道德内容：它仅仅是可以撤销的而非当然无效的。简而言之，强调法律是人的意志所制定的产物就可以得出这样一种观点，法律即使不涉及抽象的正义和不义的认定也不能认为其不是法律。

第三章

自然法：超越道德的法律

在中世纪晚期的法律思想中，自然法思想处于核心地位。它与平民主义、实证主义之间的紧张关系是这一时期法理思想发展的主要特征。与坚持世俗唯意志论的人的法律思想不同（他们将人定法的权威建基于人的意志之上），中世纪晚期的一部分理论家和实务工作者则利用自然法思想和神法的思想，创设了一套完全不同的关于法律权威的理论。自然法理论认为法律的权威并不仅仅依靠人的权威。在自然法理论的框架下，人定法的权威被认为来自于一个抽象且具有神圣性的道德价值。这对坚信人定法不受其他因素影响的唯意志论者产生了极大的影响。从自然法理论的观点看，人定法在效力上是低于自然法的，并且只有在前者不违背后者的情形下才能获得足够的权威。简言之，人定法不具有自治的特征，它的权威建立在道德的基础之上。如此，一个意涵更为丰富的法律概念便产生了。详言之，法律不是由经过普通民众同意的命令规则、禁止规则或法官的判决构成的，它应是一系列符合自然法道德要求的规则。

自然法和法律思想中的神法

在他们的理论讨论中,皮卡克和福蒂斯丘均认为自然法理论必须符合中世纪的法律思想。自然法似乎是由上帝创建的有关训诫和禁止的规则体系。而创建这一规则体系的目的就是为了规范人类的行为,以使之符合神的意志。同样也是依据人类自身的逻辑、认识和良知所制定的。

自然法与神法的关系

皮卡克和福蒂斯丘认为,自然法的权威来自于神圣的意志。换言之,自然法是由神而不是人制定的。正因为自然法的权威是建立在神圣意志之上,所以一部分人也视它为"神法",这两个词汇也常常互换使用。这一情形很普遍。12世纪和13世纪的教会法学家们都认为自然法就是神制定的法律。[1] 与此相应,阿奎那也关注自然法与神法之间的联系,毕竟人们可从中知道什么是善良、什么是邪恶,阿奎那和其他教会法学家们的这些思想深深地影响了福蒂斯丘。[2] 必须承认的是,福蒂斯丘也赞同万事万物都是依照上帝的安排在运行,这也是他所意指的"永恒法",事实上,他也称之为"神法"。简言之,当神法适用于人类时,上帝的安排就蕴含在自然法中。福蒂斯丘直接引用阿奎那的原话,一再

---

[1] W. UIlmann, *Medieval Papalism*: *The Political Theories of the Medieval Canonists* (London, 1949) p. 40; and B. Tierney, "*Natura id est Deus*: a case of Juristic Pantheis?", 24 *Journal of the History of Ideas* (1963) p. 307.

[2] *Summa*, 1a, 2ae, 71, 6; 91, 2; 94, 3; 100, 2; 3a, 84, 7; A. P. d'Entreves, *Natural Law*: *An Introduction to Legal Philosophy* (2nd edn, London, 1970) pp. 42-44. 福特斯丘关于自然法的简短讨论,参见 E. F. Jacob, *Essays in the Conciliar Epoch* (3rd edition, Manchester, 1963) pp. 109-119:但是自然法与人法之间具体是什么关系并没有讨论,以及福特斯丘法律思想中自然法与实定法之间的紧张关系也没有做阐释。

第三章　自然法：超越道德的法律

强调"自然法就是理性生物适用永恒法的实践过程"。另外，福蒂斯丘认为自然法可直接表述为神法，然后，直接转述教会法律师的结论，"自然法具有神性，享有效力的最高性"[3]。

皮卡克对于自然法的分析完全是采用了理性的思维。但受到阿奎那"自然理性和实践理性支配下的自然法（以此区分善与恶）"[4]观点的影响，皮卡克也坚信是人类理性构建了自然法，而自然法又成为神法构建的基础。皮卡克评论道："依靠人类的自然理性去判定什么是自然的道德法律和什么是上帝的道德法律。"简言之，上帝法是由自然法构成的。[5]正因为上帝法中关于关于人行为的规定是建立在自然法基础之上，所以人类的理性又通过上帝命令的形式被表达出来了。[6]另外，戴利也曾表述过类似的观点。神法包含自然法的所有内容，"因为法律来自于上帝——万物的创造者"[7]。稍后，吉尔森也谈论到人与这几类法

---

[3] *De Natura* I, c. 42; and c. 5: "人定法也是自然法的产物"；关于阿奎那的观点，参见 *Summa*, 1a, 2ae, 91, 2; and at 93, 1: "永恒法就是神智慧的表达，是所有生物的行动准则。"

[4] *Summa*, 1a, 2ae, 91, 2: "自然法就是依据自然的理性将善从恶中区分开来"; 94, 2: "自然法就是依据自然理性规定什么是可以做的，什么是应当回避的"; 1a, 2ae, 18, 5: "当我们在评判人行为的善与恶时，我们是将'合理'作为标准。"

[5] *Repressor*, I, p. 18, II, p. 504; and ibid., I, p. 6. 皮卡克经常使用诸如此类的词汇"这一类的普通法"(ibid., II, p. 579)，"上帝普通法"(ibid., II, p. 462) 和"与上帝有关的普通法"(ibid., II, p. 463)。当然此类用法也经常出现在非法学的一些书籍中：*Mandeville's Travels*（fourteenth century）(translated from the French of Jean *d'Outremeuse*), edited by P. Hamelius, Early English Text Society, 153, Volume I (London, 1919) p. 194 (see also p. 67).

[6] *Repressor*, I, pp. 18, 39, 40; at 189: "自然法遵从于上帝法。换言之，自然法中关于关于人行为的规定是建立在上帝法基础之上，所以人定法依据自然法而制定，也是依据了上帝法。"

[7] Oakley, p. 177, n. 19; 关于库萨的尼古拉斯的观点，参见 Sigmund, p. 143. 关于圣日耳曼的观点，参见 *Dialogue*, p. 11, 关于永恒法 (for eternal law), and p. 13 关于自然法 (for natural law). 关于理查德·胡克的观点，参见 E. T. Davies, *The Political*

律的关系问题，他认为从某种意义上而言，自然法和神法是一样的，神法和自然法的创制者都是上帝。[8]

自然法的实质和目的

从理论家们将自然法等同于神法可以清晰地看出他们对自然法这一概念的理论构建。继袭托马斯教派传统，皮卡克的见解与戴利和吉尔森一样都认为自然法是对人的不同行为的规定，[9]它由神的意志而不是人的意志创造，"在我们与上帝之间，上帝的意志创制了约束人行为的法律，并且这一法律不需要获得人的同意。"[10]皮卡克继续说道，"上帝制定的每一条规定都是它意志的体现"，且上帝法无所不有，囊括了一切人应当遵守的规范，"当然，上帝约束人的行为至何种程度则完全源自上帝的意志"，并且这就是约束人类的法律。[11]因为自然法和神法具有相同的本质，所以对于上帝的法律规定和人类理性的法律规定都能理解为，"既然上帝对于人类的法律规定就是上帝的命令和劝告，那么理性或信仰支配下的法律命令和劝告与上帝所制定的法律就应具有同一性。"[12]神法和自然法实施的最终目的是引导人像

Ideas of Richard Hooker（New York，reprint 1972）p. 44.

〔8〕 Pascoe，p. 61. 意大利法学家巴尔杜斯（1327—1400）曾在自然法和神法中讨论过这个问题，J. Canning，*The Political Thought of Baldus de Ubaldis*（Cambridge，1987）pp. 76-79，155-156，182-183.

〔9〕 关于戴利的理论，参见 Oakley，p. 181，关于吉尔森的理论，参见 Pascoe，p. 60. 关于阿奎那的观点，参见 *Summa*，1a，2ae，97，3（在第100页第二段提到了神法规定的美德）。关于圣日耳曼的观点，参见 Gerson，*Dialogue*，p. 13.

〔10〕 *Folower*，p. 217："就我们与上帝之间的关系而言，上帝的意志创制了约束人行为的法律，并且上帝创制的法律是不需要获得人的同意的。"

〔11〕 *Repressor*，I，p. 18; also *Donet*，p. 202（and pp. 183，197）. 关于威克里夫（Wyclif）的观点，参见 W. E. Farr，*John Wyclif as Legal Reformer*（Leiden，1974）p. 43.

〔12〕 *Donet*，pp. 15，16："既然上帝对于人类的法律规定就是上帝的命令和劝告，那么理性或信仰支配下的法律命令和劝告与上帝所制定的法律就应当是一样的"; also p. 37，and *Repressor*，I，p. 189，II，pp. 505，524.

上帝那样过有道德的生活,因此人类通过遵守法律的方式获得拯救。[13]在神法的教义中,道德是需要培养的且一切邪恶行为都是应当被禁止的。[14]自然法就是神法对于行为正确与错误判断的再次描述,且具体规则不可改变。[15]

类似的,福蒂斯丘也认为因为自然法是由神制定的,所以它是不能被改变的,且其具体规则主要表现形式是命令和禁止。[16]自然法中有一条非常重要的戒令,"不能占他人的便宜"[17]。在此原则的规范下,个人不仅应当积极回报别人对其所做的有益事情,而且也不能去做损害他人利益的事情。[18]依据福蒂斯丘的观点,自然法具有现实的和宗教的两方面的功能,详言之,自然法不仅规定了人与人之间应如何相处,而且也训诫人类只要坚守上帝所制定的规则,他就可以获得永生。[19]

---

[13] *Donet*, pp. 17, 72;曾经有过非常有趣的讨论,即一个未经教化的自然人如何通过洗礼和获得教会资格的方式过上有道德的生活,参见 W. Ullmann, *Medieval Foundations of Renaissance Humanism* (London, 1977) chapters 1, 4 and 5.

[14] *Donet*, pp. 179, 180.

[15] Ibid., p. 129. 关于圣日耳曼的观点,参见 *Dialogue*, p. 15.

[16] *De Natura* I, cc. 5, 20, 38, 自然法始终不变;也可参见 *De Laudibus*, c. 16. 关于阿奎那的观点,参见 *Summa*, 1a, 2ae, 97, 1 以及意大利的神学家们 Baldus, Ullmann, "Baldus' conception of law", p. 394, 以及 Bartolus, Ullmann, "Bartolus on customary law", p. 280, n. 5. 福蒂斯丘主张,法律是由自然法组成的,参见 *De Naruta* I, cc. 24, 29; also *De Laudibus*, c. 8, p. 23.

[17] *De Natura* I, c. 4 (Matt. 7:12).

[18] Ibid. And *Governance*, c. 4:"自然法要求君王对待百姓的方式与百姓对待他那样,并无二致。"

[19] *De Natura* I, Introduction and c. 42;与神法联系在一起,这是托马斯主义的观点:*Summa*, 1a, 2ae, 98, 1; 2a, 2ae, 140, 1;关于自然法的世俗拘束力目的,参见 ibid., 1a, 2ae, 91, 4. 然而,福特斯丘并没有采纳阿奎那将自然法分为主要规则和次要规则的观点。最主要的训诫仍是:"人应当做好事,而不应做邪恶的事情。"次要规则则是对主要规则的细化,神圣罗马帝国就是采纳了阿奎那的这种区分方式,*Dialogue*, p. 11.

关于人类认识自然法的理论

在中世纪的法学研究中，有一个问题曾吸引了无数学者的目光，即普通人如何识别自然法的具体规则。在哪里或以何种方式去寻找这类符合神要求的规则？福蒂斯丘认为获取自然法的方式有三种，这三种方式成为那一时期大家都能接受的理论。[20] 首先，既然自然法是所有动物通过其本性都能获取的，那么福蒂斯丘认为只有属于人类本性能感知范畴的规则才是自然法（不过这一观点并不被一些权威的教会法学者所接受）。简言之，对自然本性的感知是人天生就具有的。[21] 其次，福蒂斯丘坚信人的理性能力也能识别自然法规则，"正确的理性推导揭示了自然法"。[22] 最后，普通人还可以通过圣经获取自然法则，"教士们宣称教会法和福音书都是自然法"[23]。另外，福蒂斯丘还认为新约和旧约的所有规定并非否认自然法的存在，而是赋予其实际效力，肯定它们的存在。[24]

在福蒂斯丘的教会法思想中，自然法被认为包含在圣经之中。对于这一点，威克里夫（Wyclif）持不同见解，他认为圣经是上

---

[20] E. Levi, "Natural Law in Roman thought", 15 *Studia et Documenta Historiae et Juris* (1949) p. 1 at pp. 2, 18; 关于布莱克顿的观点，参见 *De Legibus*, II, p. 26（他的侧重点似乎集中在人的自觉上），以及 Baldus, Ullmann, "Baldus' conception of law", p. 394.

[21] *De Natura* I, c. 31："人天生就具有辨识自然法的能力"；也可参见 ibid., c. 38. 罗马法中相关理论的论述参见 *Inst.*, Bk. I, Tit. II. 当然也有学者对于"本性认知"提出了质疑，例如鲁菲纽斯（Rufinus），格雷希恩（Gratian）的学生，其文章大致写作与1157年：MPT, II, p. 104.

[22] *De Natura* I, cc. 31, 32："人在正确理性的引导下，可以找到自然法。"他解释说对于一般的法律问题并不需要人定法或法官通过强制命令予以解决，适用此法就已足以。（Ibid., c. 46.）关于阿奎那的观点，参见 *Summa*, 1a, 2ae, 91, 2; 94, 4.

[23] *De Natura* I, c. 4："人定法依据自然法的指引，规定人们应该做什么，不应该做什么。但是自然法不能违背教会法和福音书的规定，毕竟那是上帝制定的"；also c. 5. 关于格雷希恩的观点，参见 E. Lewis, *Medieval Political Ideas*, 2 Volumes (New York, 1954) I, p. 32. 马修斯主张只有圣经才是神法（*DP*, I, p. 153）。

[24] *De Natura* I, c. 5.

帝制定的法律，它记载着上帝的每一条训令。[25]但是，皮卡克对于自然法的认知方式也与威克里夫完全不同。皮卡克认为只有记载于圣经上的法律才是上帝之法的观点是错误的。人的理性也能认知到所有圣经告知人关于神法的知识，[26]即赋予一种判断是与非的能力。[27]详言之，普通人通过圣经并不能找到可以直接适用的法律，但是人的理性却能做到这一点。[28]皮卡克甚至认为即使圣经不存在，人依靠自身理性同样可以发现自然法和神法，圣经仅仅是寻找到自然法和神法的一种方式，"而这一点人类通过自身的理性或认知自然法也能做到"[29]。概言之，皮卡克的思想可总结为："上帝对于人类的立法并不仅仅局限于被称为'新约和旧约'的圣经中，还包含在自然法和道德价值之中。"[30]

当下，自然法是由上帝制定的且可以由人的理性获知的观点已经被普遍接受。吉尔森认为神法是可以认知的，但并不是每一部被认知的法律都是神法。[31]一部分神法可以通过圣经获知，一部分可以通过对神法本身的推导而获知，还有一部分则是人依靠自身理性获取。[32]另外，吉尔森也认同新约和旧约满足自然法所

---

[25] W. E. Farr, *John Wyclif as Legal Reformer*, p. 43.

[26] *Repressor*, I, pp. 6, 11.

[27] *Donet*, p. 12："理性是一种力量，依靠这种力量可以删除人定法中不符合自然精神的规定……同时依靠这种力量，人们可以判断出哪些人定法的规定是错误的，哪些是正确的，哪些是应当提倡的，哪些是应当坚决制止的。"*Folower*, p. 84："自然法之所以拥有这样的力量，就在于它拥有深厚的道德根基。"关于阿奎那的观点，参见 *Summa*, 1a, 79, 11.

[28] *Repressor*, I, p. 12："普通人通过圣经不一定能发现直接适用的法律，但是依靠理性的力量却能做到这一点。"

[29] Ibid., pp. 17, 32.

[30] Ibid., pp. 39, 40："上帝对于人类的立法并不仅仅局限于被称为'新约和旧约'的圣经中，还包含在自然法和道德价值……之中。"

[31] Pascoe, pp. 58, 59.

[32] Ibid., p. 59.

有构成要素的观点,[33]同时它也是依靠神的意志制定,但是自然法的具体内容是来自于人的理性并非神的启示。[34]圣日耳曼帝国就采纳了吉尔森这一观点。[35]

神权立法

理论家们使用神学概念（神的意志和法律）分析自然法的后果必然让自然法置于神学的框架之内。简言之,自然法也与神的意志勾连在了一起。但值得一提的是,在实践层面,法律同样也被用神学的观点予以解释。我们可以找到很多例子证实立法中吸纳了神法,换言之,立法者通过不同方式将神法纳入实在法中的结果就是让神的意志与实在法之间建立了显而易见的联系。通常,立法活动都需要满足神法的要求。事实上,我们必须清醒意识到,神的意志所制定的法律与普通民众普遍同意的规则享有同等的效力。

理论家们普遍遵循的一个准则就是自然法规则的效力等同于上帝规则的效力。在中世纪晚期,议会立法中也遵循类似的法律观念。详言之,立法者会依据神法的观点来判定所立规则是否合法。并且这类观点也会记录在具体的法律文件中,例如"对上帝确有冒犯""与上帝法律相违背"和"令上帝感到不快"。毋庸置疑,立法活动中大量使用此类描述语已使得法律染上神权的色彩。因此在这一时期,人定法或议会法的具体规定（主要是强制性规

---

[33] Ibid., p. 60.

[34] Ibid., p. 61. 戴利认为自然法和神法都是由上帝制定的,但是神法依靠神经获得,自然法则通过理性获知,参见 Oakley, p. 179.

[35] *Dialogue*, pp. 21–25; p. 21: "法律是神圣的……恰当的描述,因为它是由上帝创制的,并且它指引人类以最近的方式去获得永恒的幸福"; ibid., p. 11: "上帝理性的子民们依靠自然的理解力或自然理性理解永恒法或上帝的意志,因而这些法律又被称之为'理性法'。当规则依据神示获得时,又被称之为上帝之法。"

第三章 自然法：超越道德的法律

定）与神法的规定基本吻合。

"冒犯上帝"的观点有时会被用来谴责一些发生在人与人之间的行为，有时也会被用来谴责一些发生在精神领域的行为。议会在1402年制定法律禁止个人沿河修建堰堤，以免过往的船只和鱼群陷入险境。在这部法律中，禁止此类损害渔民和鱼群的行为的理由就是为了避免让上帝感到不快，"船只通行的巷道受到侵害，很多渔民陷入险境，许多鱼类的生存环境也让人堪忧，因而这类行为会让上帝感到不快。"[36]可以对比，在另一个不同的场景下，1448年议会通过立法确认在周日或普遍庆祝的节日中举办展会或其他形式的交易会都是对上帝的冒犯和伤害，因此除了在丰收季节的四个周日外，此类行为被予以禁止。但非常有意思的是，在此部法律中，对于在周日或普遍庆祝的节日中举办展会或其他形式的交易会所产生的负面结果则被描述为"会玷污人的灵魂"。[37]

在15世纪涉及罗拉德派（Lollards）的三部法律中，其中两部都是以"上帝法律"的名义制定。* 在1400年颁布的法令中，议

---

[36] 4 Hen. IV, c. 11：尽管单词"periz"可以翻译成"灭亡"，但在此处应理解为"受到侵害"。也在这同一年，4 Hen. IV, c. 22, 1351年的法令禁止一些不适当的行为，"反对上帝和正确的信仰"。

[37] 27 Hen. VI, c. 5："立法者考虑会对全能的上帝造成令人憎恶的伤害和冒犯。"也可参见17 Ed. IV, c. 3, "对于此类会玷污人的灵魂的行为，必须予以惩罚。" 当然诸如"上帝禁止"之类的词汇也常常出现在非法律的资料中，参见27 Ed, III, St. II, c. 17; 9 Hen. V, St. II, c. 3; 3 Hen. VII, c. 9.

* 1376年英国的勒得倭得教区长兼英王皇家神学顾问约翰·威克里夫（John Wycliff, 1320-1384）眼见教皇生活奢靡，教会因争竞逐财而腐化，便在牛津公开指责教会的主决者。世俗事务由神派政府管理，教皇不应干涉。他获得英国朝野的拥护，未被教皇缉拿，继续推动改革，1377年又宣称《圣经》是信仰唯一根据，教会唯一律法。接着，他将《圣经》译成白话英文（1384年完成，1388年修订），结果销路意外广大。他又主张"平民主权"即教会应以平民信徒为中心，而非教皇；但可有一人遵照《圣经》总揽相关事务，否则便是敌基督者。并要二人一组出外传道，但非终身职。英国黑死病流行时，他被保守派归咎拿办。他的追随者被称为罗拉德派。——译者注

会充分解释了罗拉德派是如何宣扬他们与神法和教会法相左的异端学说,如此很容易造成民众信仰分裂,从而让民众的灵魂陷入险境和造成其他一些上帝禁止的不利后果(如憎恶权利和理性、破坏好的规则之治)。当然,这部法令在保证国王享有惩以罚金的前提下授予议会逮捕和监禁这类持"异端学说"的人。[38]在1414年,议会再一次宣布施行拘捕罗拉德派信徒的程序,他们的异端学说被指控会颠覆基督教的信仰体系,并且整个基督教世界均不能幸免(英国也包括在内)。[39]以上帝名义制定法律同样也出现在1496年制定的一部法律中,即一系列规定教士犯下重罪也会受到惩处法令中的第一部。[40]依据该法案的规定,詹姆斯·格雷姆(James Grame)教士因叛国罪被拘捕,并且他谋杀导师的行为同样不可宽恕,"依据上帝的法律和自然理性,有预谋的杀害是让所有人憎恶的,此类行为应当被禁止和避免再次发生,但一些犯下此罪的人却没有勇气承认自己的罪行,这让上帝非常不快且与违背所有已颁行法律的宗旨。"进一步言之,议会也明言此类杀害自己导师的行为违反了自然法上规定的责任,"依据自然法的要求,所有人都有义务或责任不去杀人。"[41]

在15世纪后半期,类似"某类行为会让上帝不快"的表达经常出现在法律规定的最后一句。1455年制定的法规(和格雷姆的法律相类似)说明了仆人如何在其主人临终时占有和支配主人财产的,"此类行为使得主人处理财产的意志无法充分实现,上帝同

---

[38] 2 Hen. IV, c. 15.
[39] 2 Hen. V, c. 7.
[40] Holdsworth, III, pp. 301, 315, and *CH*, p. 446.
[41] 12 Hen. VII, c. 7;关于自然理性(*naturall reason*)同样可参见 3 Hen. VII, c. 12. 一个类似的表达"自然正义"(*ley de naturell justie*)出现在 3 Hen. VII, c. 5 以及 11 Hen. VII, c. 8;参见下面第四章注释67。

样会感到不快,另外这也有违仆人对主人负有的忠诚义务。"因此,该法令还规定如果仆人存在此种侵占行为,那么就犯下了重罪。(立法过程中也关心重罪的构成要件:未履行职责也是重罪,不仅仅是侵占主人财产的行为。)[42]由于王国的法律并没有得到很好的实施,诸如杀人、抢劫、做伪证和不履行法定职责等犯罪行为持续增加,进而引发所有人对自己人身安全和财产安全的隐忧,当然这也会让全能的上帝感到不快,[43]所以为确保王国能得到善治,1488年制定的法律也允许法官惩罚一些威胁到王国良善规则的违法行为,如不履行抚养职责、贿赂法官、骚乱、非法集会等。同一年,法律又规定违背妇女意志拐带妇女的行为也构成重罪,逼迫妇女嫁给绑架者不仅会让上帝感到不快,而且有违国王的法律。[44]

显而易见,立法者在立法过程中绝对不违背神的禁止性规定。如此,人的行为和神的意志被有效地联系起来。所以法律常会出现一些带这些用语的被禁止行为,如"让上帝感到不快""对上帝有所冒犯""有违上帝的法律"和"上帝会感到难受"等。法律中融入此类词汇就形成了具有神权色彩的立法,神法的理念也因此得到彰显。人立法过程中的许多限制被认为是神的意志。依据福蒂斯丘对于神权立法过程的理解,当国王和民众共同制定法律后,法律本身就具有了神性。[45]简言之,福蒂斯丘在某种意义上

---

[42] 33 Hen. VI, c.1; 在法律中偶尔规定唐罪行为是很正常的,*IELH*, p.426; 例如 5 Hen. IV, c.5, 8 Hen. VI, c.12, 18 Hen. VI, c.19. 法律惩罚那些"对神不敬"的行为以及支持这类行为存在的资助行为,参见 2 Hen. V, St. I, c.1.

[43] 3 Hen. VII, c.1, 制定法的讨论在 Holdsworth, II, pp.361-363.

[44] 3 Hen. VII, c.2. 上帝难受的其他例子在 1 Ric. III, c.2, 3 Hen. VII, c.6, 11 Hen. VII, cc.2, 3.

[45] *De Natura* I, c.30.

认为人定法就是不可侵犯的。他也曾说过，"所有人定法都是神圣的。"[46]另外，与主流的民法观点一致，福蒂斯丘也认为法学同时包括涉及神和人的知识，并且对于普通法官而言，掌握神定法如同人定法一样重要。[47]基于此，教授人定法的官员和教师通常被称之为"神父（peiests）"。[48]简言之，所有由人颁布的法律不过是遵守神的命令。[49]因此，福蒂斯丘坚持认为，"王国内任意一部由领主和普通民众共同制定的法律都不会违背上帝法律和教会法律的规定。"[50]

自然法的司法实践

毋庸讳言，在整个15世纪的立法活动中，"自然法"这一词汇并没有被明确的适用过。当然，议会也经常适用与自然法理论相近的一些词汇［如1496年制定的"格雷姆法案（Grame statute）"中，就曾表述为"自然法指导下的法律"］，以此不同的方式来表述"神法"的理念。如此，在实践与理论之间，不可避免地会发生摩擦与碰撞，为调和这两者的矛盾，自然法思想扮演着很重要的角色。不过，同样的冲突也存在于理论界与司法界对于自然法理论不同的认知上。法官在判案时，也并非时常诉诸自然法理论。那一时期，自然法的表述也只是偶尔出现在年鉴之中，且大都集中在15世

---

[46] *De Laudibus*, c. 3, p. 7.

[47] *De Natura* I, c. 46. 关于布莱克顿的观点，参见 *De Legibus*, II, p. 25.

[48] *De Laudibus*, c. 3, p. 9. 关于布莱克顿的观点，参见 *De Legibus*, II, p. 24, and Roman Law generally, W. Kunkel, *An Introduction to Roman Legal and Constitutional History*, translated by J. M. Kelly (2nd edition, Oxford, 1973) pp. 95f.

[49] *De Laudibus*, c. 3, p. 9.

[50] *Works*, *De Titulo*, p. 86. 皮卡克并没有与之类似的评论。尽管如此，托马斯·史密斯声称"议会制定的法律规则是具有一定的神性的"：*De Rep*, II, c. 1. 与之相似的，关于胡克的观点，参见 Davies, *The Political Ideas of Richard Hooker*, p. 52.

第三章 自然法：超越道德的法律

纪晚期（尽管这一概念在此之前很早就已产生），[51]那时，他们的确没有定义这一概念。同时，我们也没有在任何书籍、理论或言论中发现对这一概念的阐述。为此我们可以断定，这一时期的司法实践者们对于自然法并没有成体系的和明确的理念，毋宁说那时的司法实践者对权威的理解更多是基于良知和理性。详言之，他们对于自然法的理解是零碎的，基本上只是个人对其进行不成系统的解读。大致上可划分为四种类型。

第一种类型，在无实定法可依据时，自然法被用来填补空白。1468年发生的一起案件是对此最好的注解。那一时期解决争议最为常见的方法就是各方达成一协议，同意将争议交由与此无利害关系的第三方来裁决。[52]有时，裁决者会判定在一定的期限内一方给予另一方一定数额的赔偿，但有时可能发生的事情是应获赔偿的一方会诉称他们并没有被告知对方赔偿的时限。在这起案件中，对于财政内室法庭（Exchequer Chamber）而言，当事人因不知晓获赔时效而丧失获赔的权利是否合法则是一个难题。[53]约克大法官（Chock CJCP）、伊林沃思法官（Illingworth CB）和丹比法

---

[51] 司法界对于"自然法"这一概念的适用，主要集中在15世纪的下半叶，不过法官们通常称之为"良知"。当然，"自然法"这一概念在文献中出现的还要早。例如可参见 1313-1314：W. C. Bolland, *The Eyre of Kent*：6 & 7Ed II, 24 Sel. Soc. (London, 1909) p. 126 per Ashby. 另外一个有趣的研究，参见 R. L. Jefferson, "The uses of natural law in the royal courts in fifteenth-century England", unpublishend Ph. D. thesis (University of Utah, 1972). 在中世纪法学家福特斯丘的著作中，自然法理念也被论及。只是在这本著作中，缺乏对年鉴和法令中的"自然法"概念的深度研究，仅仅是对自然法在司法中的运用的一些案件进行了阐述。他的结论是法官们挑战议会法令的行为是让人质疑的（第四章），但是最有意思的部分则是在16世纪法官们开始适用自然法理论了。在此非常感谢 J. H. 贝克（J. H. Baker）教授的学术建议。

[52] *HCLC*, pp. 173-177.

[53] P 8 Ed. IV, 1, 1; M 8 Ed. IV, 9, 9; 20, 35; Brooke, *GA*, "Arbitrement", 37, Notice, 18.

官都认为既然当事人同意将此案交付第三方来裁决，那么他应当遵从第三方所作出的所有决定。但是耶尔弗顿法官对此持有异议。对他而言，告知是行为生效的必要条件，并且也没有明确的法律条文规定赔偿会因时效过期而被豁免。耶尔弗顿法官阐述道，"最让教会法学者和民法学者头疼的是，对于这类新发生的案件，并没有可以依据的法律进行裁决。"他继续解释道，"在这种情形下，他们只有依据法的一般性规则，而这也是所有法律的基础，当然对于福利问题，自然法的要求是尽量维护。"[54]

毋庸讳言，上述的这一点因为如下的几方面理由而变得非常重要。一方面，耶尔弗顿法官通过此案建议对于那些无法依据既定法判案的情形，也可以依据自然法；另一方面，耶尔弗顿法官也指出了自然法的核心目的之一，即保护公共利益免受不法侵害。与其他法学家不同，如皮卡克和福蒂斯丘，耶尔弗顿法官的关注点主要集中在自然法的实然性功能，即如何适用自然法去判决具体的案件。甚言之，耶尔弗顿法官认为如果将来实定法要规范这一点，那么自然法要求其具体的规则一定要能保护公共利益。因此，在该案中，耶尔弗顿一直强调没有告知的裁决行为对于公益而言是有害无益的，毕竟裁决的目的是为了解决民众之间发生的纠纷。另外，他也一直坚信该案的判决会产生持久的后续效应，"由于在此之前并没有发生过类似的案件，因此对于以后发生的类似纠纷而言，这就是先例。"在整个案件判决后，马克汉姆法官和内德汉姆法官（Nedham JCP）基于不同的理由也支持了这一判决。

在地方习惯法中，自然法的补充功能（即没有成文法时，适

---

[54] 只有皮卡克在适用自然法时会间杂运用良知的概念，*Reule*, pp. 306, 307.

用自然法判案）却鲜被提及。例如在一起涉及黑麦（Rye）的惯例中，明确规定地方法官只有在习惯法汇编中找不到相类似的规定时方能求助于自然法。因此在这些案件中，地方的执政官（也是法官）与同僚们会依据自然理性审理案件，而这也是英格兰所有法律和习惯法的基础。[55]

  第二种类型，非常少见，即在司法实践中鲜有判决会申言所有的法院判决都应依据自然法的规定。但也存在例子，如福特维奇（Fordwich）地区的判例法汇编第 76 条规定：" 在所有的案件中，法官应当依据自然法断案，并且所有的成文法也是根据自然法制定的。"[56]还是在涉及黑麦的惯例中也再次重复了这一规定，即不论成文法如何规定，法官都应依据自然法判案。[57]虽然在 1489 年英国的大法官也隐晦表达过这一观点，但是普通法院的法官却从没有这么表述过。在那起案件中，D 欠 T 一笔债务，但 T 同时有两个财产继承人。其中的一个财产继承人在没有征得另一财产继承人同意的前提下擅自与 T 签署了免除债务清偿的协议。[58]随后，另一财产继承人向法院起诉要求中止这一协议的执行。主审法官认为签署免债协议的财产继承人应当给予另一财产继承人一定的补偿。他的判断主要是基于两方面的理由。一方面理由是已普遍接受的一种观点，"此类共同继承的财物应由共同享有继承权的权利人共同做出处分，任何单一主体无权单独对该财物做出处分"；另一方面理由则是法官认为，"我能完全了解每一部人定

---

[55]　21 Sel. Soc. (London, 1906) p. 59.
[56]　Ibid.："在案件审理过程中，法官应当依据自然法判案，并且所有的习惯法或成文法都是根据自然法制定的。"
[57]　Ibid.
[58]　H 4 Hen. VII, 4, 8; Brooke, *GA*, "Conscience", 7; Fifoot, *Sources*, p. 304, and *HCLC*, p. 397; see also P 7 Hen. VII, 10, 2.

法或权利应当如何规定才符合上帝法律的要求；具体到该案，一方财产继承人恶意处置所有继承财产的行为肯定违反了上帝法律的规定。"因此，如果继承人的确存在损毁财物的行为且拒绝赔偿时，那么这人肯定会受到上帝的严惩。[59]为避免这种情形的发生，法官会强制此财产继承人做出赔偿。

第三种类型，虽然普通法院的法官从未坚持认为所有的判决都应符合自然法的规定，他们也只是偶尔承认在一些情形下，人定法的规定和神法的规定确实巧合地存在相似之处。例如在1485年发生的"盖利斯诉沃特莱恩（Gylys v. Watterkyn）"一案中，P指控几位被告涉嫌犯有袭击、殴打和非法监禁等罪行，就发生了此类情形。[60]被告们依据伦敦地区的习惯法为自己的行为辩护，根据该习惯法，在伦敦司法管辖区域内，居民可以拘禁通奸犯，而这些被告已让P承认其的确曾有通奸行为。但是另一方面，P辩称由于通奸涉及宗教事务，所以让世俗法庭来审理是不恰当的。在判决过程中，汤森德法官（Townsend JCP）倾向于支持被告的诉求，即依据当地的习惯法来裁决这个案件，并声明适用习惯法更有助于维护当地和平的秩序。甚言之，尽管在普通法中，通奸行为并没有被认定为是犯罪，[61]但汤森德法官也驳斥了P所认为的通奸属于宗教事务，世俗法庭无管辖权的观点，并详细解释了通奸行为为何也应纳入世俗事务范畴的理由，并且这一行为还同

---

[59] H 4 Hen. VII, 4, 8 at 5: "如果行为人的确存在损毁财物的行为且拒绝赔偿时，那么依据自然法的规定，这人就应当受到惩处。"至于司法官员如何保护心灵免受侵害，参见 *HCLC*, pp. 398, 399.

[60] H 1 Hen. VII, 6, 3: "根据当地习惯法，居民可以拘禁通奸犯。"至于怀疑的正当性，T 9 Ed. IV, 27, 39.

[61] *CH*, p. 492, n. 5. 也可参见 M 13 Hen. VII, 10, 10. 在众所周知的凯瑞尔案（*Carrier's Case*）案中，成文法的规定就和自然法相符合。

时被神法和人定法所禁止,"就这一行为而言,无论是人定法还是神法都将其视为一种巨大的罪恶和危险,如果继续允许这种行为存在,将有可能毁灭我们的城市和集镇。"该案件最后以休庭告终。

最后一种类型,法官认为不能依据人定法而否定自然法。费纽克斯大法官在1495年区分"不法行为和法律上禁止的不法行为(*a malum prohibitum and a malum in se*)"二者之间的差异时,曾指出自然法是一种享有独立地位的道德力量。[62]比如,法律上禁止的不法行为是指如果一部法律禁止个人通过某种方式赚钱,那么个人若存在这方面的行为,就必将受到法律的严惩。正因为在法律没有规定前,这种行为是合法的,而法律规定后,这种行为是非法的,所以我们称这类行为为法律上禁止的不法行为(*malum prohibitum*)。然而,尽管法律认定它为非法的,但国王也可以不适用该法律。类似的,法律曾规定将羊毛运送到卡莱斯(Calais)地区是非法的,应予以制止,但国王却没有执行这一法律。另一方面,费纽克斯大法官一再强调没有任何人(包括国王和议会)有权干不法行为(*a malum in se*)。需要强调的是,不法行为这一概念独立且不可改变。例如,国王不能向任何人颁发杀人许可证或容忍某人在高速路上做令人恶心的事情。当然如果个人做了这类行为,国王可以事后宽恕他们,但颁发此类行为的许可证,则是无效的。最后,费纽克斯法官总结道:"国王、主教或牧师均无权授予个人纵欲的许可证,毕竟这是与自然法不符的

---

[62] M 11 Hen. VII, 11, 35; Brooke, *GA*, "Charters of Pardon", 76, "Prerogative", 141. 在17世纪,这一案例常被引用;参见 D. L. Keir and F. H. Lawson, *Cases in Constitutional Law*, edited by F. H. Lawson and D. J. Bentley (6th edn, Oxford, 1979) pp. 93, 110.

不法行为,当然这类行为已经发生,也是可以赦免的。"[63]简言之,由人定法规定的不法行为并非不可改变。但是依据自然法规定所涵盖的不法行为则是不能改变的,它的效力也是不能改变,人的行为只能影响自然法实施过程中的实效。

作为高级法的自然法：恶法的法律地位

持唯意志论观点的论文都认为法律来源于人的意志,造成的结果就是法律应以实定法的形式存在。详言之,法官或社区民众普遍认为他们所认可的法律都应与道德立场无关。一旦经过立法程序制定的法律都是有效力的,哪怕这部法律存在与良知相违背之处或确实会带来不好的后果。但这样的法律也必须经过法定程序方能被修改或废除。简言之,我们也应知晓,即使普通法的规则出现了诸如与理性或良知相违背的情形,或直接就是一个恶的规则,但在没有失效前,它们仍具有法律的效力。这种植根于人的意志的权威观在相关的法学理论中已非常普遍。它与自然法的论点截然不同。自然法的一个重要观点就是"恶法非法",即那些不符合自然法或道德法的规则就不是法律,它们自始至终都是无效的。当然,这种观点认为由于自然法是根据神的意志制定的,

---

[63] M 11 Hen. VII, 11, 35 at 12: "与自然法不符合的行为,人定法应当予以禁止。如果已然发生,国王可行使赦免权。" 关于自然法和神法更多适用的案例,参见 M 21 Hen. VI, 13, 28 (耶尔弗顿律师认为："上帝禁止的就是人定法应当规定的。"); M 35 Hen. VI, 25, 33 at 29 (福蒂斯丘也认为法律的规定应遵从上帝的禁止性命令); P 12 Ed .IV, 1, 3; 8, 22 at 9 (凯茨比律师认为在星期天缔结商业合同比不违反自然法的规定,但皮戈特律师则认为此举违反上帝法律;也可参见 Fairfax at 9); M 20 Hen. VII, 10, 20 at 11: 依据自然法的规定,兄长有照顾幼弟的职责。也可参见 Srjt Keble's use of the Old and New Testament in *Rollesley v. Toft*（1495）: 参见 Port, *Notebook*, 102 Sel. Soc. (London 1986) p. 32.

所以它应享有更高的法律效力。在福蒂斯丘的著作中,他也认为人定法即使令人讨厌,但也具有法律效力,对此皮卡克却不以为然。不过在具体司法实践过程中,法官们只是在一个有限的范围内适用这一观点,即通常与地方习惯法紧密相连,但并不适用于立法和普通法律之中。

法学理论

正如1489年大法官所表述那样,福蒂斯丘也认为人定法应当符合自然法和神法的规定。在效力方面,自然法(the lex naturae)高于所有的人定法(地球上的万物都必须遵守自然法,人也在其中)。换言之,自然法是所有法律的上位法,所有人定法都应当与之相符。[64] 如果人的行为不符合自然法的规定,那么这一行为就是非常邪恶的,应当受到惩罚且不能被豁免。[65] 另外,福蒂斯丘也认为神法具有与自然法同等的效力,同样是衡量人定法是否有效的一种标准。他曾说道,"比之人定法,神法更高尚且更具权威性,它可以衡量人的所有行为是否合法,如果合法,就可以接受,如果不合法,则应当受到谴责。"[66]

事实上,福蒂斯丘走得更远。类似上帝法,此类的道德法可以用来评判人定法的效力,如果人定法的规定与之相反,则可以将之废除,"一旦出现反对上帝法的人定法的情形,那么此刻人定

---

[64] *De Natura* I, cc. 5, 10, 也可参见 ibid., I, c. 29 and II, c. 29;*De Laudibus*, c. 15. 马西里乌斯的观点则与之相反,他并不承认自然法具有超越一切的效力,*DP*, II, pp. 164, 165, 168, 190;这也印证了他的另一个观点,即世俗法中并没有规定对于违反神法的行为的处罚措施:ibid., p. 159.

[65] *De Natura* I, c. 5.

[66] Ibid., II, c. 26;"神法比人定法更高尚且更具权威性,它可以衡量人的所有行为是否合法,如果合法,就应准许,但如果不合法,则应当惩罚";也可参见 I, c. 46.

法就不是法律了，在拉丁文中，我们称之为败坏的法律不是法律（corruptela et non lex）。"[67]如此，福蒂斯丘也认为不道德的法律是不存在的，"违法自然法的人定法是不会存在的。"[68]毋庸讳言，福蒂斯丘在评判所有法律是否合法时都是适用的这一观点。在随后的一个世纪中，圣日耳曼将这一理念最早运用于实践之中，他被明确告知任何法律，诸如地方习惯法、普通法或议会法律，一旦与自然法相违背，那么就是无效的，"因此，任何与自然法不符的训令、地方习惯法或议会法律都是无效的，不正义的。"[69]毫无疑问，自然法和与之相联系的神法都被视为高级法，作为道德评判的标准衡量人定法是否是善法。另外，它也具有法律效力，所有与之不符的人定法都是无效的。在这一点上，福蒂斯丘加深了法的意涵。详言之，在他的眼里，法律不仅仅需要获得普通民众的同意，还需要获得上帝（上帝的意志又通过自然法得以表达）的同意。

在证明道德法可以作为衡量人定法是否合法的标准时，福蒂斯丘感到棘手的问题是英国法上的陪审团制度是否同样可以适用于神法。[70]他进一步指出，陪审团制度是十二个陪审员共同做出决定，但神法仅需要两名对事实了解的目击者予以证明即可。[71]而这一点在"摩西十戒（law of Moses）"中也有记载，"违背这

---

[67] Works, p. 498. 依照现代观点对于令人生恶的法律的看法，英国的法官主要是将其与外国法联系在一起，参见 N. Doe, "The problem of abhorrent law and the judicial idea of legislative supremacy", 10 Liverpool Law Review (1988) p. 113.

[68] De Natura II, c. 34: "人定法肯定与自然法是保持一致的"；也可参见 ibid., I, c. 5: 与自然法违背的地方习惯法也是不对的；and I, c. 10.

[69] Dialogue, p. 15.

[70] De Laudibus, cc. 31, 32. 可以圣经为证，参见约翰福音 8：17；马太福音 18：16；申命记 17：6；19：12.

[71] 罗马法和教会法中对此部分的论述，参见 Holdsworth, IX, pp. 203-205.

一规定就是不遵守神法，所以英格兰法律也应当与之相符，如果与这一条不符，即与神法不符，那么就不具有法律效力。"因此，福蒂斯丘总结到由于陪审团的决定（即十二个陪审员的决定）是建立在目击者真实的供词基础上的，因此陪审团制度与神法并不相冲突。换言之，目击者的证词还是发挥了其应有的作用。[72]相应的，英国法规定除目击者证词外，由十二人组成的陪审团对于事实问题进行裁决的规定并没有与神法相冲突，毕竟判断的前提是目击者对于争议的事实提供了非常详细的证据。简言之，神法规定对于事实问题必须有两个证人证明，英国法除此项规定外，还要求由陪审团来决定这些证据是否是真实的。

事实上，福蒂斯丘和圣日耳曼在分析恶法的效力时，都否认了人定法的自治性（autonomy），但皮卡克对这一问题的看法却没有如此偏激。不可否认，皮卡克也同意人定法应当反映道德法的价值追求。他指出国王和普通民众都不应该反对上帝的法律，应始终遵守上帝之法，[73]毕竟任何与自然法不一致的法律都不具有强制的正当性。[74]实际上，法律的道德性并非来自于其自身的规定，而是因其符合理性的要求。[75]皮卡克进一步发展了自然法作为高级法的思想，即所有实定法的合法性均是由自然法赋予的。简言之，对于皮卡克而言，合法性等同于道德效力的表达。他还宣称所有涉及道德的行为是否能被接受是由理性决定的。为此他

---

[72] *De Laudibus*, c. 32, p. 77. 至于陪审员充任事实问题的法官的论述，ibid., and generally, *HFCL*, pp. 68, 418, 424.

[73] *Donet*, p. 73; also *Repressor*, II, p. 453；因为教会法也需要遵从上帝之法，所以"政治人物制定的法律也不能违反上帝法的规定"。

[74] *Repressor*, I, p. 100.

[75] Ibid., p. 105.

将行为归纳为三类：合法、不合法以及中性。[76]依据理性思维认定是可以接受的行为就是合法行为，理性禁止的行为就是不合法行为。中性行为就是那些依据理性思维既不接受也不禁止的行为。当然若从广义上讲，中性行为也可归入合法行为的范畴。[77]总之，依据皮卡克的观点，只要人定法与自然法不一致就会产生邪恶，无论是其具体规定还是人的滥用行为，均可归入不法行为的范畴，而不仅仅是福蒂斯丘所说的腐败或无效行为。可以肯定的是，依据正确的理性判断，那些因不法行为所制定的法律是不会产生法律效力的。[78]

78　　福蒂斯丘的理论中存在一个基本矛盾。在某一点上，他会评判法律是善法还是恶法，但与此同时他也会说让人厌恶的规则不是法律。而皮卡克对于法律概念的表述则保持了一贯性，人的意志本身就可赋予法律效力。与自然法相符合只是进一步加强了人定法的合法性。恶法并不必然失效，他们仅仅是没有得到适用。皮卡克的这些观点是在福蒂斯丘的理论中不可能发现的。然而，需要强调的是，福蒂斯丘的理论与同时代的主流观点是一致的。奥古斯丁（Augustine）认为不正义的规则不是法律，索尔兹伯里的约翰（John of Salisbury）*则认为与神法不符的法律是没有效力的，格雷希恩（Gratian，福蒂斯丘承认受其理论影响最深）更是直言自然法在效力上高于习惯法和宪法。无论哪种形式的规则，

---

〔76〕　Ibid., p.135.
〔77〕　Ibid., pp.135, 136, 18; at p.135："依据理性的力量判断是可以接受的行为就是合法行为，理性禁止的行为就是不合法行为。中立行为就是那些无法判断是否合法的行为，或者依据理性思维既不接受也不禁止的行为。……"
〔78〕　Ibid., II, p.432："依据正确的理性判断，那些不合法的规定是不会产生法律效力的。"
*　生活在英国12世纪的一位伟大的作家。——译者注

第三章 自然法：超越道德的法律

哪怕是写下来的，只要与自然法相违背就会被认为是无效的。虽然阿奎那也说与自然法相违背的人定法不是法律，是对法律本身的曲解，但阿奎那与福蒂斯丘的看法一致，承认不公正的法律还是存在的（这些法律本不应被遵守——这也较为隐含地表达了阿奎那的实证主义观点）。[79] 在整个 15 世纪，戴利和吉尔森都强调既然神的意志是所有法律效力的源泉，那么所有的人定法为了具有效力就必须遵循神的意志。[80]

实践层面：地方习惯法

必须承认的是，法官并没有像理论家那样广泛地适用"自然法"这一概念，除非在特殊情形下，但两者之间还是存在一些共同点。详言之，法官和理论家们都认为人定法应当符合自然法的要求。虽然年鉴中没有记载像理论家们一样将自然法视作可以将任何下位的人定法无效化的案例。一般情形下，法官并不适用"自然法"这一概念去判定令人生恶的人定法（包括地方习惯法、王国的习惯法和议会制定的法律）无法律效力。然而，尽管受到严格的使用限制，法官们在内心中还是接受了自然法理念。详言之，虽然法官们并没有适用"自然法"这一概念判定任何一部"恶"的法律（普通法或成文法）无效，但他们的确基于抽象的

---

[79] 关于奥古斯丁的介绍，参见 C. J. Friedrich, *The Philosophy of Law in Historical perspective* (2nd edition, Chicago, 1963) p. 39, and H. L. A. Hart, *The Concept of Law* (Oxford, 1961) p. 8. 关于索尔兹伯里的约翰的介绍，*Policraticus*, IV, 6, edited by C. C. J. Webb (Oxford, 1909), and Gratian, E. Lewis, *Medieval Political Ideas* (London, 1954) volume I, p. 35. 阿奎那一再强调不公正的法律不是法律，参见 *Summa*, la, 2ae, 95, 2；但这一观点与阿奎那的另一观点似乎有些冲突，即不正义的规则是不应当予以遵循的法律，但这样的规则又一定会存在着；参见前文第二章注释 121。为此，阿奎那重新定义了法的概念，法不仅仅是依靠人的意志制定的，而是掌管社区的人基于维护公共利益的需要制定的（*Summa*, la, 2ae, 90, 4），当然，"规则制定首要正当性来源于自然法"(ibid., la, 2ae, 95, 2).

[80] *MPT*, VI, p. 159; Oakley, p. 179.

正义观去判断地方习惯法是否有效力。任何的习惯法（通常具有等同法律的地位），一旦违反了理性或基本权利的要求就不会产生效力，这一观念比自然法和神法等观念还要深入人心。我们在接下来的章次中会论述到"理性"这一概念通常就代表着良知和正义，并且基本权利也大致能反映抽象的正义观。有时，权利（droit）被等同于理性，两者之间也经常相互充任对方的正当性基础。[81]随后，在形式上，法官们会依据理性，例如抽象权利观去指导实践。在这些情形下，人的意志就必须遵从抽象权利观的要求。

福蒂斯丘曾对"自然法"概念进行过如此阐述，"如果已被适用的地方习惯法有与自然法相违背之处，那么依据教会法的准则，此习惯法是不具有效力的。"[82]而利特尔顿对于理性的阐述也持有同样的论点。对于他而言，男性平等继承遗产的制度是合法的，理由就是它符合理性。[83]另外与其他法规一样，如果这个地方习惯法违反了理性的要求，法官将判决其无效，"恶俗应当被废除（quia malus usus ablendus est）"[84]。在1431年，D曾经援引过这

---

[81] 关于理性（reason）参见以下第五章；关于权利（droit）的观点，1 Hen. IV, c. 12; 2 Hen. VI, c. 2; 1 Hen. VII, c. 2. 至于理性和权利一起的分析，M 9 Hen. VI, 44, 27; M 34 Hen. VI, 15, 28 per Srjt Littleton; M 3 Ed. IV, 24, 19 at 25B; H 14 Hen. VII, 17, 7 at 19: "car common drote est comon reason"; 4 Hen. V, c. 8: ordinaries taking for probate of a will excessive fees *encontre drote et ley*. Sometimes *comen drote signifies* "common law": implied by Choke, T 8Ed. IV, 5, 14. Sometimes these are distinguished: M 1 Hen. V, 11, 24 at 12 per Hilll JCP; P 7 Hen. VII, 12, 5 at 13 Per Keble: "cest voucher n'est encontre common ley, ni common droit".

[82] *De Natura* I, c. 10. 但是罗马法的早期并不存在类似的观点，参见 B. Nicholas, *An Introduction to Roman Law* (Oxford, 1982) p. 55. 但中世纪的民法学家们采纳了与福特斯丘观点相类似的理论，*MPT*, II, p. 32.

[83] *Tenures*, Bk II, c. 11, s. 210.

[84] Ibid., s. 212.

样一个地方习惯法，即如果发现陪审团存在虚假判词，那么该地领主将有权对于每一个陪审员处以 40 先令的罚款，但后来法庭判定此习惯法侵犯了基本权利，不具有合法的效力。[85]

大体上讲，无效的令人生厌的习惯法一般是与地方习俗、某人或组织紧密相连，即常说的训令（这类训令通常被认为是习惯法中的一种形式，例如涉及个人的习惯法就是赋予特定组织或个人的"特权"）。[86] 在 1456 年的发生的一起案件中，就涉及地方的习俗。案情大致是 T 通过某种渠道获取了一批国王的珠宝，并以这批珠宝为抵押向 S 借了一笔钱。S 后来辩称他并不知道这批珠宝是国王的，并且依据伦敦地区的习惯法，被抵押的财物可以被赎回（前提是偿还完借款）。法院拒绝了 S 适用伦敦习惯法的请求。[87] 依据莫里法官的解释，"伦敦的这项习惯法是荒谬的，并不符合理性的要求。即一个人拿走我的东西去抵押，我却要先偿还借款才能拿回我的东西是不符合逻辑的。"不过，普瑞索特大法官补充道，"并非所有的习惯法都没有效力，只要符合理性，即使与普通法相抵触也具有效力。"

在 1482 年的一起案件中，利特尔顿法官如此表述自己的观

---

[85] M 9 Hen. VI, 44, 27; Brooke, *GA*, "Custom", 3, "Fees", 17: "如果习惯法侵犯了个人享有的基本权利，那么它就不具有合法的效力。"巴丙顿大法官（Babingtong CJCP）也经常使用理性和基本权利这类概念。关于地方大陪审团的出庭及小陪审团的审判，参见 *HFCL*, p. 409, and *CH*, pp. 89, 90. 关于进一步的运用，参见 H 42 Ed. III, 4, 16 at 5; M 7 Hen. VI, 12, 17; M 22 Ed. IV, 22, 2; 利特尔顿律师的类比论证，参见 M 34 Hen. VI, 15, 28.

[86] Co. Ltt. , 113b; W. G. Salmond, *Jurisprudence*, edited by P. J. FitzGerald (12th edn, London, 1966) pp. 203-204. Note Littleton, *Tenures*, Bk II, c. 10, s. 170: "除了极少数的训令具有法律效力外，其他习惯法并不是有效的。"

[87] M 35 Hen. VI, 25, 33: "如果一项习惯法是荒谬的，并不符合理性的要求。那么它将不具有法律效力。……并非所有的习惯法都没有效力，只要符合理性，即使与成文法相抵触，也具有效力。"

点:"合乎理性的法律在效力上高于那些经过地方老百姓同意和符合当地习俗的法律。"[88]该案案情大致是 P 起诉 D 翻耕了自己的农田,毁坏了庄苗。D 向法庭解释说当地的习惯法是允许农民在犁田的时候,误犁嵌入自家农田的土地(headland)。而 P 的土地刚好嵌入 D 家的土地,所以 D 才误犁了。利特尔顿法官认为如果需要适用当地的习惯法,那么 D 必须证明那块土地只是被误犁了,并没有损毁庄稼。否则,习惯法允许破坏庄稼的规定将是无效的,"违反理性的规定都是无效的",随后,此案的审判陷入争议中。事实上,在1480年布莱恩大法官就曾说过虽然议会在整体上已承认伦敦地区习惯法的法律效力,[89]但是如果个别的习惯法与理性相违背,那么它应是无效的。这项规定也是坏的习俗。布莱恩大法官还认为:"伦敦人的习惯法一定建立在理性的基础之上,但需要说明的是,成文法所承认的有效力的习惯法肯定是符合理性的,不符合理性的习惯法是不具有合法效力的。"[90]

类似涉及个人的习惯法或训令因令人憎恶而无效的观点经常出现在年鉴中。在1482年,W 以涉嫌重罪为由对三个被告实施了非法监禁,X 市长依职权对这三人实施了逮捕并关押三日,随后将他们送入国王的监狱。[91]布莱恩大法官认为这些被告不能依据

---

[88] P 21 Ed. IV, 28, 23; P 22 Ed. IV, 8, 24; Brooke, *GA*, "Trespass", 351, "Custom", 51: "理性的法律在效力上高于习惯法。"布莱恩大法官不同意这样的观点,适用于整个英联邦的习惯法都是有效的,这就是普通法。

[89] 例如可参见 14 Ed. III, St. I, c. I; 14 Ed. III, St. II, c. 2.

[90] M 21 Ed. IV, 67, 50. 这里没有布鲁克的参考资料。

[91] H 22 Ed. IV, 43, 4 (and H 1 Hen. VII, 6, 3 at 7, 依据习惯法的规定,可以羁押一至两日,且此规定长期有效)。类似的一个案件,参见 M 2 Ed. IV, 23, 21 (其余的是 M 2 Ed. IV, 18, 13); Brooke, *GA*, "Prescription", 65, "Jurisdiction", 73。这里,这一许可证并没有导致习惯法的产生,所以也就没有产生效力。也可参见 H 12 Hen. IV, 12, 3 at 13: 汉克福德,"国王是不可以通过这一损害老百姓利益的法令的,它侵害了公共权利"。

习惯法为其行为开脱罪责，因为这一习惯法本身就是违反公共利益和理性的。习惯法不能规定在国王的监狱，W 可以提供保释，因为这是有违理性的。甚言之，习惯法也无权将市长的三日羁押权延长至三周或三年，这完全是有违理性的。随后，案件的审判又陷入僵局。

然而，对于实践者（他们依职权规范地方习惯法）而言，在案件的审理过程中，他们并非只发现了地方习惯法与理性之间的矛盾。有时候，他们也会发现二者之间存在相契合的地方。例如，在 1484 年发生的一起案件中，S 和 C 联合控告几名被告偷走了他们在伯明翰郡（Buckinghamshire）饲养的小天鹅。而几名被告辩称依据伯明翰郡的习惯法，个人可以猎取泰晤士河（Thames）河边和鸟巢中的小天鹅（当然两地方的小天鹅则是天鹅主人的财产）。瓦瓦苏律师（Serjeant Vavasour）诉称这一习惯法违反了理性，是无效的，但是费尔法克斯法官则回复说，"此项习惯法似乎不坏，否则，这些人将四处射杀小天鹅，因此，有几处地方不能射杀小天鹅的地方习惯法是符合理性的。"赫西大法官也表示支持这一观点。[92]

最后，需要强调的是，在司法实践中，法官们适用令人憎恶的法律是无效的自然法观点只是针对地方习惯法。当然，圣日耳曼认为如果普通法或者议会立法与自然法相冲突，也是无效的，但是这种观点在英联邦的年鉴中并没有得到明确表述。并且到目前为止，法官们也没有公然地以违反理性或基本权利为由判定适

---

[92] M 2 Ric. III, 15, 42. 另外一些冲突的例子，参见 P 7 Hen. VI, 31, 27; P 12 Ed. IV, 1, 3; 8, 22 皮戈特律师（Srjt Pigot），对于神法的观点有异于凯茨比律师的观点；M 34 Hen. VI, 15, 28 per Srjt Littleton.

用于整个联邦的习惯法无效。[93]在1467年的一起案件中，利特尔顿法官曾含蓄地表达过类似的观点。他在回应约克法官关于客栈老板照看投宿者财物的责任的评论时，提出了一个观点："那些适用于整个英联邦的习惯法就是普通法。"并且在讨论这一问题的过程中也涉及各地不同的习惯法的效力问题，利特尔顿法官补充评论道，"只要是符合理性的习惯法就是具有效力的。"[94]但事实上，在整个15世纪的年鉴中，并不存在这样的例子，即法官们基于自然法和理性的要求直接质疑议会立法的效力。[95]但是在1454年，议会通过了一项非常奇怪的立法决议。为了遏制东安格利亚（East Anglia）地区的律师为了牟利，恶意挑唆他人起诉的行为，议会通过立法规定只有两位首席法官有律师任免权，且来自诺福克（Norfolk）地区的律师数量限制在十四位。任何超过这一数量的律师任免行为都是无效的。当然这项法令也存在适用的前提条件，"对于法官而言，这项法令的确可以起到预期效果，且手段也是合理的。"[96]

本章小结

总的来看，理论家们对于自然法的论述是十分明晰的。他们将自然法看成是效力高于人定法的高级法。自然法是由上帝创造

---

〔93〕 不过，他们时不时会对普通法的规则做扩大化解释。参见 ch. 4, pp. 100-101 and ch. 6, pp. 141-142.

〔94〕 M 8 Ed. IV, 18, 30; Brooke, *GA*, "Custom", 46.

〔95〕 对于立法规则的释义，参见 chapter 4, pp. 104-106 and chapter 6, pp. 142-143.

〔96〕 33 Hen. VI, c. 7. 在私人自治空间存在相类似的观点，15 Hen. VI, c. 6：如果条例不是好的或合理的，它将不会得到法官的适用。也可参见 27 Hen. VI, c. 6，法律必须向普通民众展示其合理的一面。

的一种包含行动命令和禁止命令的神法，具体内容由圣经和人的理性予以明确。依据福蒂斯丘和圣日耳曼的理念，与自然法相违背的人定法是不存在的。简言之，令人厌恶的人定法是无效的。这也是中世纪晚期得到普遍认同的观点。事实上，高级法的概念也出现在立法活动中。通常立法者都是依据神法制定具体法规，详言之，立法者总是借用侵犯上帝或违背上帝法的名义禁止某类行为。神法的权威和普通民众的广泛接受是法律合法性的两个重要来源。必须承认的是，在理论和立法中，神权都是非常重要的，但是法官们并没有广泛采纳自然法的理念。换言之，司法实践者并没有定义自然法概念或讨论它的位置，在具体适用时，也只是将它作为填补人定法效力空白的道德概念（时常显得很苍白，没有说服力）和说服普通民众接受的说辞。在接下来的篇章中，我们不难发现司法中的道德权威理念更多是来自于"良知与理性"，并非"自然法"。法官们也并不接受自然法理念中的核心观点，即那些令人生厌的人定法是无效的。这一理念只是与地方习惯法紧密相连。但需要注意的是，这一理念在即将兴起的实定法理论中开始引人关注。不过在以自然法理念为基础构建的习惯法理论体系中，理性的权威要高于普通民众的意志。当然在这里我们也能注意到，自然法思想中基本冲突从中世纪晚期就已比较明显。实际上，同时期的福蒂斯丘已非常明晰的表述过，"由国王和民众同意的规则才是法律，……坏的规则也是法律"，他还说，"法律就是神的权威创造的自然法，……与自然法相违背的坏规则根本就不是法律。"

第四章

正义、法之严格规定和公正

任何描述中世纪法理学的著作都必须认真对待"正义"这一概念,因为正义一词最能集中反映持唯意志论观点的法学家们(voluntarist)和坚持神权政治道德观的法学家们(theocratic-moralist)的紧张关系。与自然法概念相同,正义这一概念也是非常重要的,正式通过这一概念,法律与抽象的法外是非观念被联系在了一起。在法律理论中,正义是包含一系列特殊标准的,调整的不仅是司法关系,而且涉及更广的社会和道德关系。然而,并非是人的意志创造了正义。换而言之,正义是由上帝创造的。而人定法的功能就是实现上帝的意志(正义)。如此,人定法在反映正义的过程中也实现了自身的正义。而理论界也在积极讨论如何将正义观融入法律之中。但当法律正义被严格适用时,或许过于苛刻(不近人情)也不是我们愿意接受的。适用"平等"这一概念就表明法律并非一成不变,换言之,平等一词的含义是随着时代变化反映着不同需要的,赋予了僵化的法律以灵活性。必须承认的是,在法学理论中,正义这一概念非常重要,依据皮卡克的观点,正确观念(正义)构成了法律的基础。尽管中世纪正义

第四章 正义、法之严格规定和公正

这一概念也吸纳了许多民法和托马斯学派学者们"正义观"的实证主义理念（technical characteristics），但是与自然法概念一样，正义这一概念并没有广泛地运用于实践之中。（不可否认，在一些情形下，实践者的理性观念与理论家们的正义理论中之间还是存在一定的契合关系）另外，理论家们的某些正义理论与实践者们所想实现的平等理念之间也有相似之处。

正义理念的实质

与自然法相似，福蒂斯丘依据中世纪普遍接受的观点，[1]提出了神学视域下的"正义观"，即正义由神而非人创造，"由地位超然且无所不知的神创造的正义来充任法官判断人的行为是件再好不过的事情。"在人被创造那一刻，上帝就将"何为正义"的理念赋予人类，"在上帝任命管理世界机构的同时，它也告诉人类世界应当遵循的'正义观'。"[2]很难想象，没有正义的世界应当如何被统治，"正义就是管理世界的规则和模式。"社会的和平只有通过正义方能得到维护。[3]吉尔森也赞同此观点，"唯有正义方能使人间长治久安。"[4]依据福蒂斯丘的观点，如果社会能保持有序的状态，正义也就实现了，换言之，正义也是社会秩序中的一部分。[5]正如英国上议院的斯蒂林顿大法官（Stillington LC）

---

[1] 对于平民和教会法学家，*MPT*, II, p. 7. For Bracton, *De Legibus* II, p. 22. 关于卢卡斯·德·彭纳（Lucas de Penna）观点的讨论，参见 W. Ullmann, *The Medieval Idea of Law as Represented by Lucas de Penna: A Study in Fourteenth-Century Legal Scholarship* (London, 1946) p. 36.

[2] *De Natura* II, c. 1, and ibid., I, cc. 34, 35.

[3] Ibid., I, cc. 10, 35, 44. 关于卢卡斯·德·彭纳的和平与正义论点，参见 Ullmann, *The Medieval Idea of Law*, p. 39, and Marsilius, *DP*, II, pp. 90, 95, 96.

[4] Pascoe, pp. 191, 192.

[5] *De Natura* II, cc. 34, 36, 59. 关于格尔森的观点，参见 Pascoe, p. 191.

在 1468 年所言,"正义要求每个人的言行必须与他的财富社会地位相匹配。"[6]皮卡克也强调社会层级秩序的重要性,"依据社会地位和财富划分社会的阶层,对于正义的实现是很必要的。"[7]另外,皮卡克和福蒂斯丘都持同一观点,即国王有责任确保上帝所创设的"正义观"充分实现。正如比林律师(Serjeant Billing)在 1469 年所言,"每一位忠实于'理性'的国王,都同时拥有正义与慈悲的美德。详言之,正义是对执行法律而言,慈悲是要求对于重罪犯要给予宽恕。"[8]

正义是一种美德

当时被普遍接受的观点都认为,正义是人类的一种美德,一种好品质。福蒂斯丘也强调正义是一种美德(*iustitia quae virtus est*)。[9]依据阿奎那的观点,正义是最重要的美德,在所有的美德中它是最基本的,并且与人行为有关的所有其他美德都有联系,"既然正义涉及人与人之间的关系,那么调整人与人关系的所有品德都与正义存在相似之处。"[10]阿奎那又将正义区分为共同正义和特别正义(*general* and *particular* justice)。共同正义与法律正义相契合(coincides),主要关涉公共利益的实现,从这一点讲,正义在法律价值的序列中排位最高,指挥其他价值共同实现公共利

---

[6] Chrimes, *English Constitutional Ideas in the Fifteetn Century*, p. 121.

[7] *Repressor*, II, p. 450; see also *Donet*, p. 75.

[8] P 9 Ed. IV, 1, 2 at 2. For Pecock, *Reule*, p. 336, and Fortescue, *De Laudibus*, c. 4, *De Natura* I, c. 25, and *Governance*, c. 4. 福蒂斯丘的"二十二年关于正义的看法"是国王必须遵循的,也起到了作用,参见 *Works*, p. 477. For Aquinas, *Summa*, 2a, 2ae, 60, 1, and Bracton, *De Legibus* II, pp. 304, 305.

[9] *De Natura* I, c. 40. For Bracton, *De Legibus*, II, pp. 25, 27, and Ockham, O. Suk, "The connection of the virtues according to Ockham", *Franciscan Studied* (1950) pp. 9, 91.

[10] *Summa*, 2a, 2ae, 58, 11; 80, 1.

益的最大化。特别正义既具有交换性（commutative），即调整私人之间的关系；也具有分配性（distributive），即调整社区和在其中生活的个人之间的关系。[11]

福蒂斯丘也接受阿奎那关于"共同正义"的基本观点。但是他并不接受有关"特别正义"的观点，"人定法所展示的正义价值并不具有交换性、分配性或其他美德特征，法律正义可以涵盖其所有特征。"详言之，法律正义可以清除所有的邪恶并传播所有的美德，引导人民过上至善的生活，获取幸福。[12]因此人的所有行为应当由正义来支配，由上帝创造的正义是人类所有行为的法官。[13]简言之，福蒂斯丘认为既然正义可以指导人类所有的行为，那么它已经包括所有的美德。正义就是基本的美德。而这一观点也得到同时期其他理论家的赞同，一本写作于1347年的法国著作（参考15世纪的英译本）曾如此表述："正义是所有美德产生的源泉（mother），所有美德都已融入正义的核心理念。"[14]而皮卡克尽管也认为正义是许多道德价值的公共特征，但他倾向于把这些美德独立开来。[15]

正义和对其他法律价值的思考

在中世纪的法律思想中，正义这一概念的核心就是"确立

---

[11] Ibid., 2a, 2ae, 58, 6; 61, 1; 79, 1, and 1a, 2ae, 60, 3; 61, 5. 这里卓越的理论关于 G. del Vecchio, *Justice: An Historical and Philosophical Essay*, edited by A. H. Campbell (Edinburgh, 1952) pp. 33f., 52.

[12] *De Laudibus*, c. 4, p. 11.

[13] *De Natura* I, c. 39. and II, c. 1.

[14] Anonymous, *The Three Considerations Right Necessarye to the Good Governance of a Prince*, edited by J. P. Genet, *Four English Political Tracts*, Camden Fourth Series, Volume 18 (London, 1977) p. 174 at p. 196.

[15] *Donet*, pp. 60-67, 109.

(*alteritas*)",即确立人与人之间的关系。[16]正如阿奎那所说,正义存在的目的就是规范人与人之间的关系。[17] 福蒂斯丘也说,正义规范市民社会人与人之间的关系。皮卡克也认为正义处理的是人与人之间的关系。[18]在皮卡克思想中,有一个非常核心的概念,也是从神学中引入的,即"邻居(neighbour)"。详言之,当正义要求我们做出对邻居公正和正确的行为,也意味着它禁止我们做出对邻居不公正和不正确的行为。[19]因此,正义也就是要求我们对我们的邻居充满爱,"我们应当给予邻居最真挚的爱。"[20]实际上,皮卡克辩称,一个人不可能对自己正义,"正义是两个人之间的事。"[21]这一辩称理由之所以能够成立,是因为不正义发生时,正是一个人承受未经过他同意的伤害,"如果未经被伤害人的同意,行为实施者不能做出任何不正义的事情;当然,如果被伤害人同意了行为实施者的行为,那么伤害人是没有过错的。"[22]同样,法律实践者们有一句名言可以很好地表述这一道理,"对同意者不构成损害。"[23]

---

[16] del Vecchio, *Juditice: An Historical and Philosophical Essay*, pp. 12, 34, 54-55, 70-72, 77-81, 84, 91, 116.

[17] *Summa*, 2a, 2ae, 57, 1; and ibid., 58, 2. For Bracton, *De Legibus*, II, p. 23.

[18] *De Natura* II, c.1, and *Repressor*, II, p. 450.

[19] *Donet*, p. 134. And *Repressor*, I, p. 39. "邻居"这一概念经常出现在阿奎那的著作中,例如可参见 *Summa*, 1a, 2ae, 72, 4:"人的行为是由上帝规范的,对于自身而言,要求做到克己复礼,对于邻居而言,就是要做到公正。"当一个人对周围的人做坏事时,如盗劫或杀人,那么他就是对邻居做坏事。

[20] *Folower*, p. 202, and for the basis of this as "need", p. 209. For "need" see also *Donet*, p. 68:"所谓的具有正义品质的法律就是要求每个人对自己的邻居充满爱,而这也是上帝对于每个人的要求,即爱别人就是爱自己。"

[21] *Folower*, p. 218:"所谓的具有正义品质的法律就是要求每一个人对自己的邻居充满爱,而这也是上帝对于每一个的要求,即爱别人就是爱自己。"

[22] Ibid.; see also ibid., p. 142.

[23] 参见前面第二章注释18。

第四章 正义、法之严格规定和公正

对于法律的创造和适用而言，皮卡克的这一表述蕴含着两方面的重要内容。首先，因为法律的创制征得了个人的同意，所以它是公正的。只有在法律未经个人同意但造成个人损害时，它才是不正义的。当然这一观点，即依据人的意志制定的法律就是正义的，与神学中的正义观念相违背。事实上，福蒂斯丘在"政治与国王共治政体（*dominium politicum et regale*）"一文中也说，"对于老百姓普遍认可的正义，法律也必须予以尊重。"[24] 但他在这里表达得非常隐晦。

其次，与正义相联系的另一个基本原则是在涉及个人的案件中，当事人不能成为自己案件的法官，毕竟在此类案件中，让当事人审理自己的案件，很难确保他不会基于保护个人利益，而损害他人利益的判决。简言之，这一原则包含着司法公正的理念。皮卡克也认为"当一个人与他邻居起纠纷时，他不应该成为该案的法官"[25]。在讨论一个人侵害了其他人的财物，其他人在普通法上拥有哪些权利时，利特尔顿持相同的观点。[26] 他认为如果庄园主扣押了闯入他领地、毁坏了他庄稼的牛群，那么他坚持要求牛群的主人按照其意志进行赔偿，否则不予归还牛群的行为会是无效的，"因为这种行为会是违反理性要求的，毕竟自己做自己案件的法官是违反理性的，比如存在这种可能性，他的财产损失只

---

[24] *Governance*, c. 2.

[25] *Repressor*, II, p. 381. For Aquinas, *Summa*, 2a, 2ac, 64, 5, and the custumals, 18 Sel. Soc. (London, 1904) p. 133 (Norwich, c. 28) At an early stage the canonists had developed amature set of ideas concerning judicial impartiality: R. H. Helmholz, *Canon Law and the Law of England* (London, 1987) pp. 21–37.

[26] 关于造成他人财物受损的情形，参见 F. A. Enever, *History of the Law of Distress for Rent and Damage Feasant* (London, 1931) pp. 8, 77, 193, 224; *CH*, p. 383. 依据他们的观点，双方当事人应当在彼此都在场的情形下，协商好赔偿的数额：*De Legibus*, II, p. 445.

有半个便士，但他却要求别人赔偿 100 英镑。"[27]

在有关法律实践的图书中，这一观点已经得到很好的阐述。[28] 并且这类案子经常出现在涉及特许权的司法管辖权的效力、宗教房屋建设或大学建设的特许权的效力。[29]然而，皮卡克和利特尔顿也认为一些情形下当事人充任自己案件法官是符合理性且合法的，但司法实践者却攻击这一观点侵犯了基本权利或违法法律规定。例如在 1461 年，比林律师就诉称一案件的判决是无效的，"当事人做自己案件的法官侵犯了法律赋予人们的基本权利。"[30]

通常，被告们会在皇室法院质疑管辖权的合法性，即认为他们的案件应当由其他法院法官审理，如专门审理特许权的法院（the court of franchise）。[31]但是在皇室法院，我们很少发现原告会对管辖权提出异议。在 1411 年就发生了这样一起奇怪的案件。格拉斯顿伯里修道院的院长（the abbot of Glastonbury）持皇室颁发的侵占令状，准备征地，但他的执法人员（bailiff）却依据威廉宪章（威廉是英格兰的政府者）的规定，以无司法管辖权为由

---

[27] *Tenures*, Bk II, c. 11, s. 212.

[28] 参见 D. E. C. Yale, "*Iudex in propria causa*: an historical excursus", 33 *CLJ* (1974) p. 80. 例如可参见 M 2 Hen. IV, 4, 14; H 8 Hen. V, 5, 21 per Tirwit; M 7 Hen. VI, 12, 17 at 13 per Srjt Elderkar; M 17 Ed. IV, 5, 3; T 18 Ed. IV, 8, 8; 参见 T 20 Hen. VI, 39, 9 at 40 per Newton CJCP for "indifferent" juries. For "indifferent" justice in Legislation, 1 Hen. IV, c. 1 [bone justice et owell droit soit fait a chescung]; for indifference generally, 参见 2 Hen. VI, c. 15; 3 Hen. VI, c. 5; 8 Hen. VI, c. 9; 7 Hen. VII, c. 3. 当然，这一观念也是现代自然正义观念中的一个方面，如行政法所用：参见 E. C. S. Wade and A. W. Bradley, *Constitutional and Administrative Law* (10th edition, London, 1985) pp. 642-651; 早期法理学中相类似的观点，参见 J. M. Kelly, "*Audi alteram partem*", 9 *Natural Law Forum* (1964) p. 103.

[29] D. E. C. Yale, "所有权形成概述：以历史发生学为研究视角", at p. 85.

[30] M 2 Ed. IV, 18, 13 (and at 23, 21) at 19: "依据个人享有的基本权利的具体要求，任何人不能做自己案件的法官。"

[31] Holdsworth, III, pp. 614, 629.

(conusance of the plea)拒绝执行这项命令。[32]然而,索林大法官和希尔法官均认为令状是没有问题的。社宁大法官为此还解释到,在此之前一个相似的案件中,法院已经认可拉姆齐修道院的院长(the abbot of Ramsey)拥有管辖权,与此同时,他的执法人员也妥善处理了院长和土地所有者就土地所有权所发生的争议,因此我们也可以处理好国王与他子民之间发生的争议。希尔法官也再次强调在各方都遵循正义要求的前提下,这项令状是没有问题的。然而,汉克福德法官却持反对态度,"国王不能做出侵犯其子民权益的令状决定,国王通过他的下属,也成了案件的原告。"随后,该案陷入争议之中。

1425年,马丁法官在一起案件的审理中也适用了这一原则。案情大致是P起诉四名被告非法侵占了他的土地,但这四名被告辩称P无权起诉,因为W已经起诉P非法占用其土地(涉案的是同一块土地)。而四名被告中有一人正是W起诉P案件中的陪审团成员。[33]但P回应道,他与W之间争议的土地并非目前该案所指的土地。因此让陪审团困惑的是,该案的诉讼标的究竟是什么?但最大的难题却是是否应当由W案中的陪审团继续审理此案。虽然此案被裁决延期审理,但马丁法官发表了自己的意见:"因为原来的陪审团成员中有一人是该案的被告,再让他们继续审理是不恰当的,毕竟自己审理自己的案子是违反法律规定的。"

90

---

[32] H 12 Hen. IV, 12, 3; Brooke, *GA*, "Conusance", 20.
[33] T 4 Hen. VI, 28, 12. 也可参见 H 8 Hen. VI, 18, 6 at 20 for Rolf's use of *inconvenience*, and *MED*: "resoun", ib (b): (1386) *Rotuli parliamentorum FM* (C&D) 36-101:"依据上帝法和理性法的要求,国王在为子民提供权利救济手段时,必须遵循一个最基本的原则,即陪审员不应与法官和当事人有任何的牵扯。"与之相似重复的观点可参见 3 Hen. VIII, c. 23 (1511).

正义要求给予他人其应获得的财富

福蒂斯丘所说的"权利（rectitudo）"是正义对于人行为的总体要求，同时他还引用安塞尔姆（Anselm）的思想，"如果正义要求品行正直，那么具有正确的意志（a right of will）就是正义。"[34]在这一点上，福蒂斯丘也借用了罗马法中论述较为充分的概念理论，即关于"正义（iustitia）"的定义，"正义是确保他人享有其应享有权利的永恒意志。"[35]许多中世纪的法理学家都借鉴了这一概念定义。[36]然而，皮卡克没有明确采纳这一理论论述，但是他却用另一种方式从更广泛的角度表达了相近似的理念，"正义作为一种最为重要的美德，实现这一美德必须坚持付出与获得相均衡的原则，即用公平的价格获取他人的东西。"[37]

互惠互利原则中最为重要的一点就是依据正义的要求，每个人都应获得与其付出相适合的财富，这也正是中世纪的正义观。[38]阿奎那曾说，"在坚持正义的地方，最为基本的准则就是付出与收获应当是成正比的。"[39]福蒂斯丘也曾论述道，"正义最基本的要

---

[34] *De Natura* I, cc. 35, 38: "如果正义的意涵要求品行正直，那么在理性思维指导下做出的行为就是正义。"For Anselm, *Proslogium*, c. 9, and *Monologium*, c. 16 (for God's Justice) and c. 8 (for creation).

[35] *De Natura* I, c. 35: "正义是确保每一个人充分享有权利，不被非法侵害"; and c. 39: "正义要求每个人应具有理性的判断思维，并且不被外界所干扰。"For the Roman Law idea, see *Inst.*, BkI, Tit, I, and its use in Bracton, *De Legibus*, II, p. 23.

[36] See, for example, Aquinas, *Summa*, 2a, 2ae, 58, 1; 58, 11; for Lucas de Penna, Ullmann, *The Medieval Idea of Law*, p. 38. For D'Ailly, Oakley, p. 188, n. 28, and for Gerson, Pascoe, p. 104.

[37] *Donet*, p. 110: "正义是一个非常重要的美德，实现这一美德的必须坚持付出与获得相一致的原则，即用公平的价格获取他人所有的东西。"也可参见 *Reule*, p. 254.

[38] See for example, Bracton, *De Legibus*, II, pp. 23, 298, 305.

[39] *Summa*, 1a, 2ae, 114, 1, 2a, 2ae, 62, 1. 他在论及伤害、罪恶和惩罚时，均使用了比例原则，例如可参见 1a, 2ae, 73, 8. For Marsilius, *DP*, II. pp. 66, 67, 90.

求就是我们必须始终坚持以最恰当的比例给予奖惩,即一个人的付出与他的收获是相符合的。"[40]再者,皮卡克也持相似的观点,"正义就是要求依据一个人的意志处理其掌握的财物,比如不能违反邻居的意志强行占有他的财物",[41]也有例外,"……除非已经支付让其满意的赔偿金。"[42]

在福蒂斯丘的理论体系中,一个非常有趣的问题是如何处理人的意志与正义之间的关系。他说正义本身要求坚持付出与获得相均衡的原则。并且,正义与自然法一样,不可改变。但是正义在具体实践过程中需要由人的意志来决定,而这是可以改变的。必须承认的是,人的意志有时也会默认不正义情形的存在,"正如人的意志可由正义改变一样,人也可以阻止正义的实现。"但是,正义不会被永久消灭。人总是知道什么是正义的或不正义的,也就是说,正义是否能实现取决于人的意志。[43]详言之,当人的意志不希望正义实现时,那么此时就是非正义的。[44]这些观点非常重要,这表明在人类可以选择的情形下,是有能力决定正义实现的过程,影响具有神性的正义。这一论述也解释了福蒂斯丘为什么也持实证主义的观点,"法律可好可坏"。正义却是永远存在的,它并不必然需要依靠由人意志制定的法律去实现。毕竟由人意志制定的法律有可能出现不正义的情形。

---

[40] *De Natura* I, c. 39:"正义的基本要求就是我们必须始终坚持最公平的方式给予奖惩,也就是说,一个人的付出与他的收获是相符合的。"

[41] *Folower*, p. 185; see also *Reule*, p. 240, and *Donet*, p. 114.

[42] *Donet*, p. 64; and see *Reule*, pp. 150, 151.

[43] *De Natura* I, cc. 39, 40. 加布里埃尔·比尔(Gabriel Biel)有个类似的想法,参见 M. G. Baylor, *Conscience in Late Scholasticism and the Young Luther* (Leiden, 1977) p. 111.

[44] *De Natura* I, c. 35.

正义、自然法和权利观

对于正义这一概念的论述，皮卡克和福蒂斯丘的观点得到当时学界普遍的赞同。与自然法一样，"正义"一词与道德也存在着千丝万缕的联系。它同样被认为是由上帝创造的并属于道德的一部分。依据福蒂斯丘的观点，正义的行为必须符合所有道德的要求，但依据皮卡克的理解，正义仅仅是众多道德要求中的一种。它规范着人与人之间的关系，赋予个人根据其付出获得其应当享有财富的权利。皮卡克理论中很有意思的一点是个人不能成为自己案件的法官，这一思想后来在利特尔顿的著述和年鉴中也得以体现，但是福蒂斯丘并没有赞成这一点。然而，关于正义理论最致命的一个缺陷是正义本身的含义受人意志的影响太大，同时，实现正义的方式也并非整齐划一。在中世纪法学思想中，有两类观点似乎非常新颖。

皮卡克的权利观

皮卡克的权利观建立在其请求权基础上（这也是皮卡克最为重要的成就之一）。当然，这一理论肇始于皮卡克对于正义的论述。众所周知，皮卡克正义理论的核心观点是每个人想要获取他人所有的东西，必须先支付适当的价钱。[45] 另外，造成他人损害时，也必须给予相应的赔偿，方符合正义的要求。目前，对于人们所担负的义务，皮卡克除了将之视为正义的要求外（与自然法相似），还认为其与切实存在的权利有着因果关系。概言之，皮卡克坚信权利与义务之间存在因果关系。此外，他也认为对于民众而言，若能实现他们对上帝的诺言（promises），就能过上正义的

---

[45] *Donet*, p. 110.

生活，"因为依据这一承诺，上帝有权利要求民众兑现他们的诺言。"[46]皮卡克还将这一理论用来处理社会中人与人之间的关系。例如，邻居之间也应履行他们之前所订立的契约，方符合正义的要求，"因为依据他们之间的契约关系，邻里之间有权利要求对方兑现他们的诺言。"[47]

事实上，一个人做出某个行为并不是简单因为需要符合正义的要求，而是因为其他当事人有请求的权利，即要求对方做出某个行为。皮卡克认为请求权之所以能实现是因为此项权利是建立在相关义务基础之上。他还进一步解释了义务是如何在理性法律实施过程中产生的，"依据理性的要求，我们应当支付公正的赔偿金给我们的邻居。"进一步言之，那些因他人过错遭受损失的人，有权利要求过错人给予公正赔偿，但同时他们并没有足够的权威强迫过错人按照自己意愿去处理属于的财产。[48]不过，当事人可以依据法律规定或协商放弃他所享有的请求权。在一般情形下，人们没有权利处理属于别人的财产，"在没有法律许可的前提下，任何人都不能采取与所有人意志相反的方式处理财物。"[49]另外，当一个社会成员同意一部法律通过时，也就表明他放弃了所有与法律规定相违背的权利。[50]

---

[46] Ibid., p. 38.
[47] Ibid., p. 62："根据邻里之间订立的协议，邻居之间互相有权利要求对方按照协议规定行事。"
[48] *Reule*, p. 254："对于那些因他人过错遭受损失的人，他们是有权利要求过错人给予公正赔偿的，而这也是上帝法和自然法的要求。但同时他们并没有足够的权威强迫过错人按照自己意愿去处理属于他们的财产。"
[49] *Donet*, p. 63："在没有法律允许的前提下，任何人都不能采取违背财物所有人意志的方式处理其财物。"
[50] *Folower*, p. 142："当一国公民同意一部法律通过时，也就表明他愿意遵守法律的所有的规定，并且不会采取与法律相违背的方式行事。"

不可否认，皮卡克与早期的民法学者之间还是存在一些共识。关于正义这一概念，他们都认同正义就是"给予他人应获得的财富（each be rendered his ius）"。"权利（ius）"一词还隐含着的一层意思是"应得的权益（entitlement）"。例如，阿佐曾言，"他们的权利"就是"他们应得的权益"。详言之，如果一个人对某个物品有请求获得权，那么意味着他可以据此向所有人主张占有的权利。[51]与此类似，奥卡姆也认为"权利（ius）"就是请求支配某物的力量。例如，使用权（ius utendi）意味着合法使用某个外在物品的权力，如若受到侵犯，可向法院检举。而所有权（dominium）则是向法庭申请占有的权力在不违反自然法的前提下，可任意使用。[52]"教会至上主义"支持者就经常使用"权利（ius）"一词，以此证明他们行为的合法性。另外，戴利辩称教会有权挑选教皇来统治普通民众。[53]吉尔森也认为"权利（ius）"思想隐含有"根据制度设置的职位所具有的权利或权力（facultas or potestas）"。同时他认为，"凡人尽管有原罪，但也有追求永生的权利。"[54]

事实上福蒂斯丘在解释正义时，借用了民法学者的正义理论，但是他对于正义的解释并没有皮卡克理解的那么透彻。福蒂斯丘认为正义是指每个人都有权利向法官申请要回本属于自己的东西，

[51] F. W. Maitland, *Select Passages from the Works of Bracton and Azo*, 8 Sel. Soc. (London, 1895) p. 22; 正如阿佐解释的那样，依据法律，个人会因犯罪或违反合同而被剥夺权利。也可参见 E. Meynial, "Notes sur la formation de la théorie du domaine divisé", *Mélanges Fitting*, II (Montpellier, 1908) p. 422.

[52] A. S. McGrade, "Ockham and the birth of individual rights", *Authority and Power*, Studies on Medieval Law and Government Presented to Walter Ullmann on His Seventieth Birthday, edited by B. Tierney and P. Linehan (Cambridge, 1980) p. 150.

[53] Sigmund, p. 104, n. 65 (参见 Oakley, p. 63, n. 50).

[54] R. Tuck, *Natural Rights Theories: Their Origin and Development* (Cambridge, 1979) pp. 25, 26.

但这并非法律的明文规定。毕竟法律规则并不仅是指一部刚生效的法律，它还是对先前已经存在的权力的声明。[55]在具体应用"权利（droit）"（赋予个人做某事的权利）一词过程中，正义观已然渗透进入实践之中，换言之，义务观念也已经出现。[56]

福蒂斯丘关于正义和自然法的论述

一般而言，中世纪的法理学家们在谈及自然法与正义的关系时都比较隐晦。例如，格雷希恩就曾说只要符合自然法的要求就是正义的。[57]布莱克顿也说"自然法就是天性允许每个人可以做的事情"，同时他也指出代表"永远的善于公正的事物（bonum et aequum）"自然法中也时常适用"权利（ius）"一词。[58]但是对读者而言，他们可以推断出因为自然法是由公正的上帝创制的

---

[55] *De Natura*, c. 30. 关于事物确权的观点，参见 ibid., II, c. 33. Ibid., I, c. 31: "法律规则也包括对先前已经存在的习惯法，并不仅仅是成文法。"

[56] 年鉴中关于"正义"的论述还应该继续收集：关于权利不同的认识，参见 T 4 Hen. VI, 25, 4 at 26 per Martin JCP, and M 9 Hen. VI, 30, 1 at 31 for *droit* to an advowson per Srjt Paston; also 4 Hen. IV, c. 22 （一项权利中的利益表达）. And Simpson, *History of the Land Law*, pp. 103–105. 也可参见 1 Hen. VII, c. 9: Richard II "nient de droit Roy Dengliterre". 汤森德法官曾使用过一个非常有趣的表达方式，在1493年发生的一起案件中，他说被告对于争议的财物有着直接的和间接的利益: M 16 Hen. VII, 2, 7 at 3, and Port, *Notebook*, p. 100. 关于利益的观点也可参见 M 37 Hen. VI, 4, 6 per Prisot, 关于索赔的概念可参见 T 11 Hen. IV, 90, 46 per Hill JCP. 也可参见 M 8 Hen. IV, 16, 19 per Hill. 关于权利的简要介绍, 7 Hen. V. 5, 3 at 8; M 19 Hen. VI, 25, 48; M 33 Hen. VI, 45, 28 per Prisot. 关于马西里乌斯的正义的想法，*DP*, II, p. 191. 义务的例子也见于 33 Hen. VI, c. 1 （属于仆从对主人的义务）; 7 Hen. VII, c. 15; M 8 Ed. IV, 9, 9 at 11A; T 11 Ed. IV, 8, 13; H 21 Hen. VII, 18, 30 at 19 per Trmaile. 也可参见 *Three Considerations*, Genet, *Four Political Tracts*, p. 196. 关于"自然义务"和"法定义务"的适用，参见 12 Hen. VII, c. 7; 前面第三章注释 41。

[57] *Decretum*, D. 1, c. vii; see Lewis, *Medieval Political Ideas*, I, p. 33.

[58] *De Legibus*, pp. 24, 27. For Aquinas, *Summa*, 1a, 2ae, 94, 3; 100, 2: "自然法包含所有美德", 同时"神法也具有所有的美德". And for Saint German, *Dialogue*, p. 21: "上帝的法律永远是正义的。"

所以是公正的。依据皮卡克的观点，这两者是紧密相连的，他的依据之一就是其要求一个人应当公正地对待他的邻居。进一步言之，皮卡克认为通过人的理性是完全可以弄明白正义的内涵，神法也一样。概言之，正义并非只存在于圣经之中，"正义到底是什么，我们必须依靠理性去发现和判断，并非仅仅依据圣经的指引。"皮卡克甚至还说道："人与人之间发生的纠纷，当事人在法庭上都会主张自己的权利，法官们判决的主要依据是自己的理性，单独依靠圣经是不行的。"[59]

实际上，皮卡克将正义看成是自然法的一个显著特征，且含义主要由人的理性来确定，而福蒂斯丘也是将这两个概念紧密地联系在一起。现在，我们已经可以发现自然法理论和正义理论存在很多联系，这两个理论均产生于神的意志，都具有道德特征。自然法要求人们以对待自己之心对待别人，而正义理论也有类似的要求，即要求人们给予他人其应获得的财富。事实上，两者的核心观点存在相当的重合性，共同揭示了一个由神创造的并具有唯一性的道德体系。如果以当代人的眼光审视，用两个概念来表述一个理念似乎显得多余。但是福蒂斯丘却认为两者缺一不可。详言之，受制于传统法理学的影响（传统法理学就包含这两个概念），福蒂斯丘在他的法理学体系中，同时涵盖了这两个概念。另外，在他的论文中，明确注明正义和自然法是同位阶的概念，而这一点在其他学者的著作中只被隐晦的表达。

与皮卡克和早期的法理学家一样，福蒂斯丘也坚信"自然法认可的行为就是正义的，而与自然法相违背的行为就是不正义的"[60]。另外，福蒂斯丘还有一点与皮卡克的认知一致，即正义

---

[59] *Repressor*, I, p. 17, and p. 13; see also *Folower*, p. 91.
[60] *De Natura* I, cc. 10, 12.

第四章　正义、法之严格规定和公正

与自然法一样，通过人理性的感悟是可以被认知的。"自然法到底是什么，是否与正义一样可以通过正确的理性得以揭示？"[61]福蒂斯丘的结论是两者并不存在本质区别，都是可以的。[62]换言之，既然正义的起源可以搞清楚，那么自然法的源流同样也能搞明白。如同溪流发源于甘泉，福蒂斯丘认为，"自然法理论起源于正义理论，而并非其他。"[63]甚言之，这一观点在中世纪法理思想中是独一无二的，毫无疑问，福蒂斯丘明确表明自然法的根本要义就是给予他人应获得的财富。[64]因此，"我们现在认为正义与自然法一样，都是指给予他人应获得的财富的意愿。"[65]简言之，对于福蒂斯丘而言，自然法就是正义。因此，福蒂斯丘在其著作中总是用"自然正义（*lex naturae*）"这一说法代替"自然律（*iustitia naturalia*）"。[66]事实上，从中世纪末期开始，这一词汇就在关于高利贷的两部法律中频频出现，当然，在这两部法律中，关于"高利贷的协议"都被认为是与自然正义相违背的行为。[67]

---

[61] Ibid., c. 31："自然法正义一样，都可以通过正确的理性得以揭示"；and ibid., c. 32, and II, c. 65.

[62] Ibid., I, c. 36："自然法与正义在本质上是相同的。"

[63] Ibid.："既然正义的起源依据人的理性可以搞清楚，那么自然法的源流同样可以依据理性也能搞明白。"And c. 38："事实上，自然法理论就是起源于正义理论。"

[64] Ibid., c. 20："自然法是不会改变的，它的要义就是公平的给予分配，给予每个人其应当得到的。"然而，戴利也曾表达过类似的观点；Oakley, p. 188.

[65] *De Natura* I, c. 39；

[66] Ibid., 引言，他们在何处被认为是本质。"自然正义"这一说法同样出现在阿奎那的著作中，参见*Summa*, 2a, 2ae, 57, 2: 如果不与自然正义相冲突，那么人们可以依据协议制定法律；参见*MPT*, V, pp. 39, 40.

[67] 3 Hen. VII, c. 5, and 11 Hen. VII, c. 8. 对于这些，参见 Holdsworth, VIII, pp. 102, 103. 对于皮卡克而言，具有道德的法律都是会禁止高利贷这种行为，参见*Donet*, p. 68, 也可参见*Repressor*, I, p. 16.

正义与人定法

在法学理论中,法律与正义被认为是相互独立的。依据平民主义理论,法律是由人意志制定的,而正义是由上帝创制的。然而,与自然法一样,理论家们也借用正义概念来重申和强调法律与道德之间的联系。对于这两者关系的阐述,福蒂斯丘比皮卡克要直接明了得多。概言之,这一时期的基本思想是人定法应当揭示或反映由神创制的正义。

抽象的正义与法律

福蒂斯丘坚信法律的功能之一就是揭示或反映正义。这也是当时的主流观点。意大利法理学家卢卡斯·德·彭纳(Lucas de Penna, d. 1390?)就认为法律权利就是正义的体现,在更早一些,学者赛卢斯·德·皮托利亚(Cynus de Pistoia,巴托鲁斯的老师)也曾说正义与法律之间存在直接的因果关系(producens et productum)。[68] 当然,福蒂斯丘也同意法律权利来自于正义的观点。他甚至言道"人定法就是正义的完美体现"[69]。简言之,法律可以表述为权利的集合,依据其规则人们的行为就符合正义的要求。[70] 福蒂斯丘还曾乐观地表示,"正因为符合正义的要求,所以他很愉快地按照法律行事",换言之,通过法律我们知道了正义到底是什么。他说,法理学就是一门研究什么是正义或什么不是正义的学

---

[68] Ullmann, *The Medieval Idea of Law*, pp. 35, 40. For Bracton, *De Legibus*, II, pp. 22, 23.

[69] *De Laudibus*, c. 4, p. 11:"人定法就应该充分表达正义的理念。"

[70] *De Natura* I, c. 30:"如果人们严格依据法律规范自己的行为,那么他们就是符合正义的要求。"

问。[71]法律的教育功能并没有被忽视。

　　福蒂斯丘在论述法律与正义关系时一个主要特点就是他试图将一些功能结合起来,使其共同存在于他的解释框架之中。他观点中的首要一点是人定法的目标就是揭示或反映正义。概言之,法律就是约束个人的行为,使之符合正义的要求。另外,正如我们现在所知道那样,法律的另外一个主要目的是引导个人追求善(virtues)并规避恶(vice):法律是命令人们做有道德的事情,同时禁止人们做不道德的事情的制约规则。[72]然而,对福蒂斯丘而言,正义就是法律所揭示的完美道德,也可称之为法律正义……之所以是完美的是因为它消灭了所有邪恶并且宣扬所有的美德……因此正义与美德之间是可以等同的。[73]这些都是非常重要的论述。依据这些论述,我们可以重现福蒂斯丘的理论,即法律如何规定体现正义。而正义的目的则是消除邪恶和弘扬美德,与此类似,人定法的目的也是如此。实际上,法律与正义存在着诸多相似之处,他们有着共同的目标,即提升整个社会的德行。而在福蒂斯丘的法律体系中,他将很多概念等同,例如神法与自然法,自然法与正义。现在他又将正义与人定法等同起来。而这一理念与当时普通民众对于法律所持的观点完全是相悖的。

　　在福蒂斯丘的理论框架中,正义与法的唯一功能就是提升社会的德行,这一点在其他法学家的理论著作中没有被提及。不过,这一理念却与罗马法中对于正义(ius)所归纳的三个特征(即有道德的生活、不要伤害其他人和给予他人其应获得的财富)有部

---

[71] *De Laudibus*, cc. 4, 5, *De Natura* II, c. 46. For Bracton, *De Legibus*, II, p. 25.

[72] *De Laudibus*, c. 3, p. 9.

[73] Ibid., c. 4; see also *De Natura* I, c. 44, and above, n. 12.

记手续。类似的案件还发生在了1440年，T的财产继承人要求D偿还其欠下的债务，并向法庭表达了诉愿。而D寻求庭外和解未果，法庭再次开庭审理（按照法律规定此次T的财产继承人不需要表达诉愿）。在案件评议过程中，牛顿大法官说："依据赠与协议，可以申请追索限定继承的赠与财物权利令状（formedon），而赠与协议完全足够证明赠与的合法性，符合法律正义的要求。"关于这两起案件，牛顿大法官总结道："法庭的登记和赠与协议都可证明赠与的合法性。"[83]当然，在1428年，同一理念也曾被表述过，在那一年议会通过法案授权国王可以向臣民强征40英镑财产税并授予其"骑士"称号，为此巴丙顿大法官（Babingtong CJCP）评论说，"如果令状发出之日，这些人没有缴纳财物而接收荣誉称号，那么肯定违反了'法律正义'的要求，对于他们这种拒不执行命令和欺骗的行为，处以罚金是合法的。"[84]

但是，在例外情形下，法官们也不是严格按照法律规定进行判决。我们会发现在这些情形中，他们从理论和实践角度都适用"公正（equity）"一词。例如发生在1408年的一起复杂案件中，当事人C希望减轻处罚（abatement of a writ），理由是与他一起参与犯罪的房客没有被列入令状中处罚。[85]而依据现行法律，在此类行为中，所有当事人都应被处罚。当然对于具体的判决理由我们在此并不详究，汉克福德法官并没有依据现行法律进行审判，而是驳回了C的诉讼请求。并且他还申言："我们并没有怀疑依据

---

[83] M 19 Hen. VI, 7, 15; Brooke, *GA*, "Estoppel", 80. See also M 38 Hen. VI, 2, 5, and, for a *quaere about de rigore iuris*, H 8 Hen. V, 4, 16.

[84] M 7 Hen. VI, 14, 24; Brooke, *GA*, "Brief", 158. See also M 11 Hen. IV, 33, 61 per Hankford JCP：法律正义是指如果依法律判定某人服刑15年，那么其他任何替代刑罚都是不合法的。

[85] *CH*, p. 411; Holdsworth, III, p. 126.

法律正义，当事人享有申诉的权利，但是我们并不希望很呆板地适用法律。"[86] 在 1489 年，布莱恩大法官*也承认即使没有签名盖章的文据（法律规定签名盖章是生效必要条件），由公司签订的合同也并非全都无效。[87] 换言之，对于私主体而言，每天都需要签署一些没有签名盖章的合同，法律规定过于严苛是不适当的。[88] 汤森德法官对此深表赞同。

正义和公正

　　法官们似乎乐意严格遵守法律规定（the idea of *rigor iuris*）做出裁决，但是法理学家们却意识到在此情形下，正义和法律会产生不相匹配的结果（尽管对这方面的案例他们讨论的甚少）。理论家们试图借用"公正"概念克服这些缺陷，司法实践者们也寄希望于此。换言之，理论界和实务界关注"公正"一词的目的是为了对法律进行更宽松的解释。当然，我们也可以发现理论界和实务界还是对此存在一些细微差别，详言之，理论家们更关心"公正"的道德意涵，而司法实践者们则关心它能否解决现实难题。

法律理论：一个道德观

　　皮卡克所提出的"严格正义"理论，其核心观点是一个人应为的义务不比别比人多，也不超过应为的限度，不能让他人承担与其收获不相符的义务。同样，法律不能罗列实践所需要的所有规则，"具体情形千差万别，而法律往往只提供一个总的原则。" 102

---

[86] M 10 Hen. IV, 6, 19; Fitzherbert, *GA*, "Maintenance of Writ", 66.

[87] P 4 Hen. VII, 6, 2; Brooke, *GA*, "Conditions", 128. Also 7 Hen. V, 5, 3 at 7 per Tirwit: "法官们的判决也会出现例外情形。"

[88] 根据一般规定，密封是必须要的，参见 *HCLC*, p. 551, M 22 Hen. VI, 4, 6, and M 4 Hen. VII, 17, 3. 有大量这类讨论可参见 P 12 Ed. IV, 9, 24; T 18 Ed. IV, 8, 11.

因此，若在此情形下，主权者很难依据一个明确的规则（选择何种方式、手段使用到何种程度）做出判断。当然，若出现没有规则则可以依凭案件，当事各方应当遵从他们的上级或主权者基于法律解释而做出的判决。简言之，尽管法律中的一些漏洞可以通过对已有规则的解释得以弥补，但对于那些完全没有规则的特殊案件，必须依据自然法、自然理性和良知做出判断。[89]

在实证法缺失的情形下，皮卡克经常轮换使用自然法或良知来解释。与此形成鲜明对比的是，福蒂斯丘更愿意适用较为传统的"公正"概念来克服法律适用过程中不恰当的结果。他首先采用亚里士多德学派对阿奎那学说的分析成果（the Aristotelian analysis of Aquinas）。实际上，"公正"概念提出的目的就是为了弥补实定法的局限性、实现立法者的目的以及促进公共利益的提升。[90] 福蒂斯丘还曾议论道，"若仅依据成文法和习惯法，我们不可能判决所有的案件。"[91] 如此对于那些没有规则可依凭的案件，则归于国王自由裁量的范畴。换言之，在不违背王国的成文法和习惯法的前提下，国王可以在个案中减轻处罚。而"公正"概念的提出就是为了限制这一自由裁量权，"法律过于严谨的语词不能够充分表达创制法律的目的，从而侵犯社会公共利益。"[92]

---

[89] *Reule*, pp. 286, 306, 307.

[90] *Summa*, 2a, 2ae, 60, 5; 120, 1.

[91] 关于这方面的论述，*De Natura* I, c. 24："社会关系纷繁复杂，立法者不可能考虑到所有情形，若仅依据成文法和习惯法，我们不可能判决所有的案件。"

[92] 关于戴利的观点，参见 Oakley, pp. 160, 164, and for Gerson, Pascoe, pp. 65–67, and C. Lefebvre, "Natural equity and canonical equity", 8 *Natural Law Forum* (1963) p. 122. Baldus's equity is discussed by J. Canning, *The Political Thought of Baldus of Ubaldis* (Cambridge, 1987) p. 156. 也可参见 Port, *Notebook*, p. 32, 关于基布尔律师的观点："国王在继位誓词中总会说到在法律实施过程中，他一定会非常仁慈。"

如果不实施"公正"这一概念，那么遵守法律的后果反而是让法律不能顺利实施，立法者的目的也不能充分实现。

相应的，福蒂斯丘认为，由于人的天性就是渴望赦免，所以公正总与什么是正义的有关联。进一步言之，公正是一种美德，并且与法律正义理论不冲突。换言之，它只是用一种值得称赞的方式对法律进行解释，因此，公正这一概念不会侵犯法律本义，反而会使法律更加完善。基于自然法则的规律，福蒂斯丘在这一点上与皮卡克的观点非常一致。详言之，虽然法囿于文字的意涵，不能充分表达立法者的本意，但公正概念却能很好表达立法的精神。因此，成文法的局限可由公正概念来弥补，人们又将之称为"活的法律"。不可否认，福蒂斯丘的学说主要来源于中世纪的法理思想，但他在自己的理论框架中并没有解释如何具体运用这一观点，即将公正概念具体应用于司法实践中。在整个著作中，福蒂斯丘只是列举了一个具体案例：即一个人因为抵御敌人的攻击，在没有依法获得许可的情形下就擅自翻越城墙，那么依据公正的意涵，这个人是不应该受到惩罚的。[93] 为了让大家更好地记住这一理论，福蒂斯丘还特地编了一段顺口溜，"法律的灵魂是正义，正义与法律的结合又产生了公正，概言之，法律与自然公正均来源于正义。"[94]

实践者的公正：一种世俗的观念

在实践层面，"公正"概念几乎就没有以道德权威的姿态出现

---

[93] *De Natura* I, c. 24.

[94] Ibid., c. 36; 关于议会修法实现公正的论述，参见 *De Laudibus*, c. 53, p. 135. 关于立法者的实践意图，参见 P 4 Ed. IV, 3, 4 at 4A per Choke et al.; T 12 Hen. VII, 19, 1; M 13 Hen. VII, 4, 3; H 14 Hen. VII, 17, 7; M 16 Hen. VII, 2, 4. 关于早期的做法，参见 T. F. T. Plucknett, *Statutes and Their Interpretation in the First Half of the Fourteenth Century* (Cambridge, 1992) pp. 49-56.

过，只是到了中世纪晚期，这一概念才逐渐渗入理论界。1477年制定的那部法律主要是为了限制法院权力，即在那一时期，随着市民社会的发展，法院的受案范围也越来越广。通过这样一部法律制定，立法机关想明确告知司法机关其存在司法权滥用的情形，即有些与民事无关的争议并不属于法庭的受案范围。同时这部法案也解释了个人如何提起伪造的诉讼（feigned suits），"让与此案有关联的当事人陷入无尽的麻烦之中……与公平和良知相违背。"[95] 为了防止原告滥用诉权情形的发生，[96] 该法案特别规定原告在起诉时必须证明被诉行为属于法院的受案范围。特别有意思的是，在1484年，立法机关又一次制定法令，规定1477年的这部法案（包括对于公正的阐释）永久生效。[97] 类似的，在1489年，议会通过立法规定羊毛所织的衣服，每大码用毛量（per broad yard）不能超过60先令。[98] 这一规定的目的是限制市场上过高的羊毛织物价格，抑制商人们不当获利的行为并阻止他们对国王的臣民们的价格伤害，毕竟这一行为有违公正和良知。[99]

这些暗含道德意涵的例子是例外情形，实务界通常在适用"公正"这一概念时尽量避免与道德产生联系。但是在解释法律的时候，实务界与理论家还是存在相似之处。在这一范畴，实务

---

[95] 17 Ed. IV, c. 2。关于法庭司法权扩张的衰落，参见 Holdsworth, I, pp. 539, 540, 569, and V, p. 112.

[96] Holdsworth, III, p. 395f.

[97] 1 Ric. III, c. 6.

[98] 4 Hen. VII, c. 8.

[99] 在这一时期，法官也很少用"公正"概念来表示"公平"，参见 T 10 Hen. VII, 25, 2 per Brian CJCP：涉及错误诉求的修正，"如果一件违反'公正'的事情做了"。也参见贝佛法官的相关论述，YB 12 Ed, II (70 Sel. Sec., London, 1951) p. 147, 相关的另外一本论述是写于1319年. And 3 Hen. VIII, c. 12 关于"良好的公平和正义"。

第四章 正义、法之严格规定和公正

界也需要考虑如何用不完全的法律规则去审判所有的案件。而司法实践过程中最为重要的一个应对就是适用公正的条文。实践意义上的公正与法律的宽松解释相联系,是扩大现行法律规则体系的一种工具。但是在中世纪,对于实务界而言,这还仅是一个想法,并没有被广泛得应用。[100]

在1424年,P因债务纠纷向法庭起诉F的财产管理人,其中一人应诉。根据1335年的法令,在此情形下只要有一人应诉,法院就可以继续审理P的案件,并且科凯恩法官(Cockayne JCP)也认为,"尽管该部法令只是规定了继承人的权利义务,管理人也应基于公正规则适用这些规定"。实际上,立法机关认为遗产管理人(存在多个继承人的情形下)出庭应诉并被强制回答债权人的诉求的规定是符合公正意涵的。[101]实际上,1335年的法令只是适用于具有债权债务关系的财物继承人。1406年法院判定D应向他人的财产继承人进行赔偿,但D向上级法院申请了再审令(audita

---

[100] 关于利特尔顿在这方面的理论,参见 *Tenures*, Bk I, c. 2, ss. 21 and 31, and Port, *Notebook*, p. 116. 关于司法方面的适用,参见 T 7 Hen. IV, 16, 6; H 11 Hen. IV, 40, 2; H 11 Hen. IV, 45, 20 at 47; M 12 Hen. IV, 1, 3; P 12 Hen. IV, 20, 5; H 14 Hen. IV, 27, 37; T 4 Hen. VI, 25, 4 at 26; M 38 Hen. IV, 17, 43; M 3 Ed. IV, 19, 13; M 7 Ed. IV, 18, 12; T 9 Ed. IV, 30, 45; M 8 Ed. IV, 16, 18; P 22 Ed. IV, 2, 7; M 7 Hen. VII, 6, 9; M 8 Hen. VII, 7, 4; T 10 Hen. VII, 25, 2; M 13 Hen. VII, 11, 12; H 14 Hen. VII, 13, 2. Indeed, per Hals JKB at M 7 Hen. VI, 5, 9: "法律由理性与公正驱动。" Also, generally, W. H. Lloyd, "The equity of a statute", 58 *University of Pennsylvania Law Review* (1910) p. 76. 最勇敢的一个观点是在司法过程中适用附有道德意涵的"公正"一词将直接威胁议会的立法,参见 R. L. Jefferson, "The Uses of natural law in the royal courts of fifteenth-century England", unpublished Ph. D. thesis (University of Utah, 1972) chapter 4, pp. 133f.

[101] M 3 Hen. VI, 14, 18; Brooke, *GA*, "Administrators", 4; the statute is 9 Ed. III, St. I, c. 3. 一般也可参见 *CH*, p. 741. 也可参见 P 11 Hen. IV, 56, 2 and H 14 Hen. VII, 13, 2 for the view that administrators fall within the equity of 4 Ed. III, c. 7(侵犯了被继承人的权利,即使被继承人违背了继承人的意愿)。

哲学而言无疑是一个巨大的贡献。进一步言之，人定法也肯定会反映正义是一个道德概念的观点，它必然会揭示正义的意涵。对于福蒂斯丘而言，正义的目标与法律是一致的，即提升整个社会的道德水准。然而也不可否认，理论界和实务界对于正义的认知还存在巨大的不同。在法学理论中，学者花费大量精力阐释"何为正义"，但是实务界却很少适用这些概念。作为一种见解，普通法院的法官们认为正义是在实践中发现而并非是由理性推断而来。此外，通过年鉴我们不难发现在适用法律过程中，严格遵循法律本身的规定是不争的事实。在这个背景下，理论家们试图用公平这一概念克服严格适用法律所造成的不恰当的后果，而实务界在具体适用公平概念时也尽量与道德保持距离。但必须承认的是，对于公平概念的适用是中世纪实务界（尤其是司法审判活动）的一大亮点，和理论学家一样认为是对法律本身意涵的扩大化解释，但是扩大适用范围本身是有限制的，扩大法律意涵仅是为了处理还没有法律规定的相类似的案件。

第五章

司法决定和理性的权威

当代律师不必关心法律的权威性阐述，现在的实务界是将他们的权威建立在法律报告、议会立法以及各种形式的次级立法基础之上的。在中世纪晚期，普通法中的先例原则还只是在襁褓中。详言之，法庭刚开始将与成文法有关的先例实体规则确定为法源，并具有一定的规范性。从现代意义上讲，这被视作权威的来源。但不能否认，实务界在这一时期也开始更频繁、更持久和更自然地寻找更基础的权威类型——关于是非曲直的广泛观念。立法者一般适用神法去证明立法行为的合法性，但有些情况，法官也会引用自然法（这是让权威概念更具道德意涵的观点）。或许在普通法院的法庭上，法官们更习惯适用理性观念去判断是非。在激烈的法庭争辩中，法官一次又一次地将它作为权威的来源去论证司法决定的合法性。事实上，我们已经将理性作为高于地方习惯法的一种权威来源，即违反理性要求的地方性习惯法是无效的。在这一章中，我们将探究法院是如何适用作为权威来源的理性去裁判个人之间的法律争议并形成法律的基本原则。

108

语言背景

无法律规定情形下的一般用法

在现代无法律规定的情形下，理性会以多种形式进行表达，[1]但最常用的是指代知识的力量及其运用，逻辑推理、智慧、合理的判断和良好的意识。[2]一些词汇，例如充满理性（*full of reason*）、理性的意志（*reason willeth*）或者以理性（*reason wil excusen*）来表示"合乎情理的""理性要求的"或"良好的判断力可以理解的"；又如理性要求（*as resoun asks*）和理性意愿（*as reasoun nille*）则预示"理性诉求"和"基于常识的判断"。[3]一种典型的用法就是，"我们发现许多人都富有智慧、理性和理解力。"[4]

"理性（reason）"这一词也被用来描述符合其标准的行为或事项。详言之，符合理性也意味着"明智""合理"或"适当"，而不是"愚蠢""不合理"或"错误"。[5]当然，在实践中，判断并不是一件易事，例如，"假如给予被监管人一把小刀，依据理性，他是否应当选择逃跑？"[6]

---

[1] *OED*，仅以"reason"这个词为例，表达方式就多种多样，如 *reison*，*reyson*，*resun*，*resoun*，*reson*，*raison and reason*。并且后三种形式是在年鉴中出现频率最高的。参见 Baker, *Manual of Law French*, p.176, reson, 1, right, reasonableness. 2, reason (that is, a point in argument), explanation. And *resonablete*, reasonable right, reasonable measure, due proportion.

[2] *OED*, "reason", III, 10; *MED*, *resoun*: 1a (a) and (b).

[3] *MED*, 1a (c), 1b (b).

[4] Ibid., 1a (a): *c*.1450.

[5] *MED*, 2 (a) (b) (c)："在没有检查前，不应开具任何药方，否则违反理性的要求。" *c*.1425, MS. Hunterian Museum, Glasgow, 95, 101a-b.

[6] *MED*, 2: a.1425, *Wyclif's Sermons*, 1, 26, MS. Bodleian Library, Oxford (Arnold, 1.1-412; 2.1-376).

理性一词所意涵的正义或公正对待也同样重要。[7]在此语境下，符合理性标准还有另外一层意涵，即公正表示"受委屈后获得一个满意的答复"[8]。一个典型的说法就是："假如一个人能理性行事，那么必定尊重每一个人的权利，会让每一个人都感到满意。"[9]

这些都是理性最常见也是最重要的意涵。当然，它还有其他的一些意义，例如作为某个行为或信仰的正当性基础或者是某个理论的解释依据。[10]例如在解释说明时，我们用是否"服从理性"来评断一个人的行为。[11]例如"她展示给国王（她的丈夫）那么多符合理性的事例，从而让她获得丈夫宽恕"[12]。

理论家和律师眼中各自不同的理性

如我们所知，理论家们的"理性观"是建立在他们对于道德法阐述的基础之上，即由神创造的自然法。皮卡克就认为理性是

---

[7] *MED*, 3（a）："'正义'的具体要求就是一个人受到委屈时，应为他提供适当的救济途径"，*Proclamation Brembre*（1384），in *A Book of London English: 1384-1425*, edited by R. W. Chambers and M. Daunt（Oxford, 1931）p. 31, line 33; *OED*, "reason", III; 15.

[8] *MED*, 3（b）："在罗马，面对教皇，我只有赞美的语言，即使心有不满也只能藏于心中。" "The tale of the noble King Arthur"（1470），*The Works of Sir Thomas Malory*, edited by E. Vinaver, volume I（Oxford, 1967）p. 189, line 16.

[9] *Mandeville's Travels*（fourteenth century）（translated from the french of Jean d'Outremeuse）, edited by P. Hamelius, Early English Text Society, 154, volume II（London, 1923）p. 141, line 24.

[10] *MED*, 5（1484, Caxton, *Fables of Aesop*, v. xii）; see also *MED*, 4（a）(b), and *OED*, "reason", 5, 6, 7.

[11] *OED*, 2a; *MED*, 6（a）.

[12] *MED*, 8（b）, *The Book of the Knights of La Tour-Landry*（c.1450）, edited by T. Wright, Early English Text Society, Original Series 33（London, 1868, revised 1906）p. 122, line 1. For a similar Use in law, see A. Borthwick and H. MacQueen, "Three fifteenth-century cases"［Scottish］, *Juridical Review*（1986）p. 123 at p. 129. it also meant "motto" or "sentence", *MED*, 9（a）.

人类认识自然法的工具。详言之，人可以依据知识的理论通过逻辑分析判断什么是正确的或什么是错误的。实际上，皮卡克的理性观点致使自然法的规则等同于理性的标准，自然法所要求的也是理性所要求的。[13]同样，福蒂斯丘也认为理性具有高度的道德功能。而在这一点上，他用理性将自然法与正义联系在一起。[14]当然，在现代法学理论中，对于无法源适用情形下，理性的标准表述是智性能力和良好判断。但是，作为道德法律实施的一种手段，在法学理论中，理性本身已然成为道德法的一部分。

鉴于理论家们已经非常明确地将理性与神法和自然法联系在一起，而实践者在适用过程中却更务实。在实践层面，并没有明确的或常规的表达方式将理性与自然法或神法联系在一起。实务界并没有用道德概念来定义理性，他们也并没有将理性视为与神法或自然法等同的实体概念，而这一点与理论界存在很大不同。尽管如此，实务界的理性观与理论界有一点是一致的，即推定它是一种抽象的判断是非的理论。概言之，唯一的区别在于理论家们明确地将理性与自然法联系在一起，而实务界则不然。

可以肯定的是，与自然法理论一样，年鉴中记载的理性也是一种判断地方习惯法是否有效的抽象标准。然而通常情形下，实务界每天都会适用理性去处理不同的问题，例如允许或不允许特殊诉求、控制延误或是调节行为的发生。值得强调的是，当被适用于普通的诉讼程序过程中时，律师们会发现此时的理性概念所能表达的意思远比无法律规定情形下的理性含义狭窄的多。而这一事实似乎也暗示对于律师而言，理性这一概念意味着适用于诉

---

[13] *Donet*, pp. 15, 16. 皮卡克也经常使用"理性权威"之类的词汇：*Folower*, p. 143.

[14] *De Natura* I, cc. 31, 32.

讼过程中的"良好判断"和"正义",详言之,一方面理性要求审判组织或法官们要避免出现荒谬的前后不一致的裁判结果;另一方面理性也要求不应出现损失与赔偿不相符的情形,即行为所造成的后果与所受到的惩罚(或赔偿)不均衡。不难发现,沿着这一思路继续思考下去,我们可以发现实务界的"理性观"和理论家们的"正义观"之间的确是存在诸多相似之处,毕竟正义理论的核心就是防止各类不平衡情形的发生和给予他人其应获得的财富。

法律与理性

尽管普通法中的实体性规则可能以一种任意的方式在发展(即无规律可循),但是作为法律根本基础的理性概念却似乎在中世纪晚期一直保持意涵的稳定,无大的变化。在整个15世纪,法院和立法机关都广泛适用理性概念禁止某类事情或行为,例如浪费鱼类资源行为、各类虚假行为、不按时给付士兵报酬行为以及因企业主的工作失误行为等。[15]当然,法官们有义务理性审判,所有的审判程序也必须符合理性的要求。[16]从本质上讲,实践中的理性概念本身就反映了法律工作者在理性要求之下采取的具体执行法令和裁判的常见方式。当然,律师通常会提醒法官们,依据理性的要求,他们应当做些什么。

---

[15] 有关法规是:4 Hen. IV, c. 11; 4 Hen. V, St. II, c. 2; 18 Hen. VI, c. 18; 3 Hen. VII, c. 11. 理性也是推动立法的最为重要的力量:1 Hen. VI, c. 6, 7 Hen. VII, c. 10, 11 Hen. VII, c. 20. 关于其他因理性而被禁止的行为,2 Hen. IV, c. 15, 11 Hen. VI, c. 7.

[16] 关于法官,33 Hen. VI, c. 1, 7 Ed. IV, c. 1, 4 Hen. VII, c. 21, 11 Hen. VII, c. 7. 关于程序,1 Hen. IV, c. 12, 14 Hen. VI, c. 4. 符合理性要求的行为,11 Hen. VII, c. 18. 关于合适的价格、重量和支出,4 Hen. IV, c. 25, 2 Hen. V, St. II, c. 4, 4 Hen. V, St. II, c. 3, 3 Hen. VII, c. 8.

在年鉴中反复提到的一个观点是理性本身就是法律的基础。当然，这在罗马法中也是被认可的。并且罗马法学者们的关注点并没有侧重于法条本身，而是将视点集中在法律文本深层次的解释，考察法条之间是否富有逻辑地联系在一起，这样是为了防止出现简单适用法条造成不正义的情形。[17]在英国的年鉴中，我们经常会看见这样的陈述，例如"法律就是理性"或者是"因为法律是建立在理性基础之上，所以理性也就是法律"[18]。另外，我们还会看见一些其他类似的表述，如"普通法就是共同理性"，以及"在这世上，法律所说的就是理性的"[19]。正如哈勒斯法官（Hals JKB）在1429年所说："法律的基石就是理性和公平。"[20]且法官的所有裁决行为都必须符合理性的要求。[21]同样的，年鉴中也记载了大量与法律和理性相违背的事情或行为。例如，当一个修道士将一件外套送给一个马上将被父亲接走的孩子，那么这个修道士就无权索回这件外套，理由就是假如索回外套造成孩子裸露身体的后果是与法律和理性相违背的；又如，按照法律和理性的要求，狱警具有看管犯人的职责。[22]简言之，实务界一直在

---

[17] Stein, *Regulae Iuris*, p. 129.

[18] 18 and 19 Ed. III（RS）379（依据斯通法官对于"理性"的阐释）and T 14 Hen. VI, 19, 60 at 21 per Vampage："制定法律的基石就是理性。"

[19] H 35 Hen. VI, 52, 17 at 53 per Fortescue CJKB："理性本身就是法律"; P 13 Hen. VII, 22, 9 at 23 per Fineux CJKB："立法者都是依靠理性制定法律。"

[20] M 7 Hen. VI, 5, 9 at 7.

[21] T 9 Ed. IV, 22, 24 at 23, per Srjt Pigot："法官的行为必须是理性的"; M 20 Hen. VII, 3, 8 per Srjt Coningsby："法官的判决是否正确就是看其是否符合理性的标准。"

[22] M 11 Hen. IV, 31, 57per Thirning CJCP："行为必须符合理性要求"; T 10 Hen. VII, 25, 3 at 26 per Srjt Keble. 关于其他的一些法律与理性存在一致性的例子，参见 M 22 Hen. VI, 28, 47 per yelverton JKB; P 38 Hen. VI, 30, 12 at 31; M 3 Ed IV, 8, 1 at 9 per Nedham JCP; P 17 Ed. IV, 1, 2 at 2 per Srjt Catesby; T 18 Ed. IV, 10, 25 per Littleton JCP; H 3 Hen. VII, 19, 1 per Srjt Keble.

考虑理性要求什么，而这正是法律规定的内容。他们也的确是发现了法律与理性之间的一致性。依据圣日耳曼的主流观点，理性就是英格兰法律最重要的基础，"每一条实证法或多或少都以理性为基础。"[23]

"良好的判断力"是理性权威的基石

在这一章节所涉及的案例主要表明律师的"理性观"具有两方面的特征。首先，也是本章节讨论结束后的主要结论，列举的案例告诉我们依据理性权威的力量，法庭在审理普通案件时，不会出现荒谬和前后不一致的审判结果。其次，在接下来的讨论中中所产生的一个重要的附带结论，材料显示在当代无法源存在的前提下，理性的意涵就是"良好的判断力"。当然，"良好的判断力"本身就是一个很大的概念，它意味着实务界需要将其融入诉讼过程中的细节之中。

诉诸理性

在大量案件中，理性都被理解为一种良好的判断能力。例如，在1412年，科凯恩法官（Cockayne JCP）就依据理性判决在与己无关的金钱诉讼中，个人不享有诉权。[24]又如1439年，阿斯科夫律师（Serjeant Ascough）论述了一个关于"转让权"的规则。详言之，如果一个人享有推荐权（advowson），即推荐牧师的权利，而他又通过明确的意思表达将自己的推荐权转让给他人，那么根

---

[23] *Dialogue*, pp. 27, 31. 这一观点是典型的托马斯主义观点：*Summa*, 1a, 2ae, 90, 4, 阿奎那就将法律定义为"社会的统治者制定的有利于公共利益提升的规则"。实际上，皮卡克也论述道："对于英王而言，普通法就是能增进王国利益提升的理性规则"：*Folower*, p. 143.

[24] M 1 Hen. V, 11, 21.

据常理，受让人也就享有了推荐权。而这项权利又可以通过申请阻却令状（quare impedit）来予以保障。在同样情况下，牛顿法官考虑是否准许颁发阻却令状时认为，转让推荐权是否合法的基础在于转让者获得推荐权是否合法（只有如此，转让者所享有的推荐权才是合法的），因此依据理性，受让者会认为这两种转让行为是否合法应由转让者来证明。[25]下面让我们来具体观察三个案例。

在1420年，一原告寻求获取比他在令状中申请获取的还要多的赔偿金。[26] P起诉的缘由是支持他获得养老金的判决已经生效，但相关部门迟迟没有行动，他想知道其中的原因（scire facias）。另外，他还请求执行时不仅应赔付依据判决应当获得的赔偿金，还应当赔付包括因行政部门迟缓执行判决而造成其不能及时支付房租的罚金。但是法院认定他想获取房租罚金赔偿金的诉求不能成立。他只能获得判决中已经认定的金额，即未支付的养老金。为此，马丁法官解释说："当你的诉求与法律相违背时，就不可能得到法院的支持，另外，你的诉求都应反映在你的起诉状中，没有展示在诉状中的诉求也不会获得法院的支持，毕竟这也不符合理性要求。"概言之，只有原告已提出的且由法院认可的诉求才是符合理性的要求，因此房屋的租金不应赔付。依据马丁的论述，理性的要求与法律的规定是存在一致性的。当然，也需要强调的是P还是可以单独向法院再次起诉要求偿付因不能及时缴纳房租

---

[25] M 18 Hen. VI, 24, 9. 关于财产占有和圣职授予权，参见 *CH*, p. 360, P&M II, pp. 137, 138, and A. W. B. Simpson, *An Introduction to the History of the Land Law*（2nd edn, Oxford, 1986）pp. 32, 103, 104.

[26] M 9 Hen. V, 12, 13：理性的要求与法律的规定是存在一致性的，如果不符合理性的要求，那么任何的诉求都不会得到法律的支持。"至于技术法，依据瑞克希尔法官（Rickhill JCP）的观点，参见 T 7Hen. IV, 16, 4. 依据斯奎恩律师（Srjt Skrene）观点，理性要求法令中每一个行为都要有理由，也可参见 H 12 Hen. IV, 16, 9.

而被处以的罚金。[27]

还需指出的是，律师也时常依据理性做出判断。换言之，当出现前后不一致或矛盾的情形时，律师就会借用理性的力量解决。例如，在1423年，一律师依据理性向法院主张裁决颁发令状。详言之，J死的时候并没有立下遗嘱，而原告却就债务问题起诉了他的两个财产管理人。尽管法院在较早时已经给原告颁发了债务执行令，可是罗尔夫律师却要求再次颁发执行令且要说明是如何制定出第一个执行令的。但依据逻辑推理，这第二个执行令是不对的（bad），罗尔夫对此的解释是："让同一法院就同一事实做出两个执行令肯定是违反理性的，但此举主要是为了防止法院做出前后矛盾的判决。"但是这一理由并没有说服马丁法官，因为他认为此案中的诉求主要涉及悬而未决的事实问题，但是他也承认原告债务的偿付一定是以J欠有相应债务为前提。[28]

此外，理性还被用来为现行的法律提供合法性基础。在1482年讨论是否应当放弃用决斗的方式裁判抢劫行为的规则时，赫西大法官就曾使用了理性概念，"通过私斗的方式要回被抢夺的财物对于身体瘦弱的人来说显然是不公正的，毕竟在打架方面，他们是要吃亏的。"[29]必须承认的是，在15世纪晚期，类似决斗这样的审判方式已经被废弃，但是在涉及重罪的审判时，这种方式也会被偶尔使用。[30]赫西大法官在证明这一点时，不仅借用了书本

---

[27] *HCLC*, pp. 171, 300.

[28] M 3 Hen. VI, 14, 17; Brooke, *GA*, "Debt", 3.

[29] 关于此项规则的论述，参见 P. R. Hyams, "Trial by ordeal: the key to proof in the early common law", *On the Laws and Customs of England: Essays in Honour of S. E. Thorne*, edited by Arnold et al. (Chapel Hill, N.C., 1981) p. 90 at pp. 121, 124. 一般也可参见 *HFCL*, pp. 403-410.

[30] 94 Sel. Soc. (London, 1977) p. 116, n. 6; *IELH*, p. 64.

知识的权威，还使用理性进行证明，"并且我非常清楚，我们的书本也告诉我们，如果原告被被告打残了，那么原告肯定不会要求决斗，但是可以肯定，假如原告没有被被告打残但因为其他原因被告致使原告伤残，那么被告也应当受到惩罚，这才似乎符合理性的要求。"在这一点上，赫西坚持法律规则的制定一定要建立在理性基础之上，"如果法律规定原告可以通过私斗解决争议，且原告本就残疾无法参与决斗，那么在这类案件中，我判决原告不许参与私斗也似乎是符合理性要求的。"[31]

同类案件同等对待

实务界采用公正这一概念是为了加宽立法规则的适用范围，其目的是让一些与规则联系紧密但又没在规则调控范围内的案件也能被纳入其内。与理论家们在解释公正时注重其道德性不一样，实务界重点关注相似案件之间的逻辑性。详言之，在具体运用公正概念时要做到同类案件同等对待，不同的案件采用不同的规则进行审判，这才符合理性的要求。虽然法官们用公正概念解释立法规则，以求实现同类案件同等对待的目的，但是在普通法中常常借助理性联系也能达到同样的目的。例如在1487年，四姐妹共同继承四座庄园，但只有一座庄园附带享有牧师推荐权，她们决定平分四座庄园，那么在没有达成具体协议的情形下，依据常理（common reason），她们也将平等享有牧师推荐权，即轮流

---

[31] T 22 Ed. IV, 19, 46 at 20："法律永远不会做出类似于原告可以通过私斗解决争议的规定……因为这样的规定不符合理性的要求。"Also, M 21 Ed. IV, 38, 5 at 39 此是布朗关于法律应当被合理的理解的论述。关于此类创造性角色更多有趣的例子可以参见 P 38 Hen. VI, 30, 13（misnumbered as 12）per Fortescue："在审判案件的过程中，法官都被要求依据理性判案。"

推荐牧师。[32]

另外，假如一终身承租人与原告（demandant）合谋在自己不在场的情形下，让法院做出了对己不利的判决，并因此失去土地，那么享有返还权利的人可以申请权利救济令（a writ of right）。[33] 然而，依据法律，只有在裁决做出前，享有返还权利的人可以申请令状来保护自己的利益。[34] 在1454年，就发生了一起类似的案件，因 F 缺席，法院做出了对 F 不利而对 W 有利的判决，随后 W 向法院申请权利保护状（*praecipe quod reddat**）。但是 D 向法院起诉反对这一判决，同时向法院阐述他是如何获得这块土地，并通过何种方式转让给 F（但是保留了终身可取消转让的权利）。然而，W 却一再申明 D 并没有做出这样的转让。对于法庭而言，最大的困难就是判断 W 是否应当承认转让条件的成立，从而回应 D 索回土地所有的诉求。与 W 之前的行为一致，普瑞索特大法官也认为，"从反面看，之前这里没有关于此案的判决"，并

---

[32] M 2 Hen. VII, 4, 17. 一般情况下，领主无权向教会推荐本地牧师。参见 P&M II, pp. 135, 137, 共同继承人之间如何确定牧师推荐权，参见 Co. LItt., 164b. 也可参见 M 13 Hen. VII, 2, 2 基于理性法律许可为同等情形下的人提供担保：*arguendo*, Frowicke and Keble.

[33] *CH*, p. 411. Our case is M 33 Hen. VI, 38, 17（Prisot is at 41）; Brooke, *CA*, "Counterplea de Receipt", 1. 另外，权利救济会是在发生自由地产权争议时，由国王向领主颁发的令状。它的主要内容是敦促领主公正审判，如果存在不公正审判的情形，该案件将交由郡法院审理。——译者注

[34] 13 Ed. I, St. of Westminster II, c. 3. See also 13 Ric. II, St. I, c. 17.

* 在权利令状颁布的初期，大部分案件还是由领主法院受理的，其中的原因我们已多次提及，国王的权力并没有强大的足以漠视领主们强烈反对的程度。例外的情形是，如果原告是国王主要封臣，根据领主权，王室法院当然享有管辖权。这时的令状名称为权利保护状，由国王向郡长发出。但是根据格兰维尔的记述，亨利二世实际上滥用了这项权力，他一高兴就发布这种令状，即使原告是一个普通人也向其颁布该令状。这种做法被认为太过专制而遭到《大宪章》的废除，它规定：所有权诉讼必须在领主法院开庭，权利保护状只有在原告是国王的主要封臣时才能适用。——译者注

且"在一起案件中就弄清楚所有的缘由是不适当的也是不理性的。"而这与赫西大法官在1482年一起案件中的判决理由一样，普瑞索特大法官在此案中也是依靠由书本和理性而产生的先例权威做出的判决。然后，他谈到了1385年所立的一部法案，该法案规定索回权利人因错误的供词或之前对终身承租人所做出的错误判决而做出的错误行为是不应受到处罚的。[35]这里也是一样，原告可以接受所谓转让行为的存在，但绝不会认可索回土地权的合法性。在1385年所立的法案中，转让行为正式被立法机关所认可，因此在法定情形中发生的转让行为是合乎理性要求的，"对于我而言，既然在一起公开审理的案件中，转让行为被认定是合理的，那么在其他类似案件中，也可认定其符合法律的规定。"依据普瑞索特大法官的观点，同类案件同等对待就是符合理性的要求。

实际上，准许缺席（essoins）就是一种借口，即不出庭的合法借口。布莱克顿就曾评论道："当一个人受到合法传唤，但又不出庭时，他必须受到惩罚，除非他不出庭的借口是法律认可的。"[36]而这些合法的借口主要包括：正在海上、具有不出庭的特权、正在公干、洪灾和生病。另外，当事人也可辩称传票并未送达且因为传票未送达是导致未能出庭，那么当事人准许缺席的诉求将会获得法庭的支持。类似的案例发生在1459年，当A向王室法院申请要求B停止侵害的权利保护状，而B却声称传票未送达。关于传票是否送达的问题，依据惯例，B应当在法定的时间内向法院

---

[35] 9 Ric. II, c. 3. Also M12 Hen. IV, 1, 3 at 2（卡尔佩珀："依据法律平等原则审理此案是符合理性要求的"），and P 5 Hen. VII, 16, 8, the *quaere*.

[36] *De Legibus*, IV, p. 71; see too pp. 72, 151, 152. And *De Laudibus*, c. 53, p. 135.

说明。[37]然而，B并没有出现，但是法庭并不能确认他因疾病等原因不能到庭说明。事实上，法官已经认定在洪灾和失去人身自由的情形下，不能出庭是合理的理由。而疾病与失去人身自由并无过大差别，以此为"不出庭"的理由是符合理性要求的。丹比法官为此简要论述到，"因身体虚弱而未出庭应诉与失去人身自由和遭遇洪灾一样，都是合理的"，并且"对于法庭而言，当事人如因这些理由而不能出庭，那么他们的行为是应当被原谅的"[38]。也正如莫里法官所言，"因失去人身自由的原因而不能出庭是无法不原谅的理由，而疾病是上帝让人失去了人身自由，它与因人为原因失去人身自由一样，若因此而造成当事人不能出庭的情形，那么都是应当被原谅的。"[39]有时候，理性与实践层面的公平意义非常接近。

理性和延误

在中世纪的诉讼中，延误问题非常普遍，议会也时常尝试解决这一问题。[40]尽管有时审判滞缓被认为是法庭思考成熟和做出良好判决的必要条件，[41]但更多的是法律自身规定的庭外和解、审议和回执等程序造成审判滞缓。[42]尽管如此，普通法院的法官们还是力求压缩不必要的延误环节，毕竟在有些案件中，这些环

---

[37] *De Legibus*，IV，pp. 64，151-153；*CH*，p. 384；P&M II，p. 632.

[38] M 39 hen. VI，16，20 at 17："当事人因身体虚弱而未出庭应诉与失去人身自由和遭遇洪灾一样，都是合理的。"And M 38 Hen. VI，11，22："对于法庭而言，当事人如因正当理由而不能出庭，是应当被原谅的。"

[39] M 39 Hen. VI，16，20："因失去人身自由的原因而不能出庭是正当理由，应被原谅。突患疾病也是正当理由，那是上帝让人失去了人身自由，也应被原谅。"

[40] J. C. Holt，*Magna Carta*（Cambridge，1965）p. 327（c. 40 of the 1215 Charter）；11 Hen. IV，c. 3；4 Hen. V，St. II，c. 7；11 Hen. VI，c. 6；3 Hen. VII，c. 10.

[41] P 21 Ed. IV，24，11 per Fairfax JCP，and *De Laudibus*，c. 53，p. 133.

[42] 94 Sel. Soc.（London，1977）p. 157.

节并没有产生多少实际作用。一般而言，在一些案件中，法官们都会禁止造成延误的行为，以符合理性的要求。在 1452 年，D 被国王代表控诉犯有抢劫罪，陪审团也准备宣誓，但被抢夺的当事人希望审讯延长，这样他可以单独对抢劫行为提出诉讼（主要目的是为了能归还被抢夺的财产，否则依据指控，这些被抢夺的财产会归国王所有）。但是主审法官福蒂斯丘大法官却断然拒绝了这一延迟申请，因为如果被抢夺财物的当事人选择不按照既定的程序进行诉讼，"国王肯定会启动针对陪审员的新的诉讼程序，而这肯定是不符合理性要求的"，并且如果此时不立即展开审讯的话，D 也肯定会在监狱中羁押更长的时间，而这也是违反理性要求的，何况 D 还存在无罪释放的可能性。[43]

当被告试图利用证人来证明自己行为的合法性，并且恳请延迟针对土地的判决时，审判滞缓的问题也就随之产生了。依据法律规定，原告有义务执行法院颁发给他的令状，重新夺回本属于他的财物。当承租人被拘留后，他可以请求享有复归权的人（reversioner）证明他承租的合法性。随后，享有复归权的人肯定也会被法院传唤并开始应诉。[44]另外，承租人会要求法庭传唤他的权利授予者，以此证明承租行为的合法性。[45]如果在这同一行为中，承租人还被允许可以在援助祈求失败后，再让证人予以担保的话，那么他就成功地两次延误审理原告的诉讼。当然，法官们经常痛斥这类行为，并认为在援助祈求失败后，再执行证人担保

---

[43] M 31 Hen. VI, 11, 6; Fitzherbert, *GA*, "Corone", 18. 关于抢劫的上诉，Holdsworth, II, p. 361, III, pp. 320, 323. 关于无正当理由拖延的例子，可参见 T 3 Hen. IV, 18, 15 per Markham JCP; P 12 Hen. IV, 19, 4; T 4 Hen. VI, 26, 5 per Babington CJCP.

[44] Holdsworth, III, p. 121; *CH*, p. 411.

[45] *CH*, ibid.

的程序就是违反理性的要求。正如在 1405 年审理一起案件的讨论中，瑞克黑勒法官（Richhill JCP）所言如果承租人所发出的援助祈求被他人拒绝，那么这个人就不能再以证人的身份出现在法庭上，"因同一人的行为而延误审理原告的诉求是不符合理性要求的，所以某人拒绝承租人所发出的援助祈求后，就不能充任证人了，为此他必须做出选择。"[46]

在 1444 年就发生了这么一起案件，X 向法院申请针对 Y 的追索限定继承的赠与土地权利（令）状（formedon），但是 Y 却找到 A、B、C 和 D 作为自己的证人。而在该案中 X 反对解释 Y 如何祈求 A、B、C 和 D 为作为租约中享有复归权的人提供证明。在那次证明过程中，所有证人都没有出庭，Y 被迫独自一人应诉。并且因此 X 辩称 Y 提供的证言是无效的，法院也同意此观点。而马克汉姆法官也较为乐观地认为，"法律总是排斥延误行为的。"在理查德二世时期，如果一个人请求享有复归权的人为自己提供证明，同时也让同一个人作为权利授予人作为自己的证人，那么法院总是会判决他的祈求申请是无效的并直接进入证人作证环节，"这才是最合理的做法"，法律和理性再一次被认为存在一致性的关系。因此，如果承租人请求享有复归权的人为自己证明，但这人又缺席的话，那么此享有复归权的人将再无机会以证人的身份出庭作证，"因为那样的话会因同一原因两次延误审理原告的诉求。"甚言之，当承租人将 Z 作为证人且因 Z 符合年龄要求，从而寻求法院延迟判决时，富勒索普法官（Fulthorpe JCP）也承认这同一结论，"因同一原因两次延误审理原告的诉求是不符合理性要求的。"因此，对于审理中的这件案件而言，法院判定，Y 的证人是

---

[46] H 6 hen. IV, 3, 22: "如果是因为同一人的行为而延误审理原告的诉求，那么这一行为就应判定为不符合理性的要求。"

不能被接受的。[47]

具有良好的判断力的理性角色

在这一节讨论的案例都非常简单。关于律师们如何看待理性问题，这里主要涉及两点。首先，律师们认为理性就是"一种良好的判断力"，而这一概念对他们并不陌生，换言之，在现代无法源的前提下，理性一词与良好的判断力等同。其次，法院所判案例也显示了理性（良好的判断力）的影响，即在处理普通案件的过程中，理性就是权威的来源。具体到每一个个案中，结果都与理性存在因果关系。详言之，法院做出的审判决定和由之产生的争论都必须符合理性的要求。在探求良好判断力的抽象表达方式过程中，这类实践（即理性的具体适用过程）是非常关键的，并且实践者所展示的良好判断力的抽象表达方式就是要排除荒谬的或不合逻辑的审判结果。

法官们告诉我们抽象的理性思维禁止个人参与财物与己无关的诉讼。同时法官们也告诉我们在执行判决的过程中，原告如果想要索取比令状规定的赔偿金还要高的金钱数额，那是不符合理性要求的。当然，理性（即良好的判断力）也是一个具有弹性的概念。换言之，它可以适用于不同的情形并产生不同的结果。例如在1459年审判的一起关于"未到庭"的案件中，为做到相似的案件同样审判的目的，法官们就依据理性概念对现行的规则做了扩大化解释。同样的，在1454年发生的一起关于"承认许可权"

---

[47] H 22 Hen. VI, 39, 12："同一缘由两次延误审理原告的诉求是不符合理性要求的。"Brooke，*GA*，"Voucher"，73. 也可参见 3 Ed. I, St. of Westminster I, c. 40（关于延迟证人）。关于其他理性与延迟的例子：T 2 Hen. VI, 15, 15 per Srjt Paston；P 20 Hen. VI, 23, 4 per Newton CJCP（长时间拖延）；M 34 Hen. VI, 9, 20 at 10 per Moile JCP；p 16 Ed. IV, 9, 10；and H 6 Hen. VII, 15, 9 at 16 per Hobbard AG（无限期拖延）。

的案件中，法官们也是依据理性证明了延续适用惯例的合法性。不难发现，在实践中，法律权威被等同于理性是频率非常高的事件。

作为正义的理性权威

理论家笔下的正义和实践者眼中的理性这两者之间的关系是一个非常有趣的话题。虽然理论家们定义了正义概念，但是实践者们并没有定义理性概念。很显然，这两者并不是等同的概念。当理论家们能说出何为正义时，实践者们却不能立即识别出某行为是否可归入理性范畴。理论中的正义具有典型的道德特征，即上帝赋予、一种美德和与自然法等同。而在年鉴中，并没有关于理性的任何记载。尽管这两者之间不完全相似，但却存在部分意义的重合。毋庸讳言，在很多方面，它们都具有相同的意涵。

依据法学理论，正义的含义就是给予每个人其应获得的财富，也包括在受到伤害时所失去的财富。[48]互惠和复原是正义理念中的核心思想。阿奎那曾评说道："正义的平衡在于以一物赔偿一物。"[49]皮卡克也认为正义最大的功能就是提醒人们要回属于自己的东西。[50]概言之，正义最核心的作用就是解决不平衡的问题。当然，这也是法庭最主要和最本质的工作。当一个人受到损失且已被法律承认后，法庭就应该支持赔偿请求并提供救济途径。[51]类似的，当一个人犯了错误且也属于法律禁止范畴，法庭就应该实施某些惩罚措施并且坚持做出赔偿或惩罚的判决。

当不平衡的问题出现时，普通法律师会广泛使用理性概念予

---

[48] 前面第四章注释35和42。
[49] *Summa*, 2a, 2ae, 62, 1.
[50] *Donet*, p.110; *Reule*, p.254. For Fortescue, *De Natura*, I, c.17.
[51] *IELH*, for debt, p.266, for *assumpsit*, p.274.

以解决。通常在出现物质损失的情形下，利用理性概念可以避免不平衡或不公正的结果，从而给予公正的赔偿。同样的，如果是错误的行为，利用理性概念可给予最为适当的处罚。在年鉴中，理性概念也被记载用来禁止重复赔偿和重复惩罚的行为。简言之，在与此相关的案件中，实践者们都会使用理性概念（类似理论家们使用正义概念一样）确保合乎比例，即损失和赔偿之间或错误行为与惩罚措施之间是平衡的。在此还需强调的是，对于律师而言，正义概念的适用并非很陌生。在当代无具体法源的情形下，理性也具有同样的含义。

对损失的赔偿

在年鉴中，似乎存在一条有效的一般原则，即对于想恢复损失的原告而言，必须符合两个条件，一方面造成损失的错误行为必须是法律予以明确禁止的；另一方面错误行为与损失之间的确存在因果关系。从广义讲，如果被告的行为在法律上并没有被认定为是错误的，那么即使他的行为造成了损失，他也不会承担赔偿责任。因此，例如纯粹经济上的损失事实上也会造成损害，但是如果它并没有错误或并不存在违法行为，那么这里就不需要任何赔偿。[52]

不过这里也存在另外一种观点，即只要被告的行为造成了损失就应当被赔偿。[53] 这一常被普通法院适用的原则最为重要的特征就是在几次判决中，法官们明确表述它符合理性的要求。在16世纪初，这一观点被广泛接受。而到了1516年，在格雷的旅馆（Gray's inn）就一个命题展开了激烈的讨论，即一个人签订协议修

---

[52] 94 Sel Soc. (London, 1977) pp. 220-222.
[53] Ibid.

房而他失约了，但与他签合约的人也存在一个合同义务。在讨论过程中，格雷旅馆的读者皮特·狄龙（Peter Dillon）认为："既然每一部法律都是依据理性而制定，那么现在依据理性，他应当做出这样的行为，尽管必然会造成损失，假如他因没有履行义务而造成了损失，那么法律不会为他提供救济途径，毕竟他没有按照法律规定行为。"[54]在1466年审判的"索恩案"（the case of Thorns）中，利特尔顿法官也引用了这一观点。尽管此次判决鲜有人报道，但法庭的意见是当 D 砍掉荆棘，D 无意致使它们掉入 P 的土地上，"但荆棘是不合法的，并且随后 D 闯入并带走它们也是不合法的"。为此，P 控告 D 非法闯入。利特尔顿同意了这一诉求，并简单补充道："如果一个人遭受损失，那么给予他赔偿是符合理性要求的。"[55]

正如狄龙在1516年暗示的那样，对于理性的理解是弹性的，它可以处理与此行为相类似的所有案件。而理性的核心要义是为财富受到损害的人提供公正的赔偿，所以不论案情如何扑朔迷离，令状的本义就是为当事人提供一种潜在的救济途径。例如，在1472年，P 向法院控告他的仆人对他有欺骗行为，案情大致是 P 让他的仆人为他买一定尺寸的布，但他的仆人并没有按照规定的尺寸买布，而是少买了一大截。审理此案的法官们一致认为如果欺骗属实，P 的利益的确受到了损害。然而，他们并不能确信究竟谁（主人或仆人）的证言是可行的。但利特尔顿法官认为 P 是

---

[54] Ibid., p. 272 (MS. Loncoln's Inn, Misc. 486 (2) f. 7v). 法史学家们只是偶尔将"理性"翻译成"正义"：可参见 A. K. R. Kiralfy, "Law and right in legal history", 6 *JLH* (1985) p. 49 at p. 57.

[55] M 6 Ed. IV, 7, 18 at 8："赔偿受害人的损失是理性的要求"；也可参见 Fifoot, *Sources*, p. 195 at 196 and Baker and Milsom, *Sources of English Legal History*, p. 327 at 331, 利特尔顿将"权利"翻译成了"理性"。

有权对他的仆人提起赔偿的诉讼，毕竟他的辩解并不复杂。利特尔顿法官接着说，仔细回想仆人的整个欺骗行为，如果 P 的确被欺骗了，那么他也许并没有买到符合他期望尺寸的布，因此依据理性的要求，既然 P 被骗了且存在物质损害，那么针对这一损害，P 享有要求赔偿的权利。[56]然而，大多数人也会认为当仆人得到主人授权去买布的时候，他的行为就等同于主人的行为，仆人因购布产生的所有争议将有主人承担。[57]

如上所述，理性核心的要义是为财富受到损害的人提供公正的赔偿，当然这一基本概念有时会以另外一种方式被明确的表达，"如果没有对财富受到损害的人提供公正的补偿，那么就是违反理性要求的。"正如理查德·利特尔顿（Richard Littleton）在 1493 年从一寺庙内殿获知的格言所述那样："不给当事人救济的途径是违反理性要求的。"[58]而这类似的观点也出现在 1400 年的一次讨论中。例如，如果 A 在 B 处存了一笔钱，在请求归还时，出现 B 无法归还的情形，那么 A 究竟应当是以欠债还是以存款为名进行诉讼。再者，A 将酬金交付给了 B，用以支付 C 的佣金。然后假如 B 私吞了这笔钱，那么 C 可以以存款不能及时返回为由起诉 B，毕竟这是 C 的劳务费。[59]针对这些案情，1400 年法院已经判决 A

---

[56] T 11 Ed. IV, 6, 10："因欺骗造成他人损失的，应当给予赔偿，这是符合理性要求的。"关于理性和案件诉讼，参见 Port, *Notebook*, in *Thomson v. Lee*（1498）p. 6 at p. 7 per Fineux CJKB.

[57] Fifoot, *Sources*, p. 336（and pp. 349–351）：当指定购买的东西是明确的且与商品本身的状况紧密相连时，并且其缺陷也不突出的情形下，买者必须依靠卖着的技术和知识。

[58] Port, *Notebook*, p. 128："quar il fuit encontre reason que le patire serra saunz remedy".

[59] 关于基础性问题，参见 HCLC, pp. 183, 184；P 41 Ed. III, 10, 5；M 4 Hen. VI, 2, 4；M 18 Hen VI, 20, 5；H 6 Ed. IV, 61, 6.

或者 C 可以以存款不能归还为由寻求司法救济。然而，在另外一起案件中，马克汉姆法官也认为应当给 A 以同样的司法救济途径（即存款不能归还），该案情大致是 C 雇用了 A，而 C 因其他原因陷入纠纷，A 为了获取报酬向 B 支付了 20 英镑从而帮助 C 摆脱困境。在审议过程中，马克汉姆法官说到如果 B 与 C 相勾结，A 的损失就将无法弥补，而这肯定不符合理性要求。[60]因此，马克汉姆法官坚持在这类案件中，A 可以以存款不能归还为由向法院起诉 B。

同样的，符合理性的要求还可表述为无损失则无赔偿。在法庭辩论中，这一理念被经常引用。1466 年审理的索恩一案中，咏格律师（Serjeant Young）申辩道，虽然对原告的确造成了一定的损失，但是被告并不存在错误行为。详言之，当被告砍掉那些荆棘，即使他们掉落在别人的土地上，但是附属在这些荆棘上的财物仍属于被告所有，因此被告拿走这些财物也是合法的。概言之，尽管被告的行为对原告造成了损害，但是被告并没有错误。基于此，咏格律师认为，"在此类案件中，由于被告的行为没有错误，哪怕造成他人损失，依据理性的要求，他也不应该承担赔偿责任。"[61]

莫里法官在 1450 年审理另外一起案件时也适用了这一理念。这是一起涉及抚养费的案件，P 诉称 D 通过 X 和 Y 金钱贿赂陪审团，致使他与 A 之间的纠纷迟迟未被法院裁决。而 D 辩称之所以此案件不能被审结，是因为 P 不能证明金钱贿赂陪审员的事实。

---

[60] M 2 Hen. IV, 12, 50; Brooke, *GA*, "Account", 24; *HCLC*, p.185, n.2. 法律上规定应偿付的财物没有偿付的，就破坏了一种平衡，而这是违反理性要求的，参见 7 Hen. IV, c.16.

[61] M 6 Ed. IV, 7, 18: "依据理性的要求，只要一个人的行为没有错误，哪怕造成他人损失，他也不应该承担赔偿责任。"

为此，莫里法官认为，"对于 P 而言，由于抚养费本身并没有支付，所以他没有产生任何的损失，基于此，他不应享有要求赔偿的诉权，这是违反理性要求的。"[62]然而，普瑞索特大法官并不赞同此观点，不仅因为 D 的行为本身就受到法律禁止，[63]还因为被指控的贿赂金额就可以支付抚养费，如果那两人真的贿赂了陪审员，那么还会涉及下一次的抚养费纠纷。[64]

对赔偿的满意和二次行为：双倍赔偿

124　　如果对一个人的伤害已经做出了让其满意的赔偿，那么若对同一伤害做出再次赔偿的决定势必会造成损失与赔偿之间明显的不平衡。在这种情形下，实务界也只是偶尔适用理性概念来禁止这类双倍赔偿行为。在 1431 年，戈得瑞德律师（Serjeant Godrede）的例子就非常典型。当法庭考虑是否应当增加原告的赔偿金时（陪审团议定的原告赔偿金被认为太低了），戈得瑞德认为赔偿金的一半数额已经支付给了原告，可以证明原告对已经做出的赔偿决定是满意的，所以若再做出增加数额的决定则是不理性的。[65]可见，在 1413 年的案例中，理性概念被运用的淋漓尽致。

---

[62] T 28 Hen. VI, 12, 28（也可参见 M 31 Hen. VI, 8, 1）："行为若没有造成他人损失，那么也不应承担赔偿责任。"

[63] 这部法律并没有被命名：但可参见 1 Ed. III, St. II, c. 14, and 4 Ed. III, c. 11（这也包含了普遍争议和理性）；也可参见 20 Ed. III, c. 6, on maintenance, for its reference to *droit*, *ley et reson*.

[64] P 18 Hen. VI, 6, 6（on 1 Hen. V, c. 3）; at 6A per Srjt Fortescue："对于侵权造成的损害，却有损失的人方有要求赔偿的起诉资格，这才符合理性要求。"

[65] P 9 Hen. VI, 2, 5. 巴丙顿大法官则认为如果赔偿金数额很低，增加也是可以的。对照 M 6 Ed. IV, 5, 16. 至于陪审员如何评估损失的，参见 94 Sel. Soc.（London，1977）pp. 114, 115，问题则在于法官们是否可以增加或减少由陪审团议定的赔偿金额，参见 G. T. Washington, "Damages in contract at common law", 47 *LQR*（1931）p. 345 at pp, 354-359. 至于支付给原告的一半赔偿金，参见 34 Ed. III, c. 7; 38 Ed. III, St. I, c. 12; 11 Hen. VI, c. 4; and 11 Hen. VII, c. 24.

第五章 司法决定和理性的权威

　　P起诉两被告的行为侵权，[66]因为其中一被告认为依据法律规定申请暂停审理，此被告是大法官法庭的书记员，而大法官法庭对其所属官员的所有私行为都有管辖权，所以他向法庭申请停止控告的令状（supersedeas）。[67]尽管案件休庭，但是主审的汉克福德法官认定审判程序不应被中止。他的理由是P或可做出两个相互独立的行为，即一个是依据普通法上的令状继续控告其中一个被告，另一个则是依据大法官法庭的法案控告另一个被告。这也存在对一个侵权行为给予双倍赔偿的可能性，即在一个法庭获得完全赔偿后，大法官法庭再次判决给予赔偿，但这是违反法律和理性的。因此，汉克福德法官坚持认为这两个行为应由同一法院审理，并且大法官法庭不应颁发停止控告的令状，审理程序应该继续进行。这也是对禁止双重赔偿的观点的一次简单阐述，有趣的是，对一个侵权行为给予双倍赔偿被认为是既违反法律也违反理性的。

　　总的来说，正如戈得瑞德律师在1431年所揭示的那样，在整个15世纪，剥夺财产刑变得少见。一旦证实陪审员存在剥夺公民财产权的行为，处罚也是非常严厉的。当然这方面的投诉还是比较多的，但是真正能得到救济的却很少，毕竟有这方面行为的陪审员们不会主动承认自己存在这样的不端行为。[68]当然，在1472年发生的这起案件中，法院已表明态度，即对于剥夺公民财产权的陪审员的行为是不能容忍的。[69]案情大致如下。因P对D的赔偿不令人满意，D以侵权为由向法院起诉了P，法院遂受理了此

---

[66] H 14 Hen. IV, 21, 27.
[67] *IELH*, p. 38.
[68] *De Laudibus*, c. 26, p. 63; J. B. Thayer, *A Preliminary Treatise on Evidence at the Common Law*（Boston, 1898）pp. 137-140; Holdsworth, IV, p. 516.
[69] M 13 Ed. IV, 1, 3and 5, 14; Brooke, *GA*, "Attaint", 91, 118.

案。但不久，D 向 P 承认赔偿金的确存在计算错误，最后双方通过庭外和解的方式解决了相关争议。事实上，作为之前侵权诉讼中败诉的被告，即 P 现在成为了剥夺公民财产权诉讼中的原告，而现在的问题则是 P 是否可以以财产权受损为由向法庭提起针对 P 和陪审员的诉讼。当然，现在对于 P 而言，不仅可以要求重新改判之前的侵权诉讼，还可以要求相关法赔偿他的所有损失。[70] 但是针对最初的侵权行为，P 或许已经接受由做出剥夺其财产权的陪审团所支付的一半赔偿金。[71] 因此，多宁顿（Donington）认为应当由 D 承担侵犯他人财产权的责任，并阐述道："当原告对判决已经很满意且已停止继续上诉的情形下，再允许他以'破坏公民财产权'为名提出对陪审团的诉讼是不符合理性要求的。"[72] 换言之，既然原告已经通过协议获得了赔偿，那么再允许他起诉陪审团获得二次赔偿的机会将是违反理性要求的。[73]

理性、责任和对错误行为的惩罚

在年鉴中，有两个基本原则被经常谈及：其一，对于被告的错误行为，必须予以惩罚或者惩以赔偿[74]；其二，受到惩罚或惩以赔偿的行为必须是法庭依法予以确认的行为。长期以来，

---

[70] *De Laudibus*, c. 26, p. 63.

[71] 前面注释65。

[72] M 13 Ed. IV, 1, 3 at 2: "当原告对判决已经很满意且已停止继续上诉的情形下，按理性的要求就不应赋予他再上诉的资格。"

[73] M 13 Ed. IV, 5, 14: "既然原告已经通过生效判决获得了赔偿，那么再允许他起诉被告获得二次赔偿的机会将是违反理性要求的。"

[74] 94 Sel. Soc. (London, 1977) p. 222, n. 8. 这里的案件只是涉及理性与惩罚和责任紧密相连的情形：M 11 Hen. IV, 18, 43 at 19 per Horton JCP；H 8 Hen. VI, 26, 16 Srjt Elderkar；M 34 Hen. VI, 3, 8 per Prisot CJCP；M 3 Ed. IV, 15, 10 at 15 per Brian CJCP: "对于个人的错误行为，必须予以惩罚或者赔偿，方才符合理性的要求。" H 5 Hen. VII, 10, 2；M 14 Hen. VII, 5, 11 Srjt Yaxley.

理性都被认为是这些原则权威的基础。而这一观点又通过以下的形式被表达出来。首先，如果存在错误行为而不予以惩罚或赔偿的话，那么这将是违反理性要求的。其次，如果一个人造成损害的情形是合法的，那么让他承担责任也是不符合理性要求的。但可以肯定的是，上述第一种包含"互利互惠（reciprocity）"思想的观点与理论家们的"给予每个人应当享有的东西（rendering to each his due）"的观点比较相似，而这也是正义思想的核心要义。另外，第二种观点似乎是对正义和良好的判断力含义的解释。

对于错误行为必须予以惩罚，否则就不符合理性的观点最早出现在1413年的一起案件中。需要言明的是，该案件的审理存在一个前提，即法庭不能受理教会做出的开除教籍的决定（excommunicates）。[75] D 就受俸牧师推荐权一事向罗马法庭起诉 P。而尽管那时 P 已经被开除教籍，但仍以蔑视王权罪（因尊敬教皇而侵犯国王统治权而构成的）为由认为 D 在罗马法庭的起诉涉及禁止事项。而有关受俸牧师推荐权的争议事项的司法管辖权属于皇室法庭。[76] 因此，主审该案的汉克福德法官需要处理两个相互冲突的法律规则。详言之，一方面 D 被禁止在罗马就受俸牧师推荐权一事向法庭起诉，而另一方面 P 也因被开除教籍而无能力就此类事项向法庭起诉。经过思考，汉克福德大法官最后决定开除教籍不应成为 P 不能就此类事项进行诉讼的理由。他认为就此项设定禁止诉讼的规定（disallow praemunire）意味着 D 在罗马起诉法律禁止的事项的错误行为是不会受到处罚的。而汉

---

[75] Holdsworth, I, p. 631; Bracton, *De Legibus*, f. 426b; see too M 8 Hen. VI, 3, 8; P 13 Ed. IV, 8, 3.

[76] 16 Ric. II, c. 5.

克福德的论证理由也很简单,"因此这类诉讼不受惩罚是违反法律和理性要求的。"[77](再者,法律的要求和理性的要求存在重合之处。)

上述观点在众人皆知的 1504 年审理的奥威尔诉莫托夫特(*Orwell v. Mortoft*)一案中表现得最为充分。[78]法官们从 1500 年左右开始受理不作为之诉。[79]当然,也有部分法官还是固执地沿用旧方式。在奥威尔诉莫托夫特一案中,大多数法官还是支持旧的观点,即 A 为了实现某目的向 B 支付了一定数额的金钱,但是此目的并没有实现,那么债务(而非判例)是最合适的法律关系表达。[80]然而,弗罗威克大法官(Frowiche CJCP)却认为依据理性,A 应当有权选择债务或欺诈。在另外一起案件中,因购买大麦,P 向 D 支付了一笔钱,为此 P 认为 D 有职责妥善保管好大麦并在议定的日子予以交付。随后,P 以 D 错误将大麦据为己用,没有履行交付职责为由诉至法庭。大多数法官认为这是债务关系(老的观点)。[81]不过弗罗威克还是认为应当赋予 P 一定选择权,即债务关系或欺诈行为,当然他也强调 D 的行为有错误之处。弗罗威克法官还承认对于 P 的损失,应当给予赔偿至令其满意。另外,弗罗威克也坚称依据理性要求,D 必须为其欺诈行为接受惩罚,"如果 D 在与我的交易中有欺诈行为,并造成我的损失,那

---

[77] H 14 Hen. IV, 14, 4;"不惩罚错误行为是违反法律和理性要求的";Brooke, *GA*, "Praemunire", 15; Fitzherbert, *GA*, "Excommunication", 21. 当然,我们也不能忽视此案件所涉及的司法管辖权的问题;也可参见 Holdsworth, II, p. 305, n. 3. and *CH*, p. 409.

[78] M 20 Hen. VII, 8, 18; Fifoot, *Sources*, p. 351.

[79] *HFCL*, p. 332; *IELH*, p. 279.

[80] *IELH*, p. 303.

[81] *HCLC*, pp. 57-58:当种类物依据重量或其他方式是可以言明时,那么债务关系就是可行的。

么对于此类欺诈行为进行惩罚是符合理性要求的。"[82]

还有一种观点是如果被告的行为是法律允许的，那么法庭对其进行惩罚将是违反理性的。简言之，对于任何合法行为进行惩罚或赔偿都是不符合理性要求的。[83]正如希尔在1401年贝里奥诉芬格汉姆（Beaulieu v. Finglam）一案中所言的"如果一个人没有做错事，那么对于他的任何责备都是不符合理性要求的。"[84]在中世纪快要结束的时候，即1504年，亚克斯利（Yaxley）也曾明确表示："如果一个人的行为合法，那么对他进行处罚将是不理性的。"[85]

拘传令（writ of capias）是指法庭命令治安官采取强制手段将被告带至法庭回答原告的提问。据传被告后，治安官有责任说明在执行拘传令的过程中他都做了哪些事情。这也被称为"执行令返回（return of the writ）"[86]。在1468年，依据治安官X的命

---

〔82〕 M 20 Hen. VII, 8, 18 at 9："因欺诈行为造成他人损失的话，那么对于此类欺诈行为进行惩罚是符合理性要求的。"（非常有趣的一点是，我们可以推测弗罗威克是否认为如果被告只是欠债行为的话，那么他将不会受到惩罚）这个观点可以得到支持：M 21 Hen. VII, 41, 66；但是《普通法中过于合同的历史》（HCLC）一书中第250页后来遵循了旧观点。

〔83〕 依据理性要求，如果一个人的行为没有错误，那么他不应受到任何处罚，参见 Case of the Marshalsea（1455），Fifoot, Sources, pp. 159, 168, 169 per Danby JCP；也可参见 H 22 Hen. VI, 38, 8 per Portington JCP, and P 16 Ed, IV, 2, 7 at 3; and Townsend's use of fault in T 17 Ed. IV, 3, 2（作为律师），and H 2 Hen. VII, 11, 9（作为民事诉讼法院的法官）。

〔84〕 P 2 Hen. IV, 18, 6："如果行为本身没有造成他人任何损失，那么对于他的惩罚都是不符合理性要求的。"［法福特（Fifoot）混淆了"规则"和"法律"之间的关系：Sources, p. 166.］也可参见 Baker and Milsom, Sources of English Legal History, p. 557 at 558.

〔85〕 M 20 Hen. VII, 4, 12［与波拉德（Pollard）一起］："对合法的行为进行处罚是不理性的。"这件案子涉及遗嘱执行者用自己的财物清偿了立遗嘱人的债务时，是否可以从遗产中再次获得报酬。这起案件因瓦瓦苏法官的评论而引起众人关注，"用自己的钱进行支付的行为是合法的，并且支出比他们收获的要多，所以他们再次获得报酬是符合理性要求的。"

〔86〕 G. Jacob, New Law Dictionary (fifth edn, printed by H. Lintot, 1744), "writ".

令，D 关押了 P。[87]然而，治安官在执行完关押令状后，并没有向法庭返还执行令。现在 P 向法庭起诉，认为 D 错误执行了执行令。[88]丹比法官认为 P 的诉讼有问题的。依据这种方式，D 不应被起诉，"既然执行人的行为是合法的，那么就不应因他上级的行为而被起诉，否则就违反了理性的要求。"[89]针对非常相似的案情，瑞德大法官（Rede CJCP）在 1504 年采取了这样一种裁判方式，"既然 D 依据法律忠实地执行了令状，且对于他上级做出的行为（或错误因为），执行人也并没有参与其中，那么就不应起诉执行人，否则就是不理性且对其存在司法偏见。"[90]瑞德大法官在 1506 年重复了这一观点："每一个下级都有职责忠实地执行上级的命令，只要他的行为合法，那么就没有任何理由去惩罚他，尽管他的上级的命令可能有错误，但是过后可以追究其上级的责任。"[91]

毋庸讳言，行为的合法性和是否参与错误行为都很重要。在这些案件中，我们会发现理性的两层含义。详言之，在谈论惩罚时，它暗含着什么是应得的。而在谈论合法性时，似乎又意指良

---

[87] M 8 Ed. IV, 17, 24.

[88] 参见 M 20 Hen. VI, 5, 15, T 20 Hen. VI, 33, 3 有种观点认为（马克汉姆法官就持这种观点）当法庭错误的颁发了拘捕 X 的令状，并且治安官又忠实地执行了这一命令，那么治安官是没有责任的，毕竟他是依据法律权威拘捕他人。在 T 18 Ed. IV, 9, 18, 利特尔顿法官如果治安官依照法院的令状执行的行为是不能被起诉的，但是如果没有返还令状，那么可以事后起诉治安官。

[89] M 8 Ed. IV, 17, 24 at 17："既然行为人的行为是合法的，那么就不应受到任何指控，否则就违反了理性的要求。"

[90] M 20 Hen. VII, 13, 23："虽然行为人没有听从上级命令，但却忠实地履行了法律的规定，符合理性的要求，不应受到任何惩罚。"有关类似的问题和理性的适用，参见 36 Hen. VI, 7, 4 at 8 per Prisot CJCP.

[91] P 21 Hen. VII, 22, 14 at 23："虽然每一个下级都应忠实地执行上级的命令，但应该遵守法律要求，如果上级的命令有错误，可以不予执行。"Brooke, *GA*, "False Imprisonment", 12.

158

好判断力。需要再次强调的是，这里又隐含着"不平衡"的概念，否则行为合法时，有些人会受到惩罚，即使当被告没有参与错误行为的决定过程，也会受到惩罚。而这些是理性所禁止的。[92]

赔偿责任和双重赔偿

在赔偿与错误行为之间还存在的另外一个明显的不平衡情形，即对于一个伤害或损失，被告被强迫赔偿两次。当然法院会诉诸理性禁止这种偶发情形的发生。在1400年，原告（租种土地的佃户）控告两被告的侵权行为，即砍伐树木。[93]但问题在于如果这片土地的所有者也就砍伐树木一事向法庭起诉，那么佃户还可以起诉吗？[94]法庭认为因为存在被告因同一侵权行为被惩罚两次的可能性，所以不应该允许佃户享有起诉权。然而，马克汉姆法官却不认同这一观点。当一个人侵犯仆人时，仆人可以起诉此行为，而仆人的主人也可以起诉，毕竟他存在失去服务的可能性（仆人对主人服务）。[95]简言之，一个人因同一侵权行为受到两次惩罚是合适的。[96]

而这一观点在1409年的一起案件中表现得更为充分，在该案中，如果丈夫 H 和妻子 W 共同起诉侵占行为，那么他们可以要求

---

[92] See also M 14 Hen. VII, 1, 4 per Rede JKB.

[93] M 2 Hen. IV, 12, 49: "法院肯定不会判决被告对原告的损失赔偿两次。"

[94] 关于侵权和砍伐树木的论述，参见 S. F. C. Milsom, "Trespass from Henry III to Edward III", 74 *LQR* (1958) pp. 195, 407, 561, at pp. 201-202. 如果这一偶发情况与先前的案例一样（M 2 Hen. IV, 11, 48）（但是我们并没有被告知）土地所有者是否就同一被告的侵权行为申请了排除妨碍令状。M 2 Hen. IV, 11, 48, 土地所有者控告被告的侵权案件并没有被法庭受理。但是作为土地所有者，他们可以申请排除妨碍的令状：Fifoot, *Sources*, p. 93.

[95] See G. H. Jones, "*Per quod servitium amisit*", 74 *LQR* (1958) p. 39; *IELH*, pp. 382, 383.

[96] M 19 Hen. VI, 44, 94 at 45, 福特斯丘也认为在此类案件中，侵权者因一个侵权行为受到两次处罚是合适的。

恢复共有的土地并获得赔偿。[97] 然而，如果拿走的财物属于 H，并非 W 所有，那么 H 可以单独索要这些财物。另外，如果 A 拿走 B 的财物并被重罪法庭发现，那么法庭经过辩论认为 A 是"全副武装"的抢夺者并且应被监禁，对此讨论结果汉克福德法官也表示赞同。但法庭也补充到，"如果事前的强占是依据法令进行的，且事后一方当事人又执行了法庭令状，退换了财物，那么再把当事人监禁将是不符合理性要求的。"

另外，理性也被适用来禁止令人烦恼的双重程序。在 1460 年，P 因（主要包括一个木箱和一个特许执照）涉及非法占有向法院起诉 D。[98] D 却言明 P 已经就此非法占有事项向法庭起诉，并且审判程序还在进行，但 P 又进行再次诉讼。因此，D 认为应当废除 P 的第二次令状申请。法庭表示同意。正如丹比法官所言，一旦 D 出庭并应诉法庭颁发的第一个令状，那么废止 P 的第二次令状申请就是符合理性要求的。在一些与此类似的案件中（包括发生在更早的 1423 年的一起案件中），法庭也适用理性概念排除了因同一事项颁发两次令状的荒唐结果。[99] 普瑞索特则进一步巩固了此类判决的合法性基础。详言之，依据两次令状，D 都会被传讯和监禁，并承担两次败诉的结果，"一个人因同一事项而需要面对两次重复的审判结果是不符合理性要求的。"概言之，普瑞索特认为，"损失再巨大，原告申请两个不同的令状并让被告进行双倍赔偿的诉求都是不符合理性要求的。"[100]

---

[97] M 11 Hen. Ⅳ, 16, 38; Brooke, GA, "Judgement", 20, "Joinders in Action", 98.

[98] M 39 Hen. Ⅵ, 27, 40; Brooke, GA, "Brief", 255; Fitzherbert, GA, "Brief", 142（关于其他的情况，参见 M 39 Hen. Ⅵ, 12, 16）。

[99] 前面注释 28，M 3 Hen. Ⅵ, 14, 17.

[100] M 39 Hen. Ⅵ, 27, 40 at 28.

第五章 司法决定和理性的权威

本章小结

可以肯定的是,在中世纪晚期,律师们的目光已经开始探寻实践中已经建立的规则。换言之,正如现代律师从先例和成文法的语境中寻求法的权威一样,中世纪晚期的律师们也开始从"书本上"寻找法律。另外,那一时期的律师们习惯于利用理性的权威作为普通案件裁判的权威依据。[101]然而,这一时期的理性概念较之当代无法律渊源情形下的理性概念,意涵要简单得多。而律师眼中的理性较之理论家眼中的理性,则少了许多道德色彩。对于律师而言,作为普通法基础的理性概念,其意涵就是良好判断力和正义。诉诸理性概念就是为了排除荒谬的和前后不一致的结果的出现,同时也是为了防止不公正结果的产生。作为一种良好的判断力,这一概念被广泛地运用于大量的案件审判活动中,例如禁止无意义的延迟、确保同案同判(即确保实践中的公平)等。当然不可否认的是,理性概念的适用有时是很成功的,有时又是失败的。

为了防止不公平结果的发生,理性概念被用来阻止一些不平衡情形的出现,如损失与恢复之间的不平衡、赔偿或惩罚与错误行为之间的不平衡。在这些场景中,理性的含义就非常接近理论家笔下正义的概念,即给予他人其应获得的财物(rendering to each his due)。当然,实践者并没有通过他们编撰的字典明确告诉我们,他

---

[101] 从一个更细微的角度观察,"理性"和"权威"是完全不同的,参见 J. H. Baker, *The Legal Profession and the Common Law*: *Historical Essays*(London,1986)p.467;中世纪的律师们更依赖"理性"而非"权威",即推理过程中天生具有的正确性而不是类似于脚注那样的只是字面的引人注目。但这些都表明律师们将法律思考地非常清楚明白,而并非是诉讼过程中偶然的和不具有连贯性的思考。在章节中,已经讲明"理性"就是"权威"。

们眼中的理性概念与理论家们笔下的正义概念有着相似的意涵，而是植根于比例性思想（proportinality），理性与正义在概念方面有了相似性。因此，似乎类似于神法、自然法或同意理论，律师们也将理性概念作为一个权威来源的抽象概念（较之"自然法"等概念，这一概念更世俗），它仅意味着良好的判断力和正义。法庭也依据这些含义来审判日常的案件。事实上，它有时也被用作他途，例如作为创设新的法律原则的合法性基础、保留现行规则的依据和废止地方习惯法的依据（可参见第三章）。简言之，对于普通法系的律师而言，最为重要的事情是他所适用的法律规则一定要符合理性的要求。

第 六 章

普通法中的良知

在今天法律史的研究中，最为常见的一种观点认为在中世纪晚期，总管大臣（chancellor）为良知提供了一种保护。换言之，大法官的职责，或他的主要司法工作，就是按照良知的要求为损失和错误行为提供救济。[1]普通律师并不关心良知。而良知也并不是普通法中权威的基础。在本章中，我们所持的观点是，除了大法官职责外，良知也扮演着非常重要的作用，毕竟它代表着一个意涵丰富的道德观念。还可以肯定的是，在大法官的司法管辖范围内，良知是其权威的基础。但是，与理性（或正义）、神法和自然法一样，良知也被广泛适用来作为普通法中的基本道德权威。另外，仔细分析中世纪晚期良知在大法官职责外的适用情况，即普通法院法官们的判例和议会的立法，我们不难发现良知概念作为一道德基础不断强化了那一时期的法律意涵。详言之，理性或许被普通法系的律师们理解为是关于"什么是正确"的一种技术观点。但良知却在神职人员和宗教程序的作

132

---

[1] Holdsworth, I, p. 451; *HFCL*, pp. 86, 89-91; *IELH*, pp. 88, 89; W. P. Baildon, *Select Cases in Chancery*: *1364-1471*, 10 Sel. Soc. (London, 1896) pp. xxix, xxx.

用下[2]被普通民众直接感受为一种道德力量。实际上，对于普通民众而言，当国家不断宣传法律的权威是公开建立在良知基础上的观点时，他们从心理层面遵守立法的主动性有显著增强。毕竟大家都明白如果侵犯了良知，也意味着会危及灵魂。

语义和理论背景：圣日耳曼*

尽管有着多种表达方式，但在没有法律文献的时代，良知就是一个单词。它最早来源于"*conscientia*"一词（*con*：代表"一起"，*scire*：代表"已经知道"），其含义就是不同方面的知识紧密地联系在一起。换言之，良知描述的是一种内心知识或是对是非的本能判断，即对某人行为做出的一种道德感觉（正确还是错误），而这也是一门可以与上帝共同分享的知识。[3]正如福蒂斯丘在1452年所解释的那样，良知一词是由 *con* 和 *scire* 组成的，所以它的含义是"与上帝一起知道"；而智慧（wit）的意涵则是一个理性的人可以知道上帝的意志。[4]

---

[2] G. R. Owest, *Literature and Pulpit in Medieval England* (Oxford, 1961) pp. 185, 238, 459, 522, 571, 574, 593（关于传教过程中的良知), and pp. 237-238, 373-374（关于祷告活动）；关于17世纪早期的论述，参见 E. G. Moore and T. Briden, *Introduction to English Canon Law* (2nd edition, Oxford, 1985) p. 100（关于祷告活动）。也可参见 J. Martos, *Doors to the Sacred: A Historical Introduction to Sacraments in the Christian Church* (London, 1981) pp. 328-345.

* 这里的圣日耳曼是一个非常有名的宗教学者，而非国家。——译者注

[3] *MED*, "conscience", 2: "悔恨感也许来源于对邪恶人生的反思，当然这种道德悔除了上帝与本人外，他人是无法感知的", *Canterbury Tales*, "The physicians's tale" (*c.*1390), *The Works of Geoffrey Chaucer*, edited by F. N. Robinson (2nd edition, Oxford, 1957) p. 145 at p. 147, line 280.

[4] Statham, *Abridgement* (printed at Rouen *c.*1490 and attributed to Nicholas Statham, d. 1472), edited by M. C. Klingelsmith (1915), 51b, "Conscience"; the citation given, though this does not appear in the YB, is M 31 Hen. VI.

第六章 普通法中的良知

在中世纪法学理论中，良知为大家提供了一个涉及个人道德生活的中心议题。[5]理论家们将良知分为两部分，道德伦理的先天理念（synderesis）和良心（conscientia）。[6]依据1236年时任总管大臣菲利普（Philip the Chancellor）的观点，先天理念会通过辨别是非曲直影响人的自由选择。[7]但对阿奎那而言，所谓道德伦理的先天理念是人类具有理解自然法对其行为进行基本规范的自然禀性。[8]而个人一旦将道德伦理的先天理念，即关于自然法基本原则的知识，适用于具体实践之中，阿奎那就将这一行为称之为良心。换言之，良知就是运用根据道德伦理的先天理念所获得的自然法知识去判断个人行为的正误的禀性。[9]另外，阿奎那还对"事后的良心（consequent conscience）"和"事前的良心（antecedent conscience）"这两个概念进行了区分，前者是指对已经做出的行为如何进行矫正，而后者则是指对于即将做出的行为如何进行道德评价。[10]在那一时期，当个人做出有违良知的行为，人们就会认定他是对上帝法律的冒犯。[11]阿奎那还说，正如人民受缚于统治者的命令一样，良知也约束着个人行为，若有违反，将会受到神的惩罚。[12]

---

[5] T. C. Potts, *Conscience in Medieval Philosophy* (Cambridge, 1980) p. 1; M. G. Baylor, *Conscience in Late Scholasticism and the Young Luther* (Leiden, 1977) pp. 27f.

[6] Potts, *Conscience in Medieval Philosophy*, p. 2; T. C. Potts, "Conscience", *The Cambridge History of Later medieval Philosophy*, edited by N. Kretzmann, A. Kenny and J. Pinborg (Cambridge, 1982) p. 687.

[7] Potts, *Conscience in Medieval Philosophy*, pp. 101–102.

[8] *Summa*, 1a, 79, 12; 1a, 2ae, 94, 1.

[9] *Summa*, 1a, 79, 13.

[10] Baylor, *Conscience in Late Scholasticism*, p. 42.

[11] Potts, *Conscience in Medieval Philosophy*, p. 56.

[12] *Summa*, 1a, 2ae, 19, 5; Potts, *Conscience in Medieval Philosophy*, p. 134, and *Cambridge History of Later Medieval Philosophy*, pp. 700, 703.

皮卡克或福蒂斯丘都没有站在比较的角度谈论过良知概念。尽管也不能否认，皮卡克曾经将"具有良知的法"等同于"具有理性的法"，但他也言明这只是为了与神法保持一致，并且他适用良知概念也只是为了处理没有成文法依据的案件。[13]在皮卡克的著作中，具有良知的法律、上帝法律和理性之间的关系与加布里埃尔·比尔（Gabriel Biel）*的观点极为相似，他认为良知就是神法的信使，"事实上，良知如同法律的命令，告知人类一些行为应当做，一些行为不应当做。"[14]

另外，圣日耳曼专门出版了一个对话录（一个神学博士与一个研习普通法的学生之间的对话）讨论法究竟是什么，这本对话录的关注点主要集中在良知与普通法之间的关系。[15]至于如何看待良知这一概念，圣日耳曼的观点还是沿用了传统的中世纪观点，即良知是由道德伦理的先天理念和良心两部分构成的。[16]对于他而言，良知并非是理解是非的客观标准，而是上帝的启示和理性"它是将一般规则适用于具体行为的一门艺术，或应用性知识。"[17]

---

〔13〕 *Reule*, pp. 227, 229, 307（p. 166, 上帝是允许一个人在良知指引下行为的）；也可参见 *Folower*, pp. 141, 143.

＊ 加布里埃尔·比尔是德国中世纪著名的哲学家。——译者注

〔14〕 Baylor, *Conscience in Late Scholasticism*, pp. 92, 99, 104, 110（一个德国的神学家）；关于戴利的观点，参见 Oakley, p. 188.

〔15〕 *IELH*, p. 164; *HFCL*, p. 89; J. A. Guy, *The Public Career of Sir Thomas More*（Brighton, 1980）pp. 43, 44; and J. A. Guy, *Christopher Saint German on Chancery and Statute*, 6 Sel. Soc. Supplementary Series（London, 1985）pp. 19f. 在这个对话录中，对于各类理论有着精彩且充分的描述，参见 J. H. Baker, *Doctor and Student: Christopher Saint Germain*, The Legal Classics Library（Birmingbam, Ala, 1988）pp. 3-5. 贝克教授认同这部对话具有划时代的意义，即正式开启法律的终极权威与英格兰相对具有封闭性的法律体系之间的讨论。圣日耳曼的主流观点都不赞同公平和良知在法律之外的观点……关于神法在教会法中的地位，英格兰法律有着相同的论述：ibid., p. 20.

〔16〕 *Dialogue*, pp. 81, 83, 87-95.

〔17〕 Ibid., pp. xxvi, 81.

第六章　普通法中的良知

可以这么讲，整个普通法体系最基本的构建原则就是"良知"。同时在整个普通法体系中，地方习惯法规则与道德被很好地融合在了一起。托马斯·摩尔（Thomas More）就曾论述："王国的法律处理个案的过程中应充分体现良知的要求。"（换言之，良知一定要为法律所体现。）[18] 例如，在普通法中依据良知的要求，如果佃户与 S 签订终生土地租约，那么哪怕 S 去世，他的继承人也必须继续执行租约，但若是佃户先于 S 去世，则土地必须归还 S（在此情形下，原合同中关于其继承人继续执行租约的条款在法律上是无效的）。[19] 圣日耳曼对此的解释是，"实际上，英格兰的整个法律体系都是由这样类似的案例组成。"因此，英格兰王国的律师们也认为实践中处理一切争端的法律不能与上帝的法律和理性的法律相违背，换言之，约束世间一切事物的法律都是根据良知做出的。[20] 当然，圣日耳曼也承认良知与人定法之间可能也存在不和谐的地方，[21] 但从更为广泛的角度看，普通法与良知之间的共同之处还是很多的。

---

[18] Ibid., p. 133 and pp. 163, 207; *IELH*, pp. 93, 94; and Guy, *The Public Career of Sir Thomas More*, p. 44.

[19] *Dialogue*, p. 129. And Simpson, *History of the Land Law*, pp. 95f.

[20] *Dialogue*, p. 129; see also pp. xxvii, 120-121 因为一些形式上的瑕疵，原来计划的合同并没有得以实现；换言之，依据理性原则，承租人的权利不能超越人定法的规定；一些这方面的论述可参见第 139、207 页。阿奎那曾说过不公正的法律是与"良知"相违背的：*Summa*, 1a, 2ae, 96, 4.

[21] 例如参见 *Dialogue*, pp. 290-292. In *A Little Treatise Concerning Writs of Subpoena*, 在这本对话录中（4 Hen. IV. c. 22 or c. 23），神学博士分析了议会的法令是否会违背良知，不过在国王的法庭上，大法官是不能质疑议会法令的。（这些法律也是判决的依据。）学生则认为议会制定的法律的目的是在程序上保障一定的确定性，从而确保平等价值的实现。参见 Guy, *Christopher Saint Germain on Chancery and Statute*, p. 117; 也可参见 Baker, *Doctor and Student*; *Christopher Saint Germain*, p. 17（正如贝克教授所言，圣日耳曼并没有正确地引用法律，因为他的表述中并没有谈及大法官，而只是论及王室法庭；ibid., p. 17, n. 58）。

但值得强调的是，探讨良知对圣日耳曼的理论影响的工作主要是由阿奎那、吉尔森和戴利完成的。[22]但同时圣日耳曼在普通法背景下对良知的论述和对良知概念适用于具体普通法规则过程的认知则或许是深受教会法学者的观点和研究方法的影响，尤其是教士们关于辩术的著作和供忏悔使用的手册。[23]然而，研习英国普通法的学者应具备神学和教会法知识背景的特征并没有被突显，但是福蒂斯丘和皮卡克却很好地做到了这一点，而这也是中世纪法理学家主要的研究方式。当然，我们还应记住圣日耳曼的功绩，因为他的著作都是写给普通民众看的，并且大部分著作是涉及宗教法庭在精神领域方面的管辖范围和大法官的管辖范围。[24]作为正当性证明的一个简易方式，道德视点是明显的且具有普遍性。但与此同时，圣日耳曼却适用良知概念（与神法和理性一起）强调法律整体的道德基础，福蒂斯丘与皮卡克也支持这一观点。

也许更为重要的是，圣日耳曼的良知概念更适合充任法律的基础并且对实践也更具有影响力。在圣日耳曼的著作中，良知与普通法二者在普通法实践层面的联系表现得尤为突出。换言之，

---

〔22〕 R. J. Schoeck, "Strategies of rhetoric in St. German's *Doctor and Student*", *The Political Context of law*, Proceedings of the Seventh British Legal History Conference (London, 1987) p. 77 at p. 9. 圣日耳曼在某些方面的论述与教会的主流学说没有保持一致是否主要依据吉尔森的理论是存在争议的，"Gerson's concept of equity and Christopher St. German", 3 *History of Political Thought* (1982) pp. 1–30.

〔23〕 *Dialogue*, pp. xxviii, xxx, xxxvii, xxxix; *HCLC*, pp. 377–381, 在15世纪关于神父如何进行忏悔宗教仪式的讨论，the *Summa Rosella* of Baptista Trovomare (or Trovamala), and the *Summa Angelia* of Angelus Carletus.

〔24〕 关于这些著作在王室宣传中的地位，参见 *Dialogue*, pp. xiif., and D. S. Berkowitz, *Humanist Scholarship and Public Order* (Washington, 1984) pp. 19f. 与摩尔展开的争论，参见 J. W. Allen, *A History of Political Thought in the Sixteenth Century* (3rd edition, London, 1951) p. 165. 关于与此相反的观点，即一个研习普通法的作者具备神学和教会法的知识背景的特征是非常明显的，参见 R. J. Schoeck, "Strategies of rhetoric in St. German's *Doctor and Student*", p. 77 at p. 79.

实务界，即立法者和法官，不断地适用良知作为他们决定的合法性基础。另外，福蒂斯丘在论证方式方面与圣日耳曼也存在相似之处。正如我们在第一章中看到那样，福蒂斯丘将当时英国的法律制定体系依据平民主义理论（populist theory）建立在公众同意基础之上，简言之，他用平民主义理论清晰地阐释了"同意"在实践中的作用。而圣日耳曼也是这一思路。在阿奎那、吉尔森和戴利等学者的影响下，他认为整个普通法体系是建立在良知基础之上，即实践者依据良知做出行为判断。换言之，良知就是法律决定的道德基础。当然，将良知适用于实践之中似乎表明圣日耳曼在实践层面具有一定的经验（尽管他是否是一位伟大的司法实践者是让人怀疑的），[25]而这也是我们目前需要学习的地方。

良知和实体法

为了更好地解释良知是如何适用于实践之中，我们应当依据法律程序区分不同的决定类型。大体上讲，这里可划为两个层面。良知通常被运用于实践层面，且与同意理论或实体法融为一体。但同时，良知也被适用于正式层面，即一种关于管理的法律，规范所有参与法律程序的自然人的行为（包括法官、陪审员和案件当事人的行为决定）。我们应当先详细研究立法过程和年鉴中所记载的那些情形，即实践者依据良知概念做出评价。

立法决定

实体法与抽象的权利概念通常是通过理性联系在一起。普通

---

[25] 在贝克教授的书中，我们会找到一小段关于圣日耳曼是否具有实践经验的讨论，*Doctor and Student: Christopher Saint Germain*, pp. 6-9. 尽管有学者暗示并没有过硬证据证明圣日耳曼具有法律实践的经历，但他的确是接受过作为"实务律师"的职业培训：Ibid., pp. 3, 6.

法也就是建立在理性基础之上的。然而，理性概念却很少被单独用来充任立法的正当性基础。相反，尤其是在我们时代的后半期（当然，这也是大法官不断依凭良知强调自己管辖权的时代），议会更经常适用一些混合概念，如理性与良知、权利和良知等，来为自己的行为提供合法性基础。

  1455 年颁布的法令描述了法官们是如何私设小金库接受执行官吏和其他诉讼当事人的馈赠，而这些资金数额都已经超出了正常的诉讼费用，"违反了理性和良知"。因此，这部法令规定了收取额外费用的具体数额，一旦超过将会受到惩罚。[26] 在 1489 年，制帽匠们以非常高的价格售卖他们的产品。* 成本只有 16 便士的有边和帽顶的帽子被卖到了 3 先令或 40 便士。而同样成本价生产的没边帽子被卖到了 4 先令或 5 先令。因为那些制帽匠知道，"每一个人都需要帽子，所以他们都选择以过高的价格出售帽子，但如此行为却伤害了国王臣民的利益，同时也违反了理性和良知的要求"。所以法令限定了价格，有边的帽子不能超过 20 便士，没边的帽子不能超过 2 先令 8 便士，一旦违反则将受到惩处。[27] 类似的，在 1495 年实施的法令规定，在叛乱期间坚决服从于国王的人将不会被认定为犯有"叛国罪"。同时该法案也规定对于那些负有忠于国王义务的人，若出现失职情形将被认定为犯有"叛国罪"。但此项规定明显存在不合理之处，并且有违所有法律、理性

---

  [26] 33 Hen. VI, c.3（违反良知与理性）。大部分法令是在 1452 年后生效的：在我们这一时代之前，的确有必要对"一致性"进行深层次的研究；例如参见 20 Ed. III, c.1（1346）依据良知修改立法并重新塑造我们的良知观。

  * 尽管"hat"与"cap"都指帽子，但是两者是有区别的。而"hat"通常是有边和帽顶的，"cap"是没有边的，像游泳用的游泳帽。——译者注

  [27] 4 Hen. VII, c.9; see also Holdsworth, IV, p.377.

和良知。[28]更有趣的是，该法令还规定一切与之相反的法律都是无效的，而这明显是对议会今后立法活动的限制。

在此之后的法令都必须遵守权利、理性和良知的要求。在1452年，议会立法禁止人们强迫妇女做有违其意志的事情（如婚姻），尤其禁止采取武力的方式予以强迫。立法机关一再强调这些由贪婪欲望驱使的罪恶行为是违反权利、人性、正直和良知要求的，以这种方式达成的所有协议都是无效的。[29]议会也在此明确表明自己的态度，即反对一切有违良知的行为。从1439年的立法活动开始，大家都认为是行为的后果（而非行为本身）违反良知的要求。而这可以解释为何个人在获得国王所颁发的特许证之前可凭具有时间限制的专利证书享有一应权利的行为。毕竟这一行为的作用是阻止其他人的恶意先占，"这是违反权利、良知和理性要求的"。如此一来，送往大法官那里的保证书（依据此证明，官方将会授予正式的许可证）将会载明具体的寄送日期，并且随后所颁发的专利许可证也会注明日期（即授权的具体时间，而非寄送日期）。[30]需要言明的是，这里的立法规定主要是防止虚假的事前授权行为。即过早剥夺先前被授权人权利的行为结果是有违权利、良知和理性要求的。

最后，在1483年，议会为了提升陪审员的素质，制定专门法规规范那些被登记在册的陪审员。出现大陪审团不当指控或者对于那些应当被指控而没有指控的这些情形，都是有违良知要求的。因此，官员们可以只选任那些具有一定财产（大致有相当于20先令以上价值的土地）且具有良好声誉的人充任陪审员。官员如果

---

[28]　11 Hen. VII, c. 1.
[29]　31 Hen. VI, c. 9.
[30]　18 Hen. VI, c. 1.

推荐不符合条件的人充任陪审员都会受到严惩,而那些由不能胜任的陪审员做出的决定都是无效的。[31]当然,这里并不是指陪审员的行为违反了良知要求,而是指行为的结果(即人民被错误的指控或应当被指控而没有被指控)。而立法者通过直接对官员的行为进行规范从而间接地解决了这一问题。

在这些情形下,良知的道德功能的表达方式与理性、权利一样,并且对其适用也已作为立法决定过程中不可分割的一部分。换言之,它已经开始明显地影响立法实体规则的制定。每一部法律或法令都规定依据事实 X,则结果 Y 一定会发生。如果 A 的确做了事情 B,那么 A 必将受到惩罚。这一立法安排代表了一个实体性规则。其一般特征可归纳如下:首先,我们必须满足道德规则的要求,即理性、权利和良知禁止的行为(例如收取过高的费用,强迫妇女签订违背其意志的协议)或某类特定行为的后果(如剥夺已被授权人所享有的权利)。其次,我们必须不违反法律的具体规则,而这些规则也是在不断重复着道德的禁令。很显然,法律规则和道德规则具有一致性。随着法令的颁发,其对于公民的心理影响作用是很清楚的。同时立法行为也公开地表明了其正当性基础。

司法决定

在普通法院的法庭上,良知最为准确的角色定位应当体现为两方面:一方面法官们依据良知为他们的裁决提供理由和合法性基础;另一方面我们也认识到良知与合法性概念之间的紧密联系。与理性一样,良知也是论证正当性的一种最基本的方式。大体上

---

[31] 1 Ric. III, c. 4; 也可参见 Holdsworth, I, p. 80; 关于另外一些良知适用的情形,参见 39 Hen. VI, c. 1; 4 Hen. VII, c. 8; 7 Hen. VII, c. 15; 7 Hen. VII, c. 20; 11 Hen. VII, c. 34; 12 Hen. VII, c. 6.

讲，案件可以划分为四类。

第一类案件，法庭依据事实（法律和良知都需要的结果）决定行为的合法性。一般而言，遗嘱执行人会替立遗嘱的人清偿债务，否则立遗嘱人的灵魂就不得安宁。[32]为此，执行人应当变卖立遗嘱人的财产，从而获得资金为他还债。[33]在1481年，乔克法官认为如果没有人愿意按照相应的价格购买立遗嘱人的财产，那么执行人有义务购买它，"这一立场才符合良知的要求，符合法律的要求。"当然，这里也不存在利益的冲突，换言之，执行人的行为是合法的，也是符合良知的。[34]

教会法关于禁止单个联合体永久存在的规定被认为是对丈夫和妻子良知的侵犯，因为依据理性，他们愿意长久延续婚姻的有效性。[35]在1505年，一个妻子想要离婚，案件中的被告帮助她逃到威斯特敏斯特大教堂（Westminster Abbey）并实现了离婚目的。她丈夫向法庭起诉被告犯有侵权罪。而在此案审理过程中，法院感到最为棘手的问题就是被告的行为是否具有合法性。后来法庭认为他们的行为是合法的。费纽克斯法官就此解释到因为被告的行为是为了帮助妇人离婚以便让她从违反良知的婚姻中解脱出来，"依据良知做出了离婚决定"，因此，这类行为是合法的。[36]

---

[32] *HCLC*, p. 559; *Dialogue*, pp. 197, 200：依据神法的规定，遗嘱执行人应当做让立遗嘱人灵魂得以安宁的事情。

[33] Holdsworth, III, p. 586.

[34] H 21 Ed, IV, 21, 2 at 22；关于类似的问题，参见 T 9 Ed. IV, 12, 4 and M 20 Hen. VII, 4, 14. 关于良知与法律之间的关系也可以在这里看到，P 34 Hen. VI, 38, 9 at 39 per Danvers JCP; P 22 Ed. IV, 6, 18 per Hussey CJKB.

[35] R. H. Helmholz, *Marriage Litigation in Medieval England* (Cambridge, 1974) p. 63；参见 ibid., 63, n.131，在1455年，一妇女因误认为她丈夫已经死了，后嫁给他人，但依据良知要求，她可以离开现任丈夫，回到前任丈夫的身边。

[36] M 20 Hen. VII, 2, 4; Brooke, *GA*, "Trespass", 440 (the case is cited in H 21 Hen. VII, 13, 17, 但在此书中并没有适用良知概念）。

第二类案件，法官们单独适用良知概念做出最后判决。例如，最初普通法并不承认涉及私有土地转让的遗嘱的有效性。[37]因此，私有土地所有人在临终前会将土地转让给自己信任的第三方，然后让他在自己去世后按照提前准备好的遗嘱处理土地的所有权。[38]不过目前对于此类处理土地的方式是否合法并没有定论，但是馈赠动产的遗嘱是无效的。[39]在1452年，当A准备通过他的佃户将土地转让给他的女儿B，而B拒绝按照其父意愿行事时，伊林沃思在财政署内室法庭（Exchequer Chamber）表达了自己观点，"女儿B如果占有这块土地将是违反良知的，也是不理性的，因此A必须改变他的决定。"福蒂斯丘大法官也赞同此观点，即依据良知，B占有这块土地是不对的，A应当废止之前的计划。福蒂斯丘还评论道："在这起案件中，我们不仅争论的是法律问题，还涉及是否符合良知的要求。"实践上，法庭在审理过程中并没有依据任何的普通法规则，两位法官也只是依据良知的要求，坚持要求A改变其意愿。[40]

类似的另外一起案件发生在1465年。因债务问题，P向法庭申请令状要求执行对于A、B、C、D的判决。[41]A和B受到传唤后并没有出庭，只有C和D出庭应诉。随后，P向法庭起诉债务

---

[37] *HFCL*, pp. 118, 207; Holdworth, IV, pp. 422, 438.

[38] Simpson, *History of the Land Law*, pp. 62, 135, 136, 138, 139.

[39] Holdsworth, III, p. 540.

[40] Statham, *Abridgement*, 51b: "Conscience"；这个引用的案例并没有出现在年鉴中，M 31 Hen. VI；也可参见Fitzherbert, *GA*, "Sub Poena", 23, and *HCLC*, pp. 337-339. 在罗马法中规定如果忘恩负义，可以废除赠送的礼物。参见*Inst.*, Bk II, Tit. VII, 2. 或者，这件案子也意味着立遗嘱人可改变其意愿，毕竟依据良知判断，受益人并不享有利益。参见P 8 Ed. IV, 1, 1 at 2 per markham, 强迫某人做某事是违反理性和良知要求的。

[41] M 4 Ed, IV, 38, 22, T 5 Ed. IV, 4, 9; Brooke, *GA*, "Executions", 96；参见*Dialogue*, p. 139，这是一个相似的难题。

人 A 要求对其下发传票（*capias ad satisfaciendum*）*，并想让法院关押 A。但是 A 就 P 的诉求向法院提出质疑，并表示除非 P 放弃要求其他人执行判决的请求或 C 和 D 同意执行判决，否则他会一直向法庭申诉要求暂缓执行相关判决。法官们依据良知，暂停了相关执行程序。详言之，如果是做出对 A 不利的判决，而执行过程中又会涉及他人的话，那么或许会有进一步的诉求在这同一起债务案件中被提出（如将债务人关押）。[42]甚言之，一般人都反对在被告缺席的情形下对其进行审判，当法庭可能会对出庭应诉的被告做出不利判决的时候，就不应同时对缺席的被告做出不利判决。[43]最终，法庭依据良知同意了 A 的诉求，即颁发了暂缓执行令，毕竟不在场的审判是要受到谴责的。

第三类案件，法官们发现良知与普通法具体规则之间会存在一定的紧张关系。[44]这其中较为突出的例子是发生在 1442 年的多伊杰案（*Doige*），案情已为众人所知。[45] P 同意向 D 购买土地并且支付了相应的价钱，但是 D 却将土地转让给了 C，从而欺骗了 P。随后，P 以被欺骗为由起诉，不过 D 却认为 P 的指控不成立并认为 P 应当就协议本身提出诉讼。但法院最后的判决是支持了 P 的观点。法院认为既然土地已经被转让，协议没有得到实施，那

---

* *capias ad satisfaciendum* 是中世纪拉丁语的表达形式，它是法院下达的一种拘传票，即拘禁某人，并让其满足原告的诉求。——译者注

[42] M 4 Ed. IV, 38, 22 at 39 per Danby JCP; see also *HCLC*, pp. 588, 590 and *Holdsworth*, VIII, p. 231.

[43] P&M, II, p. 590; *CH*, pp. 385, 386.

[44] 这一难题非常类似于地方习惯法违反理性规定时的情形（参见前面第 3 章）。当法官们将良知作为法律的上位法时（这种情形非常少，如下注 50），当然，在此不断发展的实证主义观点遭遇挫折，道德至上观点则非常流行。

[45] T 20 Hen. VI, 34, 4; Fitfoot, *Sources*, p. 334; *HFCL*, pp. 328–332; *HCLC*, pp. 255–259.

么 P 不可能就协议本身提起诉讼。概言之，D 的确没有履行协议，行为定性为欺诈是合适的。对于福蒂斯丘大法官和牛顿大法官而言，依据良知判断，P 应当获得这块土地的所有权。当时，依据法律规定，因为这块土地现在已经不属于 D 所有，所以它不能被转让给 P。[46]正如牛顿大法官所言，"尽管这些土地依据法律规定不能转让给原告，但若根据良知和权利判断，原告是应当占有这些土地的。"[47]不难发现，在此依据良知和法律，案件的审判结果是不一样的。详言之，依据良知判断，P 应当获得土地的所有权，但依据法律则不是。最后法官的判决并非是在这相互对立的两种观点中选择一种，而是承认它们之间是可以相互妥协的，即对于欺骗行为另案处理，而这种处理方式在伦敦地区已被广泛接受。[48]

而另一方面，我们也能发现从 1506 年审理的一起案件开始，法官更倾向于适用良知概念，而非法律的具体要求。例如依据 1445 年制定的法律，狱警不能从在押犯人那里收取任何费用，除非法律另有规定。[49]因此 P 起诉狱警 D 违反法律规定向犯人多收取费用。但是 D 回应道，根据他们郡的习惯做法，他有权向犯人多收取一些"关押费"。法庭为此面临的棘手问题就是如何处理地方习惯法与议会法令之间的冲突。在这件案子中，法院判定地

---

[46] *HFCL*, p. 330. 因此，福蒂斯丘大法官曾说过："依据良知判断，原告被侵犯的权益应当得到保护。"关于依据良知判定土地归属的其他情形，例如参见 T 12 Hen. VII, 19, 1 at 20 per Mordant; H 21 Hen. VII, 18, 30 at 19 per Tremaile.

[47] T 20 Hen. VI, 34, 4 at 34："依据良知和法律，案件的审判结果可能是不一样的，良知更为重要。"事实上多伊杰案的审判是依据良知原则进行的 [94 Sel. Soc. (London, 1977) pp. 267, 293, 294]；但最终的审判结果是在良知和法律之间寻求了妥协。

[48] *HFCL*, p. 329.

[49] 23 Hen. VI, c. 9：狱警只能收取 20 便士，还可收取 4 便士的手续费等。关于规范狱警行为的其他法规介绍，参见 Holdsworth, II, p. 448.

方习惯法是符合理性和良知要求的，收取过多的费用也是允许的。换言之，这些费用用来偿付狱警的工作付出是适当地，"依据理性和良知做出判断，这笔费用是狱警应该得到的"。[50]而这件案子最不寻常之处在于法官们依据理性和良知做出了有利于习惯法的判决（对于法律的严格规定进行了宽松解释）。

第四类案件，法官们相较于依据良知判断，优先适用法律规定。例如，在1489年A的遗嘱执行人B会因债务问题起诉C，在此之前A曾放高利贷给C，[51]C也承认这一债务关系。然而，C却辩称他是A的债务执行人而非B，并且D从A处借了100英镑，D会为这笔债务支付40%的利息。C还解释说，作为A的债务执行人，他已经代表A返还了一笔资金给D，以减轻A因高利贷在良心上所产生的愧疚。换言之，C认为他以清偿完债务的理由就把他欠A的钱返还给了D，从而使得A与D之间的高利贷关系不复存在，此举也使得A摆脱良心的谴责。但另一方面，B却坚持认为依据法律规定，债务关系仍然存在，除非有书面证据能够证明C已经将钱还给了A。实际上，法律明确规定在债务关系中，债务人必须出示书面证据以表明他已经履行了偿付义务。另外，法律也视A与C之间的借款协议是债务关系成立不可辩驳的证据。[52]C的反对理由并不成立并且法庭也不予以支持。该案的关键并不是C的行为能否维护A的良知，最初的协议本身就代表着

---

[50] H 21 Hen. VII, 16, 28 at 17: "法院可根据理性和良知的要求判定地方习惯法是否合法。"法官们也说他们如此判决也是符合议会的立法本意。

[51] T 4 Hen. VII, 13, 12; Brooke, *GA*, "Debt", 139. 当然，高利贷这种行为是受到普遍的谴责：*HCLC*, pp. 510f.; Aquinas, *Summa*, 2a, 2ae, 78, 1-4.

[52] *HCLC*, pp. 99-101; *IELH*, pp. 87, 88, 270, 271. 也可参见 P 11 Hen. VI, 27, 7; P 22 Hen. VI, 52, 24; T 5 Ed. IV, 4, 10. 这件案子有意思的地方就在于涉及对法律如何解释的问题。

一个债务关系。

在整个 15 世纪，似乎有大量证据证明议会立法过程中和普通法中（主要是由法官制定）都广泛地适用良知概念。简言之，良知概念对于立法和司法决定的正当性论证都起着非常重要的作用。但同时它也是制定实体性规则的基础，毕竟根据良知的要求，在立法过程或法官的法律中，行为被判定允许或禁止（以法律的形式）。例如生产有边帽子的商人以过高的价格售卖其产品，这类行为因为违反良知的要求就应当被禁止。再如，个人基于妇人的请求，帮助她们摆脱婚姻的束缚，那么个人的这类行为应当被宽恕，毕竟它是因妇人的良知而起。与理性类似，实务界大体上也希望法律与良知之间最好能保持一致。另外，还值得强调的是这情形并非只是发生在大法官法庭上，相似的观点已经在很多领域流行开来。[53]

良知与法律的管理功能

在发挥法律的管理职能的背景下，普通律师也都会在正式层面适用良知概念。换言之，良知概念规范着一切参与法律程序的人的行为，比如法官、陪审员和诉讼参与人在依据法律程序各自做出决定时，他们的行为必须符合良知的要求。所有行为都必须依据良知做出。在此，道德原则又一次浮现出来了。

---

〔53〕 在大法官法庭上，类似的决定形式可以被找到。关于满足法律和良知不同要求的司法决定，参见 M 18 Ed. IV, 11, 4; 只是满足良知要求的案例，参见 T 11 Ed. IV, 8, 13, and H 4 Hen. VII, 4, 8; 关于以法律形式表述良知的介绍，参见 T 9 Ed. IV, 14, 9; M 9 Ed. IV, 41, 26; T 14 Ed. IV, 6, 8; 关于拒绝良知的论点，P 4 Ed. IV, 8, 9, and P 21 Ed. IV, 24, 10. 也可参见 L. O. Pike, "Common law and conscience in the ancient court of chancery", volume II, *Select Essays in Anglo-American Legal History* (Boston, 1908) p. 722. Also, Port, *Notebook*, pp. 13, 14.

司法的良知

在 1544 年发生的曼内案（*Manley's Case*）中，桑德尔斯律师（Serjeant Saunders）认为法官的职责就是依据它的良知施行正义。[54] 一些更早时期的学者们也持相似观点。吉拉尔杜斯（Giraldus Cambrensis）和威克里夫也都认为法官应当依据良知判断是非。[55] 事实上，大法官们也主要依据良知判决哪些诉求是不应支持的。同时对于教会法学者而言，司法良知也是至关重要的。[56] 虽然依据普通法的规定，法官的判决主要是根据被证明的事实而非他自己所具有的知识，[57] 但是有些问题的处理必须依靠法官们的良知，例如损害的评估问题。

例如在 1405 年，P 起诉 D 与其他人阴谋指控他犯有侵权罪的行为。[58] 但被告们却缺席审判，同时陪审团认定损失的价值应为 40 英镑。现在，P 要求法官进行判决。加斯科因法官认为损失的评估价值太高，如果 P 不降低部分被告的赔偿金额，法官们也会在良知的引导下，免除被告们部分赔偿义务，"与增加赔偿金额一

---

[54] 94 Sel. Soc. (London, 1977) p. 41, n. 5 (36 Hen. VIII, Gell, f. 36).

[55] M. Radin, "The conscience of the court", 48 *LQR* (1932) p. 506 at pp. 511, 517：这个讨论主要的关注点在于稍晚时期的罗马学者们和教会法学者们如何处理法官认为是错误的证据。

[56] T 9 Ed. IV, 14, 9；关于教会法学者如何适用良知概念的介绍，参见 R. H. Helmbolz, *Canon Law and the Law of England* (London, 1987) pp. 54, 109 – 110, 287, 337. 例如，依据教会法的规定，如果在听证会中一个人不能展现他是基于良知而提出的诉求，那么法官就不应该支持他的请求：Ibid., p. 54, n. 56 (Hostiensis, *Summa Aurea*, I tit. *de Postulando* no. 5)

[57] Holdsworth, IX, p. 136 and H 7 Ed. 11I, 4, 7. 但是关于司法通知的介绍，参见 Thayer, *Evidence at the Common Law*, pp. 277f.；也可参见 P 7 Hen. IV, 41, 5 per Gascoigne CJCP.

[58] M 7 Hen. IV, 31, 15；Brooke, *GA*, "Abridgement", 23, "Damages", 44.

样，法官们也有权依据良知的要求降低赔偿金额。"[59]随后，P免除了被告20英镑的赔偿金并且法院也判决被告偿付剩余的赔偿金，"否则，法院会依据良知的要求判决强行降低被告的赔偿金额"。

一般而言，强迫性的侵权行为会被认为是对原告做出的错误行为同时也是对国王的冒犯。而拘传令（capias）将是对被告行为的最好回应，如果发现被告有罪，那么法庭可以再次颁发拘传令并关押被告至他满足原告的诉求同时缴纳完国王的罚金为止。[60]在1464年，因D对P进行了强迫性的侵权行为，P向法庭起诉并获得成功。但是在D具体赔付P和国王之前，国王却下令终止赔偿程序并同时将D释放。[61]后来解释国王为何释放D的理由是不能让D接连两次陷入"行为侵权"的审判之中，毕竟在此前不久，D的行为已经被法庭判定侵权。当P质疑国王的决定是否具有合法性时，法官们的态度却并不是很明朗。他们虽然承认判决应当依据理性和良知做出，并且对于他们而言，同样的案情做出不同的判决也是一件不光彩的事情，"因此我们希望现在的判决能与之前的判例保持一致，如此我们才认为是理性和良知要求我们做的事情。"[62]尽管如此，法官们以需要等待马克汉姆大法官归

---

[59] Ibid.：关于法官们缩减有陪审团评估的损失价值的介绍，参见 G. O. Sayles, *Select Cases in the Court of King's Bench Under Edward I*, 57 Sel. Soc.（London, 1938）, p. cxi；C. T. Flower, *Introduction to the Curia Regis Rolls：1199-1230*, 62 Sel. Soc.（London, 1943）pp. 473-479；H. Potter, *An Historical Introduction to English Law and its Institutions*, edited by A. K. R. Kiralfy（4th edition London, 1958）p. 330.

[60] 但是并不能确定扰乱治安罪可以被关押多长时间；参见 *HFCL*, pp. 293, 294.

[61] 这起案子的介绍非常长；P 4 Ed. IV, 16, 28；19, 36；T, 21, 4；M, 32, 14；H, 40, 1；关于一些参考文献，参见"Supersedeas", 26；"Execution", 95；"Escape", 33；"Discontinuance of Process", 36；"Parliament", 54；"Amendment", 70.

[62] P 4 Ed. IV, 19, 36："法院的判决应该与先前类似案件的判决保持一致，如此方能被认为是符合理性和良知的要求。"

来为由，选择推迟做出最终判决的时间。他们说，"等他回来后，听听他对于此案的意见以及如何理解理性和良知。"事实上，当马克汉姆大法官归来后，他同意施行国王的命令。[63]

良知与陪审员

中世纪的法理学家们认为陪审员必须做出的事实判断也受到良知支配，"即正如他们所宣誓的那样，依据当事人所提交的证据辨清真伪"（福蒂斯丘）。依据布莱克顿的观点，"如果陪审员的誓言是愚蠢的，那么他就不应该被起诉。尽管他的誓言不是真理，但是依据良知的要求，他不能违背自己的理解。"[64]任何故意做出的虚假裁决都是有违良知要求的。陪审员作为普通公民应当知道这意味着什么。因为圣日耳曼在其手册中已告诉神父们什么是良知要求的，所以公民在进行日常祷告时是需要反省自己的行为是否符合良知的要求。[65]否则若有违反，他们的灵魂将不得安宁。

在立法过程中，有时也涉及陪审员的良知问题。在1414年，立法机关专门制定法律规定了陪审员任职的财产资格，其立法缘由则是实践中发现部分低收入者担任陪审员一职后存在做虚假裁决的行为，"他们的行为已然违反了他们的良知。"[66]在1433年

---

[63] Ibid.："依据良知判案。"关于司法良知的更多解释，参见 M 8 Hen. VI, 4, 11（该案件的详细介绍在 11, 28）per Martin JCP at 5；H 5 Hen. V, 6, 13 per Thirning CJCP. 关于良知和政府中的层级较低的官员的论述，参见 9 Hen. V, St. I, c. 5；18 Hen. VI, c. 14；4 Ed. IV, c. 5；12 Ed. IV, c. 9；4 Hen. VII, c. 6. 福特斯丘也认为"如果国王没有法定理由剥夺他人的财物，那么这是违反他的良知的并且公民是有权抗争保护自己的财产"：*Governance*, c. 12.

[64] *De Legibus*, III, p. 337；and see p. 346. 关于福特斯丘，参见 *De Laudibus*, cc. 25, 26；关于圣日耳曼理解的陪审员和良知的关系，参见 *Dialogue*, p. 292.

[65] 前面注释 2 和 23。

[66] 2 Hen. V, St. II, c. 3（"被告的行为已然违反了良知的要求"）；关于不适格的情况，参见 Holdsworth, IX, p. 186.

立法机关又制定法律规定萨瑟克（Southwark）地区的居民没有担任陪审员的资格，因为这里的民众毫无良知，他们心灵被邪恶控制。这部法令也进一步解释了这一地区的居民通过谋杀、盗劫和抢劫等手段聚敛财富，他们的内心根本没有怜悯、忠诚和良知，如何能期待这些人成为合格的陪审员。换言之，因为这些人没有良知，他们也不会依据理性要求探究真想究竟是怎样的，所以他们没有资格成为陪审员，[67]只有那些具备良知的人才能成为陪审员。

总的来说，如果陪审员凭良知判断原告或被告所述是否是真实的，那么他们的证词将符合良知要求并且灵魂不会因此受到煎熬。[68]正如凯茨比法官在1482年所述，如果T是基于事实问题被传唤，那么陪审员们必须基于良知确信他应当被传唤。[69]以发生在1455年的一起案件为例，因租金问题，P向法庭起诉要求审理针对D的年金支付令。[70]P说他和他的前任对于时间无法计算的情形已经缴纳了租金，同时还通过展示签订于1242年的协议证明D的前任也承认每年是缴纳了租金的。同时P还强调契约本身并没有涉及年金问题，年金在契约签订之前已经存在。然而，D却要求法庭认定是契约首先对年金问题做出了规定。然后在时间无法追溯的情形下，年金问题才由此而生，所以P的诉求是毫无道

---

[67] 11 Hen. VI, c. 1. Also 8 Hen. VI, c. 29；关于陪审员没有良知的情形，参见 1 Ed. IV, c. 2.

[68] M 6 Ed. IV, 5, 14 per Brian for the defendant；T 22 Ed. IV, 19, 45 per Starkey for the plaintiff. 也可参见 M 1 Hen. IV, 1, 1, M 1 Hen. IV, 5, 10 per Thirning, and M 15 Hen. VII, 13, 1 per Frowicke. 这同样适用于证人：T 14 Hen. VII, 29, 4 per Vavasour.

[69] T 1 Ed. v, 2, 3.

[70] P 34 Hen. VI, 36, 7; Brooke, *GA*, "Prescription", 6; Fitzherbert, *GA*, "Challenge" 43.

理的。[71] 普瑞索特大法官表示如果陪审员认为现有的证据并不能否认 P 的诉求，那么他们必须为 P 寻找能够证明在时间无法追溯的情形下年金已然存在的证据，"这样做，陪审员们才被认为是基于良知做出的裁决。"普瑞索特法官还补充道，如果正如 D 所言，事实上 P 已经知道是契约首先规定了年金，而他还误导陪审员做出错误的判断，那么 P 的行为就是有违良知要求的，是邪恶的。丹比法官也同意这一观点。如果没有相反的证据（即反驳在时间无法追溯的情形下年金已然存在的证据），那么陪审团依据良知是能够做出公正的判决的。[72]

简言之，法官不能命令陪审员应当基于良知做出裁决。他们仅仅能以建议的方式指出如果没有相反的证据，陪审员就应当基于良知的要求支持 P 的诉求。换言之，若做出一个不公的判决，陪审员的灵魂将不得安宁。实际上，法官并没有命令陪审员应当服从良知，而是告诉他们如果违反良知做出了不实的判决所产生的后果。正如我们在《帕斯顿信札》(Paston Letters) 读到的那样，法庭期待能够激起陪审员们依照良知的要求去判案并避免不公判决。[73]

良知和一般情形下的当事人

在案件的审理过程中，一旦法律程序开始后，良知将支配法官和陪审员的决定。当然在法律程序开始前，良知发挥了作用，

---

[71] 关于时间无法计算的情形的介绍，参见 Simpson, *History of the Land Law*, p. 109.

[72] P 34 Hen. VI, 36, 7 at 36, per Prisot："法官不能命令陪审员应当基于良知做出裁决。仅能以建议的方式指出如果没有相反的证据，陪审员就应当基于良知的要求原告的诉求。"关于丹比法官的论述，参见 ibid., at 37："法官应当鼓励陪审员们依照良知的要求去判案并避免造成不公的判决。"

[73] *Paston Letters*（London, 1904）vol. III, no. 438; edition by J. Gairdner（Westminster, 1900）no. 373.

它是当事人决定是否起诉的决定性因素。如 1449 年的立法规定，当个人本没有权利或理由拿走某财物，但通过欺骗行为拿走了那些财物，那么这类欺骗他人并给他人带来损失的行为是违反法律、理性和良知要求的。当然，依据这部法律的规定，所有这类欺骗行为将被受到严惩。[74]很显然，物理上的占有方式是构成重罪的一个重要组成因素，但这里导致错误占有的欺骗行为也是违反法律、理性和良知要求的。又如 1455 年，议会专门制定的一部法律在处理"地方法院起诉方廷斯修道院院长的不适当的诉讼"的案子中，方廷斯修道院院长在没有任何合法理由情形下虚假诉讼，严重干扰和激怒了法院。[75]因为这些欺骗行为，修道院院长被法庭和当事人要求在一天内到不同的法庭并针对自己的行为给予理由说明并亲自宣誓无罪。一时之间，修道院院长不知所措，"毕竟法律和良知都不要求行为人告知其行为动机。"因为关于宣誓断诉（wager of law）的规定*是为了保护个人利益（因为只有被告知道他行为的事实，所以他必须亲自宣誓），[76]但这部法律允许修道院院长委托律师（或代理人）宣誓并允许一个修道士和六个其他行业的人充任辩护人。另外，同样依据该法的规定，如果法官不允许代理人宣誓将被受到惩罚。[77]

上诉两部法令规定了对特殊行为的惩罚措施（一部是关于惩罚没有理由的欺骗行为的法令，一部是关于惩罚不允许律师代替

---

[74] 28 Hen. VI, c. 4. 关于一些没有依据的诉讼存在的普遍问题，参见 Holdsworth, II, pp. 457f., and 9 Hen. V. St. I, c. 1; 6 Hen. VI, c. 1; 1 Ric. II, c. 13.

[75] 33 Hen. VI, c. 6.

* 宣誓断诉是指宣誓无罪或无负债并由保证人宣誓即可免诉。——译者注

[76] IELH, p. 271; 62 Sel. Soc. (London, 1943) p. 123.

[77] 这部法律增大了处罚力度，15 Hen. VI, c. 7. 普通法中的辩护人人数一般控制在 11 人内；IELH, p. 64; HCLC, p. 138; 关于例外情形，参见 Thayer, *Evidence at the Common Law*, p. 27.

当事人宣誓的法令），它们都隐含了实施错误法律行为是违反良知要求的思想。通过明确的惩罚措施，立法者们表明了自己的态度。关于诉讼当事人的良知叙述有时也会出现在年鉴的记载中。在1433 年，因被告 T 没有出庭应诉，原告 D 向王室法庭申请了权利保护状。随后，土地所有权被法院依法判给了 D，但三天后 T 来到法院出示证据证明他在两年前就依法获得了这块土地的所有权。此外，T 还解释道他生活在威尔士（Wales）地区，所以对于权利保护状缺乏了解，同时这个负责执行令状的官员是原告 D 的堂兄，该官员曾回复法庭说令状已经被送达，但 T 告知法庭他并没有收到令状。T 的辩护律师也认为，T 对令状不甚了解，"因原告和他堂兄的欺骗行为，法庭判决被告失去土地是不符合良知要求的。"[78] 对于最后法院是如何判决的，年鉴并没有记载。但是巴丙顿法官选择了赞成哈勒斯法官的审判意见。[79]

上案中辩护律师对于良知的理解与1454 年案件中的观点是明显不一致的。因 10 英镑债务问题，P 向法庭起诉了 D，D 却认为 P 并没有展示证据证明（没有相关契约），如果在开始议定的日子 D 支付 20 先令给了 P，那么债务关系自动解除。[80] 换言之，如果 D 没有按约偿付最初的 20 先令债务，那么他就必须赔偿 10 英镑的罚金给 P。另外，D 还诉称按照约定的日子，他向 P 支付了 20先令，但 P 拒绝接受，即便是在法庭上，他也愿意当庭支付这笔钱。普瑞索特大法官认为当 P 拒绝接受那 20 先令的时候，他已经永远失去在此之后接受偿付的资格。利特尔顿律师表示会有保留

---

[78] P 11 Hen. VI, 42, 38: "立法者通过制定惩罚性的法律条文指明实施错误的法律行为是违反良知要求的。"

[79] M 19，5; 第一次判决似乎后来被废除。

[80] H 33 Hen. VI, 2, 8; Fitzherbert, *GA*, "Debt", 55; "Estoppel", 52.

地支持 D 的诉求，换言之，虽然他也意识到契约中规定的赔偿金的确数额过大，但是 D 的确欠了 P20 先令的债务，而这也是 D 依据良知要求现在也愿意偿付的原因，"到目前，我们都认为基于良知的考虑，D 应当偿付那 20 先令的债务，毕竟那是他欠下的。"[81] 最后，P 辩称 D 并没有按照约定偿付 20 先令，但 D 却否认这一点。这是一个非常有意思的案件。通过这个案子我们会发现，当事人希求的东西比法律规定的还要多。概言之，他们会依据良知的要求去行为。[82]

在 1456 年，莫里法官似乎直接影响了当事人的良知。[83]在一起涉及婴儿的侵权行为案件中，律师称婴儿并不具有加害的故意，莫里法官重点回应了原告的诉求："在你良知深处，你会同意起诉如此年幼的婴儿吗？我相信这个婴儿并不知道什么是邪恶的，毕竟他还不具备成年人的认知能力，而这一点你是很清楚的。"随后，莫里法官在法庭上抱起了这名婴儿。[84]

良知与当事人：宣誓断诉

在涉及债务或非法占有的案件中，被告有可能选择宣誓断诉或者陪审团审理的审判方式。宣誓断诉具体审判步骤包括：首先，被告在答辩状中需明确自己并不存在欠债或非法占有的行为；其次，主动要求进入宣誓断诉程序，即发誓没有欠债或非法占有；

---

[81] Ibid.："依据良知的要求，欠债应予偿付。"
[82] 圣日耳曼也曾论述过相似的问题，参见 *Dialogue*, p. 115.
[83] M 35 Hen. VI, II, 18; Brooke, *GA*, "Corone", 6.
[84] 关于良知与诉讼行为关系的更多论述，包括错误的诉讼，参见 H 7 Ed. IV, 29, 15; P 9 Ed. IV, 2, 5; P 10 Ed. IV, 9, 24; P 21 Ed. IV, 22, 3 per Brian CJCP; 17 Ed. IV, c. 2; 1 Ric. III, c. 6, and *Yorkshire Star Chamber Proceeding*, edited by W. Brown, The Yorkshire Archeological Society, Record Series, Volume XLI, (Leeds, 1908) p. 10, *Re George Oglethorp* (1499).

最后，宣誓仪式的辅助人（oath-helpers）将验证他的信誉度。如果这些程序都能顺利进行，那么被告将赢得诉讼。[85]不过，被告选择宣誓断诉的审判方式需要具备一些前提性条件。首先条件就是诚实地宣誓，而一次虚假的宣誓是对良知的冒犯并且会使宣誓人的灵魂不得安宁。[86]只有当被告坚信他否定原告的指控是正确的，他才应该有选择审判方式的权利，换言之，如果他的誓言是虚假的，那么他就违反了理性的要求。正如汉克福德法官在1410年明确指出的那样，"只要被告的誓言不违背良知，那么他可以用自己的方式处理。"[87]

尽管被告可以选择宣誓断诉的审判方式（而非陪审团审理的方式），但是这也绝不是意味着这种方式可以自动被选择。[88]有时法官们也会讨论宣誓断诉审判方式的范畴，详言之，毕竟被告的宣誓存在虚假的可能性，因此被告选择宣誓断诉的审判方式是否适当也值得思考。需要再次强调的是，虚假的誓言是违反良知要求的，而这些讨论的一个核心议题也是适用宣誓断诉的审判方式是否会违反良知的要求，或者说被告在宣誓时是否能做到"心安"。[89]

---

[85] *IELH*, p. 64; J. B. Thayer, *Evidence at the Common Law*, pp. 24f; *HFCL*, pp. 39, 86; 62 Sel. Soc. (London, 1943) pp. 123f.

[86] Pecock, *Reule*, p. 166: "圣经上说，'不管是谁违反了良知的要求，他将永世不得安宁'。"

[87] H 11 Hen. IV, 50, 27: "只要行为不违背良知，法律都应予以支持。" Brooke, *GA*, "Detinue of Charters", 20.

[88] *HCLC*, p. 139（例如 H 33 Hen. VI, 7, 23）。

[89] 参见 P 21 Hen. VI, 35, 2 at 35 per Markham; P 38 Hen. VI, 29, 12 at 30 per Ashton JCP; P 8 Ed. IV, 1, 1 at 2 per Nedham JCP; M 2 Ric. III, 14, 39 per Catesby JCP. 一般也可参见 *HFCL*, p. 86. L. A. Knafla, "Conscience in the English common law tradition", 26 *University of Toronto Law Journal* (1976) p. 1. 需要强调的是，在这一点上，年鉴中有一小段记述，但对于内涵和宣誓断诉地审判方式中良知的具体作用解释的并不是很透彻。

151 　此外，上述争议发生的时代背景是对于伪证没有处罚措施的时期，即伪证行为仅仅被认为是精神方面的失当，并没有现实的惩戒措施。[90]当然，任何人如果错误的宣誓，那么他的灵魂都会不得安宁，而这也是一种精神方面的惩戒措施。[91]

　　大多数情形下，在谈及虚假誓言违反良知要求的可能性时，法院会简单地判断一下适用宣誓断诉审判方式的可行性。详言之，如果法庭认为有违良知的要求，它会建议被告不要选择这种审理方式，当然最终选择权还是归属于被告。如果这种方式与良知相符，法庭也会告知被告选择没有问题。例如 P 将马委托给 D 看管但却描述为一头牛委托给了 D，而 D 并不承认 P 的指控是真实的，他并没有非法占用。因此，D 非常自信的宣誓他的行为并不违反真实的委托协议。正因为是原告描述的错误，D 宣誓他真的没有如指控那样非法占有他人的财物。[92]概言之，他的行为符合他的良知。

　　上诉判例后来又发生有意思的变化（主要体现在 1442 年审判的一起案件中），那起案件主要涉及法庭认为原告陈述的地址（即委托发生的具体地点）是错误的。详言之，原告 P 诉称财物委托是在米德尔塞克斯郡（Middlesex）进行的。但是被告 D 却辩称委托方并非 P 一人，而是在一定条件下，由 P 与 T 共同委托。后来 T 也出庭证实委托过程是由他和 P 共同完成的（并非 P 一

---

[90] *HCLC*，p. 138.

[91] 参见 18 Sel. Soc.（London，1904）p. 52，Cinque Ports Custumal，c. 37，"法官们会提醒宣誓人，一旦他们宣誓就必须为自己誓言的真实性负责，如果欺骗了全能的上帝，那么上天已经赐予他们的所有东西将被诅咒下地狱。"也可参见 *Dialogue*，p. 232.

[92] S. F. C. Milsom，"The sale of goods in the fifteenth century"，77 *LQR*（1961）p. 257 at pp. 267，268.

人）且委托发生的地方并非米德尔塞克斯郡，而是在伦敦。由此问题也就产生了，即 D 是否可以选择宣誓断诉的审判方式。辩护律师（counsel）认为依据 T 的解释，D 不应当享有选择审判方式的权利。不可否认，P 的财物被人占有了，"因此，基于良知的判断，以这种方式占有似乎是错误的。"[93]换言之，正如 T 所解释那样 D 在事实上的确是占有了被人的财物，但是并非按照其自诉的方式和地点发生占有行为，因此 D 依据良知不能否认其占有的事实，不过通常情形下他会请求不被拘传。牛顿大法官并不赞成这一观点，如果委托发生的地方在伦敦，那么 D 的确没依照 P 所诉称的方式占有财物。因此，D 可以依据法律的规定选择宣誓断诉的审判方式。但这里需要再次强调的是，D 仅仅否认了与实际委托行为发生过程有联系的行为。牛顿进一步明确道，如果 D 选择了宣誓断诉的审判方式，那么他可以放心地去宣誓，毕竟他可以用这种方式回应 P 的控诉和对案情的错误描述。[94]对于 D 而言，的确不违反良知的要求。

　　正如布莱恩大法官在 1485 年总结的那样，只对了解案情事实的人选择宣誓断诉的审判方式才是最为适当的。[95]换言之，如果被告对于他所要宣誓的案情都不能完全确定，那么他关于事实的宣誓就有可能是不真实的，而这所带来的后果就是他违反了良知的要求并让被告灵魂不安。[96]布莱恩的这番话是在 1482 年审理一起案件时说的，当时被告正咨询法庭是否可以选择审判方式。详

---

[93] P 21 Hen VI, 35, 2 at 35 per Markham: "依据良知判断占有的方式是否合法。" Brooke, *GA*, "Ley Gager", 48.

[94] See Milsom, "The sale of goods", pp. 267, n. 63, 268, n. 71; *HFCL*, pp. 257, 354.

[95] P 1 Hen. VII, 25, 18; Milsom, "The sale of goods", p. 262, n. 28.

[96] *HCLC*, p. 138.

言之，如果 P 诉称 D 占有了他一匹白色马，但事实上 D 占有的却是一匹红色的马，那么 D 符合良知要求可以选择审判方式，"实际上，他并没有占有白色的马匹。"[97]但在上面提及的发生在1442 年的那起案件中，因为案件当事人对委托发生的地点进行了错误的描述，所以法院认以方法和形式（moto et forma）都存在瑕疵为由否认被告享有选择审判方式的权利。[98]尽管如此，在 1482 年发生的一件涉及非法占有金链的案子中，虽然当事人对金链的重量（而非价值）存在描述的错误，布莱恩大法官认为被告还是可以享有选择审判方式的权利（符合良知的要求）。重量如同地点和颜色一样，是具有确定性的知识或原始性事实，而这与价值是不一样的。据此，布莱恩法官总结道，如果 P 指控 D 占有的马匹价值 20 英镑，但是事实上这匹马的价值只有 20 便士，"这种情形下，依据良知的要求，D 就不能享有选择审判方式的权利，毕竟他并不知道马匹的真实价值。"[99]在 16 世纪的后半期，法院适用这个判断标准（即依据良知的要求，原告是否可以享有选择审判方式的权利）审理了大量的类似案件。[100]

还需要指出的至关重要的一点是，或许考虑到是对良知的冒犯，反对宣誓断诉审判方式的司法建议是没有法律强制力的。因此从根本上讲，即使有不同意见存在，但是否选择宣誓断诉的审判方式的最终决定权还在于被告。从法律上看，他可以忽略其他

[97] P 22 Ed. IV, 2, 8; Brooke, *GA*, "Ley Gager", 78.
[98] 前面注释 94。
[99] P 22 Ed. IV, 2, 8: "由于原告并不知道马匹的价值，选择这种审判方式违反了良知的要求。"关于教会法中涉及证人良知的论述，参见 Berman, *Law and Revolution*, pp. 252, 253.
[100] J. H. Baker, "New light on *Slade's Case*", 29 *CLJ* (1971) p. 213 at p. 230, n. 93.

人的建议，即使存在让其灵魂不安的情形。不管在任何情形下，这个原则都是适用的（只是明确或含蓄而已）。当选择适用宣誓断诉的审判方式的时候，被告必须依据良知要求宣誓。因此，在判断适用宣誓断诉的审判方式的范畴时，起主要决定因素的就是是否与良知相违背。简言之，一切针对宣誓断诉审判方式的建议是否被采纳都取决于是否符合被告的良知。

本章小结

对于良知的适用并非限于最高法院大法官这样一个群体。普通法院的法官同样对良知这一概念理解很深。另外，议会的议员和普通的公民对良知也很熟悉。值得提醒的是，与大法官一样，普通法院的法官们经常依据良知的要求不断纠正自己的审判意见，法律的制定者也同样如此。实际上，良知塑造了我们的实体规则体系：法律规则禁止什么样的行为是因为良知要求禁止。普通法院的法官也鼓励案件当事人在法庭上面对法官和陪审团时以此为标准来决定自己的行为。当然，法官首先也是依据良知的要求做出相应的行为。此外，在讨论实质性议题时，似乎常用到公共良知这一概念，而在形式层面则常诉诸个人良知。

在普通法系的法庭上，良知概念作为最终裁决的正当性基础被广泛适用。大体上讲，正当理由作为年鉴中法律推理的一部分，在普通法主要表现为理性和良知。或许理性（正义和良好判断力）的适用范畴比良知要宽泛一些，而良知概念的道德意涵更为强烈一些。当圣日耳曼选择以良知为切入点讨论普通法的特点时，或许这是受到阿奎那、吉尔森和戴利（他们代表着教会法学者的观点和正在兴起的衡平法院司法管辖的理念）的影响。但从本质上看，圣日耳曼只是清晰地阐释了植根在大法官法庭会议之外地

154

普通法传统。实践者认为，普通法就是围绕良知和理性两个概念构建而成。普通法系的律师们就如何依据良知的要求构建实体法规则，以及规范重要的法律程序（如宣誓断诉）而进行的辩论是可以和大法官法庭会议对于良知所进行的激烈讨论媲美的。概言之，在世俗法的世界内，良知这一理念并非大法官独享。

第七章

危害与不一致

依据规则自治论者的观点（autonomist thesis），法律与道德是相互分离的，司法决定的本质是只要符合法律规定就可以了。这种形式主义观点的核心要义就是严格按照法律要求行为，同时拒绝讨论理性或良知，从而产生了一种特殊的、不好理解的是非判断标准。但起作用的是法律而非道德。正因为实证主义坚持司法决定应符合法律的观点，所以保持前后判决一致性的论点也逐渐被人提及。不过这一观点只有在前后判决不相互冲突的前提下才是有意义的。中世纪普通法系的律师们也是借用"不一致（inconvenience）"这一概念来寻求避免出现前后判决不一致情形的方法。与此相比，危害（mischief）则是与抽象的是非观紧密相连的一个概念，但是与理性或良知相比，在意涵上范围较窄并且也没有那么强烈的道德色彩。在普通法中，危害特指没有救济途径以及程序方面还有重大欠缺两种情形，而这两类情形也是实务界极力想预防的。不一致主要关涉已建立的行为体系并避免不一致情形的出现，而危害则主要谈及正确与错误的判断标准。在案例中，关于不一致和危害的不同观点会一起出现，通过相互辩驳，我们会发现两种势同水火且不能相融的观点。持危害论的人认为不正义的情形绝不能发生在个人身上；而持不一致论的人则认为在法律适用过程中应当保持前后一致性（排除不一致性的情形）。在这一时期，司法界偏向实证主义的观点，即使以不正义为代价也必须做到前后一致（与已经建立的行为规则体系保持一致），"但往往个人不能得到正义的情形又比前后不一致的情形所产生的后果严重些"。一般情形下，这两种关于法律的观点，即唯意志论者（Voluntarist）和道德论者（moralist），是独立存在的，不会发生冲突。但是在涉及危害和不一致的案子时，他们会发生激烈的碰撞。

作为错误的"危害"：意涵狭窄的概念

156   在当代没有法律渊源的情形下，危害主要包括以下含义：不幸、麻烦、邪恶的影响、疾病、贫穷和灾难，[1]另外，危害也指代一些因个人或特殊原因造成的伤害。[2]而在法律领域，危害也是立法过程中必须考虑的因素，法律和法规被要求必须明确地根除掉这些危害。在一些方面，立法者们对于危害的认识非常类似

---

[1] *MED*: "mischief"：例如，威克里夫曾言，"耶稣用自己的鲜血将我们带出邪恶和痛苦的深渊"，*The Lay Folks' Catechism* (*c.* 1400), edited by T. F. Simmons and H. E. Nolloth, Early English Text Society, Original Series, 118 (London, 1901) p.73, line 1105.

[2] "这个虚假的小偷给那个妇人造成了很大的伤害"，"The Legend of good women" (Philomela) (*c.* 1385), *The Works of Geoffrey Chaucer*, edited by F. N. Robinson (2nd edition, oxford, 1957) p.480 at p.514, lines 2330/1；"因抢劫和绑架带来的伤害"。*Roberte the Devyll* (1480), a metrical romance, found in W. C. Hazlitt, *Remains of Early Popular Poetry in English* (1984) p.31；*The Epistle of Othea to Hector* (*c.* 1440), edited by G. F. Warner, Roxburghe Club Publications, 141 (London, 1904) p.52, line 31. 皮卡克关于宗教背景下危害的论述，*Folower*, p.139.

于在没有法律渊源情形下的"错误"理论。当然,在立法过程中,危害也就代表着错误理论,只是它会经常以多样的形式表现出来。

有时,危害本身并没有什么清晰的道德意涵,只是简单地描述普通大众眼中由损害造成的错误。1423 年制定的一部法律就曾这样描述:"近来,有很多起事故(如人员伤亡、轮船损毁、商品滞销和鱼塘干枯)是因堤堰、树枝和房屋受到损害造成的。"因此,该法规授权治安法官调查这些事故的起因并对肇事者启动责任追究程序。[3]不过,有时危害也会具有道德意涵,被上帝禁止的损害也被称为"危害"。议会也曾处理过相似的难题,如 1402 年对河道的阻碍,在这种情形下,民众、财物和鱼类所受到的伤害被认为是与理性相违背的,并且此举也会让上帝感到难过。[4]另外,在极少数情形下,法律会明确规定危害就是错误(法律错误),例如非法占有或谋杀,[5]而对于这类错误,法律也会明令禁止。为了防止所谓的危害发生,诸如抢劫、造假和其他一些罪行,议会在其职权范围内制定了大量的法律。[6]在 1496 年,立法机关认为,对于蓄意谋杀这类危害行为,上帝法和自然理性都是禁止的。[7]

---

[3] 2 Hen. VI, c.12. 这部法律也是那一时期少有的几部规定了航行享有充分自由的法律: 45 Ed. III, c.2; 17 Ric. II, c.9; 1 Hen. IV, c.12.

[4] 4 Hen. IV, c.11.

[5] 1 Hen. IV, c.8; 4 Hen. VII, c.12. 在法庭上,这个词也以类似的方式被适用: P 1 Hen. V, 4, 4; P 9 Hen. VI, 2, 6 at 3 per Srjt Rolf; M 35 Hen. VI, 18, 27 per Moile JCP, 莫里法官也认为欺诈行为属于危害; M 37 Hen. VI, 4, 6 (若不能修好桥也是一种危害); M 1 Ed. IV, 1, 5 at 2 per Srjt Littleton (侵占)。

[6] 4 Hen. VII, c.12. 关于立法机关因防止危害发生的论述: M 10 Hen. VI, 15, 51 per Martin JCP; P 22 Hen. VI, 52, 20 per Newton; M 31 Hen. VI, 11, 8 per Fortescue CJKB; M 37 Hen. VI, 1, 2 per Prisot JCP. 也可参见 2 Hen. IV, c.9; 7 Hen. IV, cc.8, 17; 18 Hen. VI, c.6. 普通法中关于预防危害发生的法律,参见 Port, *Notebook*, p.116.

[7] 12 Hen. VII, c.7. 这部法律剥夺了神职人员的既得利益(情节不严重的叛逃罪):前面第三章注释41。类似的案例,参见 Holdsworth, III, pp.301, 315.

概言之，在没有法律渊源的情形下和在立法过程中，危害有时就代表着一个很大的、具有道德意涵的"错误"观念，有些近似于实务界的神法或良知理论，但对于普通律师而言，危害概念更为具体、更为世俗化且道德意涵稍淡一些。大抵上，危害这一概念被普通法院适用时，主要是指没有救济途径或程序方面还有重大欠缺。

没有救济途径的危害

理性的其中一个要求就是损失和伤害必须得到赔付，并且在一些情形下，受到损害却没有救济途径是违反理性的。[8]通常，危害是指法律或正当性要求提供救济途径，但当事人没有享有的错误情形。这一观点通过两种方式表达：没有诉讼手段和没有救济途径。正如福蒂斯丘大法官在1453年所言："因此，随着危害产生，其衍生的另外一次危害也将如约而至，而这是我的诉讼所不能解决的；不难想象，更多的危害会因一次没能预防的危害而不断发生。"[9]这一理念同样也出现在利特尔顿的任职期间内。如果占有土地的人死了，当他的继承人继承了这块土地的所有权后，就意味着以前享有通行权的人失去了自由通行的权利，随后他向法院就通行权问题起诉继承人。[10]然而，如果这人真的失去了通行的权利，他完全不需要通过这种方式恢复自己的权利：即持续不断的申诉（声称只要继承人还活着，一年申诉一次），换言之，当事人以这种方式是不能够恢复通行权利的，除非此继承

---

〔8〕 前面第五章注释58。

〔9〕 M 32 Hen. VI, 10, 17 at 10B；也可参见 M 35 Hen. VI, 25, 33 at 29 per Fortescue CJKB：如果A偷了B的财物，并在公开市场上卖给了C，B是可以对该起买卖的合法性提起诉讼的，否则他若无法享有救济的权利，必将又是一次大的危害。

〔10〕 *Tenures*, Bk III, c. 6, s. 385.

人死去。[11]利特尔顿认为只有生病的人才可以享有连续提出诉讼要求的权利，毕竟生病的人因为体弱而无法不间断地行使通行权，所以他实际上并不具备提起诉讼的能力。[12]

在1409年，诺顿律师（Serjeant Norton）在反对废除令状的辩论中，也引用了上述类似的观点。一执行令明确规定由W单独执行，但在法庭上出示的证据显示是由W和R共同完成。诺顿律师站在原告的立场认为，"对此我们如果不采取任何行为，那么将会造成巨大的危害"。最后，法庭宣布此执行令无效。[13]在1466年，P向法庭控诉D抢走本属于他的财物，构成侵权。同时P也声明属于他的这些财物是准备缴纳的什一税，[14]而D却辩称此举是为了教会的利益，强取的东西是P应当缴纳给教会的什一税，由于对此类宗教实务，法庭是没有司法管辖权的，这类争议应当交由宗教法庭审理。[15]咏格律师则从原告的立场认为假如法庭没有司法管辖权，那么原告将处在极其危险的境地，因为此类侵权行为是不可能被宗教法庭审理的。法官们同意咏格律师的观点，毕竟依据教会的规定，类似于P的侵权案件，宗教法庭不会受理。[16]

实务界认为对于此类案件，如果有可替代的司法救济途径，那么就不存在危害问题了。正如约恩法官（June JCP）在1429年

---

[11] Ibid., Bk III, c. 77, ss. 414, 418; Holdsworth, II, p. 585, VII, p. 21.

[12] *Tenures*, BK III, c. 7, s. 434.

[13] M 11 Hen. IV, 1, 1: "对侵害行为如果不采取任何制止措施，那么我们将会遭受巨大的损失。"Brooke, *GA*, "Waste", 64; "Brief", 420. 索林大法官和汉克福德法官都不赞成这种观点：行为必须依照规定执行。

[14] M 6 Ed. IV, 3, 7.

[15] 被告认为王室法庭对此没有管辖权；*CH*, p. 492, and H 20 Hen. VI, 17, 8; M 35 Hen. VI, 39, 47.

[16] "站在原告的立场，假如法庭对于宗教纠纷没有司法管辖权，那么原告将处在极其危险的境地。"关于禁令，94 Sel. Soc.（London, 1977）p. 66; *IELH*, p. 112. 也可参见 13 Ed. I（*Circumspecte Agatis*）; 9 Ed. II, c. 1.

所言,"如果普通法或法律明确规定了救济途径,那么当事人就没有危险可言"。[17]例如,为了证明债务已经清偿,被告必须出示书面证据。[18]在1404年,P因债务问题向法院起诉,并且D也承认债务关系是成立的,但是D又辩称J已经替他清还了债务。不过并没有书面的偿还债务书或其他类似的证明。对此,D诉称P也已经取回了债务契约并以此为依据逃避责任。[19]最后法庭所示的证据是不利于D的。既然债务关系已经被证实成立,那么这对于P而言将是一个危害,"毕竟这个人没有确凿的证据来推卸自己的责任。"普通法的基本要求是需要遵守的。尽管如此,法庭还解释到在这起案件中,如果被告的请求是真实的,那么他本身并没有什么错误,因此他可以起诉原告通过强制手段夺回债务清偿证明的行为。[20]

从1456年的一起案件开始,律师主张的不能提供救济就是危害的观点被广泛采纳。[21]案情大致是在由T申请的执行令中,P失去了土地,随后P向法庭起诉T和治安官涉嫌欺诈(执行令由他俩具体负责)。另外,P还诉称治安官并没有忠实地执行令状并且对于被拘传人的证词也没有详加审查。[22]在这四个被拘传人

---

[17] M 8 Hen. VI, 12, 30:"如果普通法或法律明确规定了救济途径,那么宗教纠纷中的当事人就没有危险了。"关于"有救济,无危害"的观点论述,参见 M 9 Hen. VI, 44, 24 per Martin JCP; M 3 Ed. IV, 15, 10 per Nedham JCP; P 5 Ed. IV, 3, 26 per Heidon; T 18 Ed. IV, 10, 25 per Littleton JCP(持反对意见)。

[18] *HCLC*, pp. 99–101; P 11 Hen. VI, 27, 7; P 22 Hen. VI, 52, 24; T 5 Ed. IV, 4, 10.

[19] 这件案子的事实与1485年多恩诉肯恩沃勒案(*Donne v. Cornwall*)很相似:P 1 Hen. VII, 14, 2.

[20] H 5 Hen. IV, 2, 6.

[21] H 35 Hen. VI, 46, 11.

[22] 曾详细讨论过该案件中被拘传者的证词问题:*Fleta*, edited by G. O. Sayles, 99 Sel. Soc. (London, 1983) volume IV, Bk V, c. 3, p. 6, and Bk VI, c. 6, p. 118; 参见 *CH*, p. 384.

中，三个已经去世，只有一个在世。T 的律师认为这个活着的证人的证词不应被法庭采纳，因为它有可能与其他三人（已去世的）的证词不一致。旺克福德律师（Serjeant Wangford），即 P 的律师，回应说法庭应该详查证人证词的真伪，"否则相较于其他当事人，原告将处在极为不利的位置，换言之，如果证人的证词不予审查，那么原告的失去的土地就不能得到公正的司法救济，不难想象最后的结果是原告或许不能恢复享有行使这块土地的有效所有权。"[23]最后法庭裁决若被拘传人的证词属实，即 T 没有忠实地执行执行令，则应当被法庭采信。[24]

程序方面让人烦恼的事情

在立法过程中，危害主要是关涉一方施加在另一方身上的伤害，换言之主要是一些实质性的伤害，如抢劫或谋杀。不过危害也可指代程序方面的错误，即法律方面令人烦恼的事情（vexation）也有可能是由程序引起的。这一观念也贯穿于整个中世纪晚期。在1430 年，帕斯顿法官废除了一个因同一块土地所产生的重复令状，其主要理由就是通过两次内容相似的令状处理一块相同的土地会带来巨大的危害。[25]类似的，在1460 年，当 P 连续两次向法庭申请颁发恢复其被他人非法占有的财物的令状时，普瑞索特法官认为，即使法庭颁发的第一个令状已经被执行"如果因同一事由，法庭颁发了两个不同的令状，那么被告 D 将会在令状之间分不清楚问题究竟是什么，反而总是在出庭（将

---

[23] H 35 Hen. VI, 46, 11 at 47："法庭应该详查证人证词的真实性，否则受侵权行为影响的一方将处在极为不利的位置。"

[24] Fitzherbert, *GA*, "Deceit", 18; Brooke, *GA*, "Deceit", 7.

[25] M 9 Hen. VI, 50, 34. 相似的一个用法，M 19 Hen. VI, 3, 6 per Ascough JCP（continued from H 8 Hen. VI, 30, 26）.

被法庭拘传两次）"，那么被告也摆脱不了程序瑕疵所造成的危害。[26]

实际上，在1462年，乔克和内德汉姆两位法官在确保扣押和逮捕令状的被告姓名无误中就阐述了危害这个概念。[27]在这起案件中，因为法庭将被告的名字威尔博特（Wirbolt）写成了威博特（Wribolt），因此威尔博特试图以"名字写错（misnomer）"为由废除债务执行令。但是执行令的程序已经启动，具体的执行官员后来向法庭汇报无法确切知道威尔博特的下落，所以执行令无法执行。后来，被告自愿来到法庭，问题也随之产生，即他能否以"名字写错"为由申请法庭废除债务执行令。若依据法院以前的判例，在这种情形下，被告无此项权利。[28]只有那些被法庭强制拘传的人才享有申请的权利。因此，如果一个人因执行令中命令弄错为由自愿前往法庭起诉，那么他并没有什么危险也不会遭受任何损失，毕竟他的财物和人身安全是有保障的。

从广义上讲，假若完全忠实于世俗法，所有的普通民事行为都是违反神职人员的命令的。然而，当这类行为被起诉时，在法庭上适用普通程序（即传唤一般信众的程序）强制传唤神职人员是非常困难的，毕竟法律没有明确规定神职人员应由哪块封地（lay fee）的司法机关来传唤，国王的官员也无权拘捕他们。因此，世俗法庭只能依靠陪审团召集教士令（a writ of *venire*

---

[26] M 39 Hen. VI, 12, 16: "如果程序有问题也会造成危害。" Brooke, *GA*, "Brief", 255（关于案件的详细情况，M 39 Hen. VI, 27, 40）.

[27] M 3 Ed. IV, 15, 10; Brooke, *GA*, "Misnomer", 34. 关于拘传的通过过程，参见 *CH*, p. 385.

[28] Per Choke JCP at 16, 解释说这件案子已经被审理两到三次了，因此D不具有申请的权利。关于一般性的讨论：M 19 Hen. VI, 43, 89; H 19 Hen. VI, 58, 23; and H 21 Ed. IV, 78, 14, 这一请求如果被允许。

facias clericum)命令主管教区的神父采取手段让神职人员出庭应诉。[29]在1471年,有人向法庭申请颁发针对D的年金执行令,而D却是一位没有司法审讯归属地的神职人员。[30]因为普通的传唤令无法适用于他,所以法庭还得借用陪审团召集教士令。[31]但是涉案的神职人员为了避免法庭启动此令状,他最终决定自愿到庭。对此,布莱恩法官和乔克大法官认为法庭应当受理此案,乔克大法官更进一步解释道虽然神职人员没有司法审讯归属地,但他最终决定出庭应诉应主要归功那一项涉及主教的特殊程序。"如果被告不出庭应诉,那么他将处于危害之中,这时法庭将考虑颁发陪审团召集教士令(a writ of venire facias clericum),如此一来,教士所归属的教会将会面临诸多不利后果,如资产将被扣押等。"因此,只要一个人还在乎他的财产,那么以此为筹码,他一定会在收到法庭传票后出庭应诉。[32]在集中讨论普通的拘传程序没有任何作用的时候,利特尔顿法官采取了更为强硬的立场,他关注于日常程序中的附带惩罚和逮捕没有起到作用。一个大家都坚持的原则是,"如果一个人没有遭受肉刑赎罪的危害或者可能的不利判决,同时法庭也没有规定拘传实施的具体期限,那么被告可以不出庭。"[33]

---

〔29〕 P&M, I, pp. 440, 441; Bracton, *De Legibus*, ff, 442b, 443.

〔30〕 H 11 Ed. IV, 9, 1; Brooke, *GA*, "Averment Conter Return", 21.

〔31〕 Enever, *History of Distress*, p. 68; 也可参见 H 48 Ed. III, 1, 1. 法庭允许D不必被强制传唤。

〔32〕 如果被告不出庭应诉,那么他将处于危害之中,这时法庭将考虑颁发陪审团召集教士令,如此一来,教士所归属的教会将会面临诸多不利后果,如资产将被扣押等。

〔33〕 没有适当理由的延迟实施拘传令也是一种危害: M 10 Hen. VI, 17, 58 at 18 per Martin and Cottesmore; P 4 Ed. IV, 14, 25 at 15 per Srjts Brian and Littleton. M 35 Hen. VI, 24, 31 at 25 中普瑞索特大法区分了"危害"与"延迟"之间的不同。

不一致与"相一致"的概念

适用危害这一概念的重点在于对个人造成的伤害。换言之，个人遭受了无司法救济途径和程序不健全的危害。而这些错误也是实务界极力想预防的。与之形成鲜明对比的是，当实务界适用不一致这一概念时，普通律师们的聚焦点并不在于对个人的伤害，而是对法律和已建立的规则体系的伤害。在法律中，这个法语单词"不一致"具有专门的意思（与今天指代"令人尴尬的"和"不合时宜的"意思不同），它不断地出现是为了灌输"相一致"的观念。一般律师都很排斥不一致、不适合和没有连续性的判决。

在没有法律渊源的时代，不一致这一概念以及它的各种不同形式就是以这样一种方式被适用。从最早的拉丁文"不一致"开始，[34]这个单词"convenience"的含义就是在一起合适，同意和相符合。[35]而"inconvenience"这一单词的含义则是希望能达成一致，不协调，不一致或相矛盾。[36]而它的形容词形式"inconvenient"，含义则是不同意或不相符合，不和谐或不具有连续性，

---

[34] *Convenio*, *convenire*, to come together; *inconveniens*, dissimilar. 关于法律中"不一致"的简要论述，参见 YB 12 Ed. II（81 Sel. Soc., London, 1964）p. cix, n. 2.

[35] *OED*; "convenience", I. 这里"convenience"也可以理解为通过镜子，事物之间可以互相看到且没有其他物体，*The Pylgremage of the Sowle*（c. 1400），IV, xxvi, 71. For Pecock, *Folower*, p. 140.

[36] *MED*: "inconvenience"（d）："如果这里发现背道而驰的事情或者反复论述，那么肯定是意味着不一致或相互排斥"，*Testamenta Eboracensia: A Selection of Wills from the Registry at York*（1458），5 Volumes（1836–1884），volume II, edited by J. Raine, Sutrees Society Publications, 30（London, 1855）p. 229.

并且有时还意指不适合或不恰当。[37]尽管如此，这里还需要强调的是在没有法律渊源的情形下，"convenient"这个词也意指道德方面的相适应，[38]而"inconvenient"则意指道德方面的不适合或不恰当，有时也指损害或麻烦。[39]在极少数情形下，"inconvenient"也意味着道德方面的不适当。[40]当然，实务界对于这个词的道德意涵不可能有整齐划一的解释。

中世纪晚期的律师们对于"inconvenient"这个词（在整个章节，我们对于这个词的理解是具有专门意涵的）的适用主要集中在两个层面：一方面是禁止司法判决与已经建立的规则和先例判决不一致；另一方面是防止同案不同判情形的出现。简言之，"inconvenient"这个词关涉案件之间的不一致和同一案件不同的结果。另外，实践者的理性（同等情形同等对待）[41]和不一致也存

---

[37] *OED*："inconvenient"，A.1，2；*MED*："inconvenient"（d）："目前不一致或不符合人的理性思维的是耶稣应该是上帝的儿子，但上帝是一个处女且缺乏对于男人的知识?" *The Life and Martydom of St. Katherine*（1450），edited by A. G. H. Gibbs，Roxburghe Club Publications，112（London，1884）.

[38] *OED*："convenience"，5；*MED*："convenience"，4（a），（b）："每个人去寻找侵害的缘由和公义是适当的"，John de Trevisa，*Bartholomeus*（*de Glanvilla*）*de Proprietatibus Rerum*（1398）（MS. Tollemache；Add MS.（B.M.）27944）15b-b.

[39] *OED*："inconvenience"，2，3；*MED*："inconvenience"（a），（c）："如果你造成了某些不一致，那么就是违反上帝意旨的"，(c.1460)，*The Non-Cycle Mystery Plays*，edited by O. Waterhouse，Early English Text Society，Extra Series，104（London，1909）p.83，line 819；"因不一致而产生的诉讼实质是违反了上帝法律，议会法律和我们所说的主权者的法律"，*Declaration of Guilt*：*Coventry*（1446），photostate of MS. Cott. Cleopatra E. III in possession of MED.

[40] *OED*："inconvenient"，A，3，B.2；*MED*："inconvenience"，noun，（b）："对于每个人而言都是公开的，……如此多的不一致的邪恶例子是反对上帝和它教会的"，*Letter Book of London*，K.244（1440），edited by R. R. Sharpe，Calenda of Letter-books preserved among the archives of the Corporation of the City of London at the Guidhall（1899-1912）.

[41] Above，ch 5，pp.115-117.

在关联。在判决和说明理由部分，理性和不一致被经常适用。

案件之间的不一致

尽管我们只能弄清楚本时期先例做出时的观点，但是毫无疑问在这个事情上已经建立的规则体系对于王室法庭审判相同情形的案件是会产生影响的。有时，法官还会明确的指明他的决定就是依据之前的一个案例的判决。[42]法官们还告诉我们，若与之前的判例不同，那么这将被称为不一致。正如今天一样，中世纪法官们也追求一致性和确定性。索林大法官在1410年就把这一点表述的非常清楚。

对于具有一定表达自由的佃户，法官们并没有充分地保护他们的利益。[43]这些佃户被认为，"因为他们没有确定的地产，出租人很有可能在任何他高兴的时候，将佃户从其土地上赶走。"[44]在1410年，法院确立了一项新的规则，即如果土地歉收，那么可以适当减免他应向出租人缴纳的租金。[45]索林大法官认为这已经是约定俗成的规则了，如果与此相违背又创制了一个新的不一致。对于这项规则和不一致，他解释道，"一个人不应当质疑古代的法律规则，而应当判断他是否是先人已经做了的事情，如果我们不遵循这些规则，那么我们还会重蹈覆辙，遭受同样的损失。"[46]在1454年，享有土地继承权的人期望能重获土地的所有权（证明

---

[42] *IEHL*, p. 171; Allen, *Law in the Making*, pp. 190-203; see also above, chapter 1, pp. 22-26.

[43] Simpson, *History of the Land Law*, pp. 93-95.

[44] *Tenures*, Bk I, c. 8, s. 68.

[45] Brooke, *GA*, "Aid", 53. 在这起案件中，P起诉D侵权，对于侵权指控，D诉称W享有这块土地的所有权并将使用权授予给了D。P却认为土地的所有权应归属他。D试图将租金缴纳给W。

[46] T 11 Hen. IV, 90, 46: "我们不应当质疑古代的法律规则的合理性，而是判断行为本身是否违反了规则的要求，如果不遵循这些规则，那么我们还会重蹈覆辙，遭受与前人同样的损失。"

获得土地所有权并以自己名义将土地租给佃户），但原告质疑被告享有继承权的资格，而不是授予权（即重获土地所有权人声称是以他的名义将土地租给了佃户）。[47]在课本上，这个案子已经被审理了十二回了，但事实上，法院还没有对此类案件做出过判决。因此，依据普瑞索特大法官的观点，在类似的案件中以不同的理由审判就是不一致。[48]在1464年，P起诉D不履行债务清偿义务，D承认债务关系的存在并且请求不要因此而被拘留。法庭确定了时间审理D的诉求，但是他却未出庭应诉。[49]最后的判决也是有利于P的，"因为正如前面所说法庭可依据的判例千奇百怪……然而被告不出庭应诉肯定是要受到谴责的，这一点是不会改变的，如果这一前提发生改变，那么就必须依据已有的判例做出判决。"[50]

在这些情形下，关键的问题就是不一致，即案件审判的结果与之前类似案件的审判结果不一致。换言之，不一致的结果是与已经建立的判例规则不相符的。当然，在实践中，判例的效力被实践者等同于法律。[51]从概念上讲，因为不一致的结果或指审判结果与判例规则不一致，但同时过去判例的效力被等同于法律，所

---

[47] 关于收据，参见13 Ed. I, Statute of Westminster II, c. 3; 13 Ric. II, St. I, c. 17; *CH*, p. 411.

[48] M 33 Hen. VI, 38, 17 at 41.

[49] 关于不出庭应诉和当被告不出庭，法院对其做出不利判决的讨论，参见P&M, II, pp. 59, 595, and *CH*, pp. 385, 386. 在此情形下，适用危害这一概念的讨论，参见M 5 Hen. VII, 2, 3中赫西大法官的观点："在这一点上，法律是不会改变的，否则所有的先例都可能会因错误而被改变。"

[50] M 5 Ed. IV, 86（不让人惊奇的数字）at 87 per Danby JCP："虽然法庭可依据的判例千奇百怪……但是被告无正当理由不出庭应诉肯定也是错误的，无例外情形的发生，法官就必须依据已有的判例做出判决。" Brooke, *GA*, "Default and Appearance," 68.

[51] M 34 Hen. VI, 22, 42 at 24 福特斯丘大法官的观点："法律来自于判例"，参见前面第一章注释75。

以任何与判例不相符合的结果都会被认为与法律不一致。在年鉴中反复出现的一个观点就是假若审判的结果"违反法律必然是不一致的"或者"不一致也必然是违反法律的"。而对于这类结果，法庭是不允许出现的。在1413年，汉克福德法官明确宣布在普通法或大法官会议中，因同一侵权行为，原告分别起诉两个不同的被告并且获得双份赔偿的行为是违反法律和理性的，如果与此（或汉克福德法官的论述）不符合就是违反法律和理性。[52]在1424年，依据过去的判例，"陌生人不得在与己无关的行为中谋取个人利益。"法庭判定若出现此类情形，那么就是违反了法律规定（即出现不一致情形）。[53]与此同一年，马丁法官详细解释了一规则，即如果一个行为没有理性作为支持，那么它就是违反法律且不一致。[54]在1428年，哈勒斯法官明确阐述了这一原则，"如果法律已经明确规定了当事人的行为，法官们通过判决改变这一法律规定的做法是违反一致性规则的。"[55]

在一起案件中出现不一致的结果

不一致这一概念的含义还包括禁止在一起案件中做出互相不一致的决定。在1420年，P向法庭起诉7名被告，其中3人为主犯，余下4人为从犯。切恩法官（Cheyne JCP）认为在考虑从犯是否有罪前，陪审团应当先决定主犯是否有罪，"防止不一致情形

---

〔52〕 H 14 Hen. IV, 21, 27. 也可参见 M 1 Ed. IV, 2, 7 中一个类似的案件。类似对法律违反情形在'不一致'一词中得到很好的体现：H 22 Hen. VI, 39, 12 at 40 per Moile.

〔53〕 M 3 Hen. VI, 18, 27；H 3 Hen. VI, 26, 8；参见后面注释99。

〔54〕 T 2 Hen. VI, 14, 13："如果行为没有理性作为依据，那么它就是违反法律的。" Brooke, *GA*, "Monstrance de Faits", 2（cited by Neele JCP in H 15 Ed IV, 16, 4 at 17）.

〔55〕 P 7 Hen. VI, 28, 22 at 30："如果法律已经明确规定了当事人的行为，法官们试图通过判决改变法律规定的做法是违反'一致性'规则的。"

的产生，否则会发生从犯有罪，主犯无罪的情形。"[56]类似的，在1421年，律师辩称夫妇两人及其他人被法庭判决侵权，后来这夫妻两人成功地推翻了原审侵权判决（依靠纠正错误执行令），那么其他人（同样被认为侵权）也会从变更判决中获益，"否则原始判决一旦被强制改判，其他人若还是被认定为侵权，则将产生不一致的结果。"[57]与此相似的案件非常多。[58]让我们集中分析其中一件。

在1454年，P因债务问题分别向法庭指控A和B，债务具体的发生地点都是在莱斯特郡（Leicestershire）的D小镇。[59]随后，法院认定A和B的行为违法。尽管如此，随着案件逐渐明朗，A成功地获得了法庭的改判，而法庭改判最大的一个理由就是并不存在名叫"D"的小镇。[60]同样，B也想寻求法庭对他判决改判的机会，但问题是他是否也能找到A案件中那样足以推翻原判决的证据。不过法院也认为他可以。详言之，一旦查清楚的确不存在名叫"D"的小镇，那么法庭没有必要就这一事实再次进行审判，除非有证据显示此小镇有存在的可能性。莫里法官进一步解释道，"这是国王的法庭，我们是以国王的名义做出判决，如果真有证据证明这个小镇是存在的，那么我们必须重新审理此案件，即使会受到质疑也要坚持这么做。"[61]然而，在讨论过程中，普瑞索特大法官认为，由于P稍后出示了与A案件中事实相反的证

---

[56] H 8 Hen. V, 6, 26; Fitzherbert, *GA*, "Corone", 463.

[57] M 9 Hen. V, 9, 5; Brooke, *GA*, "Error", 54.

[58] T 11 Hen. IV, 90, 46 per Hill JCP; H 12 Hen. VI, 6, 5 at 7 Per Strangeways JCP; T 14 Hen. VI, 18, 56 per Srjt Candish and Paston JCP.

[59] M 33 Hen. VI, 51, 37; Brooke, *GA*, "Estoppel", 223.

[60] 当债务发生地并不存在的时候，执行令本身的合法性就引起了广泛质疑，参见 P 22 Hen. VI, 53, 28.

[61] M 33 Hen. VI, 51, 37 at 52.

据（即证明 D 小镇的确存在），因此若 B 案件还适用 A 案件中的判决，就可能出现不一致的情形，换言之，如果依据 A 案件中的判决结果，B 也会被无罪释放，但后来又证明 A 案件的事实本身是有问题的。普瑞索特大法官还说，"如果在 A 案件中，原告 P 对事实问题已经提出质疑，同时 B 也因 A 案件的判决而被宣判无罪（陪审团审判结果也被质疑），那么法院废止对 B 的执行令就是一个不一致的结果，毕竟在审理 A 案件时，被告的辩诉理由已经被质疑，而执行令的合法性却得到进一步的确认。"[62]

在这些案例中，不一致问题的关键点就是判决之间的相互冲突。在 1428 年，哈勒斯法官曾深有感悟地说道，"如果一个判决完全否定前面相同情形下做出的判决结果，那么这肯定是不一致的情形；毕竟在同一法庭对相似的案件，如果没有出现错误，那么就不能做出前后完全不一致的判决。"[63]

不一致情形与理性

基于完整性的考虑，在其他的情形下，我们有必要将不一致性和一致性两概念结合起来适用。有时候，一致性是指一个合适的或适当的惩罚措施或救济方式。[64]在特殊情形下，不一致性也意指损害。而这一用法主要是在无法律渊源情形下，在年鉴中从来没有出现过。[65]换言之，这种用法只是出现在立法过程中，例

---

[62] Ibid.："在上诉时，如果真有证据证明被告的辩护理由是真实的，那么我们就必须重新全面审理此案件，即使会受到质疑也要坚持这么做。"

[63] P 7 Hen. VI, 28, 22 at 29："如果一个判决完全否定前面相同情形下做出的判决结果，那么这肯定属于不一致的情形；毕竟在同一法庭对相似的案件，如果没有正当理由，那么就不能做出前后完全不一致的判决。"Brooke, *GA*, "Error", 16.

[64] 4 Hen. IV, c. 3 (*convenable*); 12 Ed. IV, c. 3 (*convenient et sure remedie*); 7 Hen. VII, c. 11.

[65] 前面注释 39。

如在 1485 年，骚乱、抢劫和谋杀就被描述为损害。[66]然而，正如我们所看到那样，不一致性这一概念最重要的适用方式并不是在法律问题中融入道德方面的思考，而是更关注法律的相称性。在这一方面，不一致性这一概念的用途与理性具有很强的相似性。（理性的主要意涵是良好的判断力和相似案件同样判决）[67]

法庭经常适用理性这一概念防止荒谬的审判结果发生，但是对于一致性概念，法院通常情形下不这样适用。例如在 1422 年，汉克福德大法官认为是否颁发案件再审令（audita querela），即法庭对已经判决但还没有被执行的案件进行重审，[68]就涉及合理性问题。[69]又如在 1426 年，马丁法官认为当捐赠者在法律上并不是那些财物的所有者时，改变捐赠物品种类的行为可归于不合理的情形。[70]再如在 1441 年，牛顿大法官表示如果原告控诉没有参与侵权行为的人并要求其返还财物，那么这一主张就有违先例。[71]另外，在 1458 年，普瑞索特大法官也表示一个人在可以获得正确的执行令的情形下，故意要求执行错误的执行令，那么这一行为也是有违先例的。[72]

实际上，一般律师经常适用不一致性和理性（reason）这两个概念是为了实现法律系统的相称性和良好判断力的目标。正如普瑞索特大法官在 1454 年一起案件中所描述的那样，"在相似的

---

[66] 1 Hen. VII, c. 7. 参见 18 Hen. VI, cc. 13（抢劫和谋杀）and 19（从国王的服务工作开始）; 3 Hen. VII, c. 1（谋杀，抢劫等）; 3 Hen. VII, c. 14（侵犯国王的财产）.

[67] Above, chapter 5, pp. 113–117.

[68] Holdsworth, I, p. 224 and II, pp. 344, 593.

[69] P 9 Hen. V, 1, 2.

[70] T 4 Hen. VI, 31, 11.

[71] P 19 Hen. VI, 66, 10.

[72] M 37 Hen. VI, 9, 19. See also T 21 Hen. VI, 57, 14 per Newton CJCP.

案件中，做出不同的判决结果可归属于不一致性的情形且违反理性。"[73]并且在下述类似的情形中，这两个词经常被混用在一起，"当原告已经重获并实际占有马匹时，阻止他继续法庭申请获取失去马匹的赔偿行为的发生；[74]防止法庭再次审理已被其审结的事实问题；[75]防止被告因同一事实被连续起诉两次的情形发生。"[76]类似的例子还有很多。[77]另外，在1424年的一起案件中，这两个词混用出现了一个非常有意思的情形，发生了一些不可思议的事情。[78]

一般而言，如果领主通过扣押佃户财物的方式逼迫其履行义务，那么佃户可以向法庭申请临时归还令（replevin）。[79]换言之，一旦当佃户主动履行了义务或向法庭明确表示他对扣押的合法性有疑问，那此时领主就必须归还通过强制方式扣押的财物。[80]有时，佃户坚持要求领主保证归回被扣押的财物，[81]然后，佃户会诉称领主的扣押行为是错误的，即合法性本身是有问题的。相应的，领主或者会否认他拿走财物的行为或者承认这一行为并解释

---

[73] M 33 Hen. Vi, 38, 17 at 41: "对于相似的案件中做出不同的判决结果就可以归入'不一致性'的情形。"

[74] M 21 Hen. VI, 14, 29 at 15 per Paston JCP.

[75] P 7 Ed. IV, 1, 3, 比较凯茨比律师和皮克特律师观点与杰宁律师和咏格律师观点的异同。

[76] H 32 Hen. VI, 28, 23 at 29 per Prisot CJCP.

[77] M 4 Hen. IV, 4, 13 per Thirning; T 2 Hen. V, 8, 2 per Srjt Lodington; H 4 Hen. VI, 10, 4 per Martin JCP; H 32 Hen. VI, 25, 13（比较布朗和福特斯丘观点的异同在26）；M 34 Hen. VI, 22, 42 per Danby JCP at 23.

[78] 关于这种情形下适用不一致性的介绍，参见 M 33 Hen. VI, 45, 28 per Prisot CJCP; 关于不一致性和逻辑性的问题，参见前面注释58。For Littleton, *Tenures*, Bk III, c. 5, s. 349; c. 12, s. 665; c. 13, s. 722.

[79] Enever, *History of Distress*, p. 156.

[80] CH, p. 368; P&M, II, p. 577.

[81] YB 5 Ed. II（63 Sel. Soc., London 1944），p. 218.

行为的原因。[82]在 1424 年，P 向法庭控诉 D 错误地强占了他的耕牛，要求颁发临时归还令（replevin）。对于这一指控，D 承认他强占了 P 的耕牛但他也解释是通过何种方式将土地租给 P 的（每年是需要付租金的）。他们在租种协议中规定若出现拖延支付租金的行为，D 可以强制占有 P 的财物。尽管如此，P 诉称事实上 D 仍然占有着耕牛，并期望 D 能保证一旦争议解决，他能归还那些耕牛。D 却辩称他无法做出任何保证，因为那些牛已经死了。因此，帕斯顿律师也说，"做一件不可能完成的事情是违反理性的。"[83]最后法院的判决也是支持了 D 的主张。因为 D 已经出示证据证明牛已经死了，所以他无法做出归还的保证，"如果牛死了是件真实的事情，那么做出归还的保证就是违反理性的，若因 D 未出庭而判决他败诉（做出归还牛的判决），那么这个判决将是永远无法执行的。"[84]

在整个这一时期，不一致这一概念最显著的用法（以及依据普通律师的解决）就是法律应当保持连续性或一致性。但这一用法对于实务界而言还是比较特殊的，并且在法学理论中，对其也没有专门的论述。与良知、自然法或其他的一些是非判断标准（如理性或危害）一样，不一致这一概念与道德并无直接关系。同时，它的适用过程也很特殊，仅仅用于预防司法决定和已建立的判例规则之间或类似案件的判决之间出现相冲突的情形（也包括预防发生同案不同判的情形）。

---

[82] Enever, *History of Distress*, p. 156.
[83] M 3 Hen. VI, 15, 20; Brooke, *GA*, "Gage Deliverance", 1.
[84] H 4 Hen. VI, 13, 11; Brooke, *GA*, "Gage Deliverance", 23. 关于保证归还的介绍，参见 M 30 Hen. VI, 1, 6; M 21 Ed. IV, 63, 35; M 5 Hen. VII, 9, 21.

危害与不一致

危害和不一致分别反映了相互对立的两个关注点。详言之，不一致主要是根除案件之间的矛盾，而危害则是防止错误的发生。当一般律师适用危害这一概念时，主要指向对两类错误的纠正：没有提供救济途径以及程序方面的错误。但这些错误较之那些被良知或自然法所禁止的道德错误更为世俗一些。相比之下，不一致也并不是简单的是非判断标准。它追求的是法律的相称性、确定性和一致性，而并非是建立在一些空洞道德概念上的诉讼请求权。相应的，在审理案件的过程中，我们不难发现建立在危害和不一致基础之上的观点相互竞争、难分高下，即阻止任何有碍个人得到正义实现的行为的发生和保持法律体系（和已建立的判例规则）的一致性这两种观点之间是存在一定张力的。

典型的论点

下述两个案例可以更好地分析危害和不一致之间的异同。第一个案例发生在1430年。P向法庭申请颁发针对A区现任执行官和他的任命者的阻却令状（quare impedit）。但是任命者已经去世，因此现任执行官希望能废除这一令状，为此法庭的意见形成了两派。[85]巴丙顿大法官认为令状不应该被废止，因为P还没有得到补偿同时违法行为也没有被惩罚。[86]马丁法官也同意这一行为对

---

[85] M 9 Hen. VI, 30, 1. 奇怪的是，有时候危害和不一致被用来描述同一现象：1 Hen. IV, c.14; 8 Hen. VI, c.27; 20 Hen. VI, c.3; 4 Hen. VII, c.19; P 3 Hen. VI, 43, 20（与马丁法官和巴丙顿法官的意见做一比较）; P 9 Hen. VI, 1, 3 per Fulthorpe.

[86] M 9 Hen. VI, 30 at 31: "有危害就应赔偿。"

P 构成了危害。[87]然而,帕斯顿律师、哈勒斯律师以及科茨莫尔法官(Cottesmore JCP)却认为令状可以被取消,但 P 有权对继承任命者职位的人重新起诉。正如帕斯顿律师所言,首先,如果 P 只是起诉现任执行官,但执行官的任免权却属于其他人,那么不能对拥有任免权的人起诉将对 P 构成危害;[88]其次,现任执行官除了与去世的那个任免者有关联外,与其他人并无半点瓜葛,如果允许他对没有利害关系的人起诉,那么这种情形就应属于不一致的情形。这个案件最终应如何判决并没有形成定论。[89]

类似的争议也出现在了 1461 年审判的一起案件中。D 向王室法院申请颁发针对 T(租种土地的佃户)的执行令状。[90]但是享有土地继承权的 R 却期望废除此令状并辩解到这块地属于古地自保,因此,王室法庭无权受理此案。详言之,划属于古地自保(ancient demesne)的土地是不适用王室法庭的一般令状的,对于此类争议,民众应当向地方法庭申请专门的令状(the little writ of right close)。[91]但是莫里法官和丹弗斯法官却持有不同的看法,因为 T 已经以应诉的方式表明王室法庭对此案具有司法管辖权,因此 R 不能申请废除令状,"当被告佃户通过出庭应诉的方式承认法院享有管辖权后,如果法庭再被否认享有此项权利,那么这种情况就可归属于不一致。"[92]另一方面,丹比法官和阿斯顿法官

---

[87] Ibid.
[88] 任免权在这里隐含着权利的思想:参见前面第四章注释 56。
[89] 关于类似的问题和类似的观点,参见 M 7 Hen. IV, 25, 3 at 26 per Gascoigne CJKB.
[90] M 2 Ed. IV, 27, 32; Brooke, *GA*, "Resceit", 108; "Ancient Demesne", 38.
[91] Simpson, *History of the Land Law*, pp. 165–166.
[92] M 2 Ed. IV, 27, 32 at 28;另外一些危害和不一致(inconvenience)同时出现的案例:M 8 Hen. IV, 16, 19; H 14 Hen. IV, 21, 27; M 7 Hen. VI, 9, 15; H 22 Hen. VI, 39, 12.

却认为令状应废除。毕竟对于享有土地继承权的 R 和他的继承人而言，如果他们的利益受到损害，那么就应当有救济途径，否者 R 就会身处危害之中。同样，这个案件最终应如何判决也没有形成定论。

一致性的偏好

在整个 15 世纪，司法机构必须达到的要求就是严格适用法律（rigor iuris）。[93] 与之相类似的目的就是阻止出现不一致的结果，即破坏法律连贯性的行为。为了达到一致性的目标，被告也可以被置于危害之中，"但往往个人不能得到正义的情形又比法律前后不一致的情形所产生的后果严重些。"[94] 也正如巴丙顿大法官在 1425 年审理一起案件时所言："在同时存在危害和不一致情形的时候，总是确保法律的一致性，而让个人承受危害。"[95] 另外，正如我们看到的那样，当法律本身包含让个人处于危害之中的条文时，为了避免法律系统的不一致，法官还是会适用它。也正如帕斯顿法官在 1443 年所言，"即使法律之中确实存在让人处于'危害'之中的条文，我们也不会把它当成一回事，毕竟这是法律，除非它被有关机关废止。"[96]

---

[93] Above, ch. 4, pp. 99-101.

[94] M 9 Hen. VI, 30, 1 at 31 per Srjt Paston; T 14 Hen. VI, 23, 67; M 37 Hen. VI, 1, 1 per Fortescue CJKB; M 6 Ed. IV, 4, 11 per Yelverton JKB. 关于问题的阐述，参见 CH, p. 680; 94 Sel. Soc. (London, 1977) p. 38, n. 1.

[95] P 3 Hen. VI, 43, 20 at 44："假若同时存在'危害'和'不一致'的情形的时候，为确保法律的一致性，让个人承担危害的后果是通常的选择。" At H 12 Hen. VI, 6, 5 at 7 斯特兰奇韦斯法官曾将此作为一项法律基本原则："为了实现法律的一致性目标，被告承担危害也是可以的。"

[96] T 21 Hen. VI, 56, 13; above, chapter 2, p. 28; 也可参见 *Tenures*, Bk II, c. 12, s. 231, and Co. Litt., p. 97b："正如在此之前和之后所观察到那样，法律中涉及的不一致的观点还是有说服力的。基于理性的要求，法律必须要保持一致性。或可以这样说，'危害'只是对个人而言，而'不一致'将会让很多人受到歧视。"

在 1424 年，审理一起涉及合同相对性（privity of contract）的案件时，法官们的偏好暴露无遗。[97] H 和 W（这是一对夫妻）因 20 英镑债务问题起诉 D。W 是单独与 D 达成的协议。然而，D 出示证据证明 W 与 J 之间也存在合同关系（也是 W 的单独行为），同时声称该履行债务的义务已经不再有效，主要理由就是 W 同意只要 J 按照规定做出一定行为后，W 与 D 之间的债务关系将自动终结，D 也不必要再履行债务清偿义务。尽管 D 一再辩称 J 已经履行了这些义务，W 却认为 W 与 J 之间的协议并不适用于 D，毕竟在这一关系中，D 并不是直接利害关系人。依据法律的规定"其他人之间签订的协议，其效力并不适用于与此无利害关系的人"，因此法庭的判决支持了 H 与 W 的主张，主审此案的约恩法官对此评论道，"这里存在一个法则，如果案件当事人不是合同的一方，那么法院是不会审查此合同的。"[98] 此外，马丁法官也同意约恩法官的意见，并言明由于协议本身是对 D 有利的并且 J 已经履行了合同所规定的义务，因此 D 的义务也应该完成了，"这个逻辑似乎是非常合乎理性的，D 符合协议的规定，否则对他而言就是极大的危害"；然而马丁法官话锋一转，"先生们，我想说的是 D 的确处于危害之中，但是在此协议中，他完全是一个利害不相关的人。"他继续说道，"既然这样，如果接受了 D 的诉求则必然违反法律并造成不一致的结果，换言之，当不一致与危害同

---

[97] M 3 Hen. VI, 18, 27; H 3 Hen. VI, 26, 8; Brooke, *GA*, "Debt", 3; "Estranger al Fait", 1.

[98] H 3 Hen. VI, 26, 8 at 27 for June. 关于原则，参见 M 2 Hen VI, 1, 1 (misnumbered as 9, 1) at 2; M 10 Hen. VI, 7, 23 and P 28 Hen. VI, 6, 3; 也可参见 *HCLC*, pp. 153f. 关于无直接利害关系人和法律不一致情形的描述，参见 H 8 Hen. VI, 26, 16 at 27 per Srjt Chantrell; P 19 Hen. VI, 66, 10 per Newton CJCP; P 7 Ed. IV, 1, 3 per Srjts Jenney and Young.

时存在的时候，为确保法律的一致性，个人遭受危害也是在所难免。"[99] 从这个案例，我们可以较为清楚地发现马丁法官倾向于适用法律规则（要求利害关系是必要条件），而非承认例外的存在，即从逻辑上推演，按照协议规定，D 的确不应再履行清偿债务的义务。

在少数情形下，法官们也会为他们所坚持的法律一致性的立场进行合法性论证。例如，在 1440 年审理的一起案件中，法官的合法性论证观点就完全是功利主义的立场，详言之，如果允许例外的存在（即不一致情形），那么现行的法律制度将会被推翻，法庭会面临不确定性的麻烦。[100] 再举一例来说明这些事实。P（修道院院长）向法庭申请颁发针对 B（A 教区的牧师）的情况说明令状（scire facias）*，即 S（P 的前任）执行 R（B 的前任）的年金情况。[101] B 是反对这一执行命令的：其一，因为事实上，既非 P，也非他的前任占有了这些年金；其二，因为所有审理年金案的陪审员都已经去世，即使有证据证明他们对于占有年金的事实认定存在问题，他也不可能再有机会控诉他们。福蒂斯丘律师认为依据此两点，若还是坚持执行年金命令的话，将会对 B 构成危害。但另一方面，珀廷顿律师（Serjeant Portington）则辩称 B 的诉求是不成立的，如果这一诉求被法庭再次审理，那也意味着 B 将有机会重新讨论年金占有的合法性问题，"因为这肯定会与年

---

[99] H 3 Hen. VI, 26, 8 at 27: "基于理性的要求，在整体上法律保持一致性是必要的。'危害'的后果只是对个人而言，但若法律不能'不一致'，则会有很多人的利益都会受到损害。"

[100] 类似的观点：T 21 Hen. VI, 57, 14 at 58 per Newton CJCP；关于立法方面的介绍，4 Hen. IV, c. 3; 3 Hen. VI, c. 1; 15 Hen. VI, c. 4. 也可参见 HCLC, p. 100.

* 情况说明令状是法院命令关系人说明某项成案何以不应执行的书状。——译者注

[101] M 19 Hen. VI, 39, 82; Brooke, GA, "Aid", 78. 以及参见 T 12 Hen. IV, 26, 15 (misnumbered in YB as 14): "我们并没有给予救济的权力。"

金执行令中发现的问题相反，而这也必然会导致同一审判程序产生两个不一致的结果。"因此，法官们也同意珀廷顿律师的观点，决定不重新审理 B 的诉求。正如阿斯科夫法官所言："如果一有事情被发现，就又重新讨论一次，那么法律将永远没有最终结果，一旦这一情形被允许发生，不难想见法庭的所有判决和庭审记录都将陷入无休止的麻烦中。"因此，他说，"如果这样，审判将永无终结。"牛顿法官的观点同样很清楚，"如果之前的年金判决是无效的，那么这肯定是一个很坏的例子，也是对法律制度的否定"，更进一步言之，这样的结果也会让每一个原告感受到挫败感。相应的，牛顿法官说，"如果被告的诉求被允许（执行令被再次审查），那么后续会有很多的不一致情形产生。"帕斯顿法官也同意这一观点，即 B 的诉求是因无法查证事实而不被允许的，"毕竟个人正义是否能声张，较之法律的整体一致性并非那么重要。"[102]

本章小结

在中世纪晚期，普通律师的口号就是："较之法律的整体一致性，个人正义的伸张更为重要。"而这也是现代实证主义理论的基本观点。当然，这一观点也直接反对了衡平法院的司法管辖权（chancery jurisdiction）。但实际上，大家都较为接受的一种观点是基于理性的作用，普通法中的一致性偏好特征进一步发展了衡平法院的司法管辖权。普通法本身或许也是建立在理性基础之上的，求助于良知或许是普通法逻辑推理过程中最为重要的特征（在立

---

[102] M 19 Hen. VI, 39, 82 at 40："较之个人正义是否能实现，法律的整体一致显得更为重要。"

法过程中并没有提及)。但是，在排除危害或不一致的过程中，不可避免会发生冲突，这时往往占上风的法律价值是一致性。另外，在涉及做出个人的法律决定的过程中，危害和不一致性两个概念代表着两类基本的权威。详言之，对于危害而言，实务者关心的是抽象的是非判决标准，较之隐含在良知、理性或自然法适用过程的标准更为世俗化。与此同时，就不一致性而言，实务界的关注点则放置在决定与已经存在的规则之间的连贯性。并且在具体的案例分析中，一旦为声张个人正义而不顾及法律整体的一致性时，我们会清晰地看到法律制度存在的危机。在中世纪晚期，这种紧张关系已然形成，而具体的解决方式往往是偏向实证主义的。

结 束 语

在中世纪晚期,"同意""自然法""理性"和"良知"等概念都被广泛运用于实践者的处理日常案件和问题、理论家解释法律是什么当中。因此,我们可能永远无法确切地理解和重构中世纪晚期法律观念中的这些基本要素。但是,通过对于这些词汇(或类似的词汇)的分析,我们至少可以找到部分关于那一时期的法律和法律权威来源的基本理念。值得注意的是,根据得到的材料可以获知,中世纪晚期的法律或法律权威概念绝不是以一个简单词汇就能概述的。这些词汇经常代表不同(有时甚至是相反的)的法律和法律权威观点。大体上说,依据材料,我们可以划分两类基本观点:一类强调法律与抽象的是否判断标准之间的联系;另一类则将法律与其他概念区分开来,只强调人的意志。尽管那一时期,大家更关注前一类观点,但是理论学者们将这两类观点都明确提了出来,甚至有时它们之间还存在相互矛盾的关系。律师们也提出了相类似的观点(绝不是同一的)。但通常理论家们的观点要比实务界的观点更简单、更容易识别。另外,理论与实践之间也存在大量的共同之处,但不可否认同时也存在很多不一致的地方。

自然法、神法和良知都强调了"道德"性。依靠这些概念,普通法与抽象的是非判断标准之间产生了联系。法学理论创造了自然法的同时为法律注入了神性,另外,也为人定法奠定了基本权威的基础。自然法也就具有了高级法的品质(所有的人定法都必须服从于它)。如果人定法与自然法相冲突,那么人定法将不能获得"法"的地位,这一观点是福蒂斯丘和圣日耳曼,而非皮卡克提出来的。并且人定法的目的是揭示正义和提升道德。但是,平等也是严格正义应有之义。福蒂斯丘明确将自然法和正义等同了起来,而皮卡克则认为权利应植根于诉权,在此基础上将正义理论进一步完善。但总体上讲,在中世纪法律理论中,法律与道德具有联系已经是个普遍共识。在实务界,细微的差别也还是可以被发现的。有时"自然法"这一概念也被适用在年鉴中,但在司法机关却未适用过。尽管如此,实务界也的确使用了大量的道德观点,诸如良知、神法等观点,不过衡平法院采取了拒绝态度。在立法过程中,良知和神法作为权威的来源被融入其中。一般而言,法律应当体现良知或神法的要求。类似的,普通律师也常借用"良知"概念来为司法决定提供合法性基础并且在法律发挥管理作用的过程中,规范法官、陪审员和当事人。通过神职人员及忏悔仪式,所有人都知道违反良知要求将使人的灵魂不得安宁,因此作为法律实施的一种方式,良知的价值不可估算。实际上,在阿奎那、戴利、吉尔森、教会法学者以及衡平法院对于良知的实际应用的指引下,圣日耳曼将普通法和良知联系在一起也是在意料之中,当然也许也受到15世纪普通法律师对于良知的适用的影响。

另外,较之良知或自然法等公开的道德观点,实践者经常适用的概念,诸如平等(equity)、危害(mischief)和理性等,更能反映普通民众所能接受的抽象的是否判断标准。在法学理论中,实务界的平等概念不是一个道德概念，仅仅扩充了现行的立法规则的范围。在普通法院的法庭上，"危害"这一概念意指世俗世界所接受的"错误"观念，多指无法律救济和程序错误两种情形。在立法过程中，它又指一般的危害，有时有些道德意涵，有时没有。另外，普通律师习惯性地适用"理性"概念来代表抽象的是非评判标准。作为具有"好的判断力"意涵的一种概念，法官们将荒谬的审判结果视为违反理性要求行为。理性也禁止发生不平衡的结果，如损失和赔偿之间的不平衡或错误行为与惩罚措施之间的不平衡。在这一方面，实践者的理性观是具有一定的相似性的，普通法的建立基础也在于此。并且理论家们的正义观是要求给予每个人应该获得的东西。鉴于只要一切与自然法相冲突的人定法都是无效的理论，在实践中，如果地方性的习惯法规违反理性的要求，那么它是没有效力的。简言之，与良知概念一样，普通律师也适用理性概念来处理诉讼中的一般问题。并且也与良知一样，理性也是普通法中的基本原则。

对于普通民众而言，道德权威（已在自然法、神法、正义或良知中得到阐释）、好的判断力和比例原则（即理性的具体要求）对于现行法律和发展中的法律制度而言都是至关重要的。他们的法律观念基本上属于法律性质的概念。法律体系的构建很大程度上依赖那些代表抽象的是否判断标准的概念。实际上，决定的正当性与决定本身同等重要。作为正当性基础的道德范畴是极为广泛的，如创制新规则、保留适用和扩展现行规则以及在没有规则适用的空间等。

与之形成鲜明对比的是，同意、惯例、不一致和严格适用法律规定等概念又将法律同抽象的是否判断标准区分开来，这也是另外一种观点。概言之，法律是人意志的行为。在实践中，立法过程中所隐藏的权威是同意，即国王和民众的同意，法学理论中也持这种观点。依据皮卡克的观点，法律产生于国王和民众的双方行为，并且它的观点比福蒂斯丘的政治的君主统治还早二十年左右。当然，我们也会很容易地接受诸如福蒂斯丘的理论是受到皮卡克的影响之类的观点。英国律师不太可能不知道下面所述的威尔士教士，因为他们有着非常类似的发展轨迹：一位是国王法庭的主审法官（King's Bench，1442-1461），另外一位是圣亚洒（Bishop of Saint Asaph，1444）和奇切斯特（Chichester，1450）地区的主教。他们都是1450年代向议会递呈请愿书的参与者，并且皮卡克还是1454年枢密院的大臣和林肯律师学院的成员，两人都在约克党人（Yorkist regime）执政期间受到迫害并参与抗争。

同意理论还在实践过程中适用于评价地方习惯法。尽管理论家们详细解释了同意理论与议会法律之间的关系，但是他们却没有很好地解释地方习惯法或联邦习惯法与同意理论之间的关系。只有圣日耳曼曾论述过普通法是需要获得王国民众的同意，而与此相当的观点则是实务界有人提出的普通法是司法意志的产物，即它是由以建立的实践规则和法庭的具体判例组成的，在那些"书中（判例）"是可确定的。法律不能仅仅想象成是由上帝创制的，它更有可能是由人的行为习惯或命令形成的。正因为法律有可能是由人的命令构成的，所以它会随着时间和地点的不同而发生改变，存在的目的也是很世俗的，即公共利益。在年鉴中，理论家们所强调的"道德"是绝对没有记载的。

法律中的唯意志论观点发轫于同意理论和惯例，它为法律实证主义理论的兴起铺垫了道路。福蒂斯丘和皮卡克的一个重要贡献就是明确提出由人创制的规则也是法律（摆脱了抽象的是非判断标准的束缚）的观点。在实践中，一旦立法被认为是违反良知

结束语

或产生让个人处于危害之中的后果的情形,那么它将会被废止,但也不是自动失效。法官的态度与之相似,即使法律会产生坏的结果,法官们也不会拒绝适用法律。现代的主权观念在中世纪的实证主义的理论中开始被隐晦地表达出来。此外,法官们经常为了遵循已建立的法律实践规则而拒绝受理根据良知或理性提出的诉求。换言之,法官们非常在意法律的要求,应做到严格按照法律规定判案,否则他们就会担心出现"不一致"的情形(结果就是将来会一直处于不确定的状态之中)。普通律师的观点,即较之个人正义是否能声张,法律的整体一致性并非那么重要,完全属于实证主义的观点。而这也是衡平法院司法管辖权不断扩张的理由之一。

依据他律主义(Heteronomist)的观点,人定法的权威基础主要在于一些大的道德观念,例如自然法、良知依据一些世俗社会所接受的抽象的是非判断标准(比如理性和危害),人类意志单独是形成不了法律的。理论家们和实践者们除了依据这些意涵丰富的概念为他们的决定提供合法性基础以外,他们还假设了一些其他的权威来源并将之融入司法和立法程序之中。持他律主义观点的人依凭这些词语构建模型并用之处理案件和难题。因为中世纪的律师也意识到囊括一切的法律框架是不存在的,因此在实践或立法过程中,有必要将诸如理性和良知等意涵较丰富的词汇纳入到法律体系中。另外,依据唯意志论或自治论的观点,法律与道德应当被分开,法律仅仅是由人的意志创制的。法律决定也是依据同意和惯例做出的。概言之,前一类观点暗示法律的权威来自于神法、自然法、良知和理性。而后一类观点则表示法律权威只是来自于人的影响,即同意和惯例。

在现代律师的眼中,这两类观点似乎相互冲突。对于它们之间存在的最大矛盾,福蒂斯丘曾精辟的总结到,前一类观点认为,"法律是由国王和人民同意的规则"并且"恶法也是法律",与此同时,后一类观点则认为"由神创制的法律是自然法","坏的规则如果违反了自然法的要求,那么它就不是法律",并且"法律只是揭示了由神创制的正义"。在实践层面,这两种观点的张力也是非常明显的。另外,依据理性产生的论点,在适用已建立的规则的过程中,良知和危害两概念是明显遭受排斥的。尽管如此,在一些情形下,这两类观点的具体要求也会产生重合关系。例如在同一法律中,同意的权威和良知或神法的权威会一同出现,又如在同一司法决定中,依据良知或理性提出的诉求与依据普通法而提出的诉求会存在契合关系。

相关法律、法规简表

52 Hen. III, c. 3 30 n. 109
52 Hen. III, c. 14 16 n. 45
3 Ed. I (Westminster I), c. 40 119 n. 47
6 Ed. I (Gloucester), c. 7 105-6
13 Ed. I (Circumspecte Agatis) 158 n. 16
13 Ed. I (Westminster II), c. 3 116, 164 n. 47
13 Ed. I (Westminster II), c. 14 58
13 Ed. I (Westminster II), c. 24 106 n. 105
25 Ed. I, c. 1 14 n. 39, 46 n. 86
9 Ed. II, c. 1 158 n. 16
1 Ed. III, St. II, c. 14 123 n. 63
4 Ed. III, c. 7 104 n. 101
4 Ed. III, c. 11 123 n. 63
9 Ed. III, St. I, c. 3 104
9 Ed. III, St. II. c. 2 35 n. 13
14 Ed. III, St. I, c. 1 22, 41 n. 48, 81
14 Ed. III, St. I, c. 2 41 n. 48

14 Ed. III, St. I, c. 6 35 n. 13
14 Ed. III, St. II, c. 1 145, 46 n. 84,
14 Ed. III, St. II, c. 2 22 n. 70, n. 58, 56-57
20 Ed. III, c. 1 137 n. 26
20 Ed. III, c. 6 123 n. 63
27 Ed. III, St. II, c. 17 67 n. 37
34 Ed. III, c. 7 124 n. 65
36 Ed. III, St. I, c. 6 35 n. 13
38 Ed. III, St. I, c. 12 124 n. 65
42 Ed. III, c. 3 46
45 Ed. III, c. 2 156 n. 3
1 Ric. II, c. 9 55
1 Ric. II, c. 12 29 n. 102
1 Ric, II, c. 13 148 n. 74
8 Ric. II, c. 2 40 n. 40, 44 n. 74
9 Ric. II, c. 3 116
12 Ric. II, c. 6 40 n. 40
13 Ric. II, St. I, c. 1 27 n. 95

13 Ric. II, St. I, c. 17 116 n. 34, 164 n. 47
14 Ric. II, c. 2 44 n. 74
15 Ric. II, c. 2 35 n. 13
16 Ric. II, c. 5 10 n. 15, 126
17 Ric. II, c. 7 48
17 Ric. II, c. 9 156 n. 3
21 Ric. II, c. 15 44 n. 74, 46 n. 84
21 Ric. II, c. 18 44 n. 74, 45
1 Hen. IV, c. 1 89 n. 28
1 Hen. IV, c. 3 15 n. 43, 45, 46 n. 84, 56-57
1 Hen. IV, c. 7 40 n. 40, 48
1 Hen. IV, c. 8 3 n. 10, 157 n. 5
1 Hen. IV, c. 12 79 n. 81, 111 n. 16, 156 n. 3
1 Hen. IV, c. 14 169 n. 85
1 Hen. IV, c. 19 51 n. 109
2 Hen. IV, c. 1 22 n. 70, 99 n. 79
2 Hen. IV, c. 9 157 n. 6
2 Hen. IV, c. 13 44 n. 74, 46 n, 84
2 Hen. IV, c. 15 37, 67, 111 n. 15
2 Hen. IV, c. 16 56 n. 125
2 Hen. IV, c. 21 2 n. 6, 48
4 Hen. IV, c. 3 167 n. 64, 172 n. 100
4 Hen. IV, c. 7 55
4 Hen. IV, c. 11 67, 111, 156
4 Hen. IV, c. 18 51 n. 109
4 Hen. IV, c. 22 27, 67 n. 36, 95 n. 56, 135 n. 21
4 Hen. IV, c. 25 31 n. 114, 111 n. 16
5 Hen. IV, c. 5 68 n. 42
5 Hen. IV, c. 9 44 n. 73
6 Hen. IV, c. 1 42 n. 60
6 Hen. IV, c. 4 44 n. 73
7 Hen. IV, c. 4 29
7 Hen. IV, cc. 8, 17 157 n. 6
7 Hen. IV, c. 10 44 n. 73
7 Hen. IV, c. 14 40 n. 40
7 Hen. IV, c. 16 123 n. 60
9 Hen. IV, cc. 1-9 38 n. 32
9 Hen. IV, c. 6 44 n. 73
11 Hen. IV, c. 3 117 n. 40
11 Hen. IV, c. 4 40 n. 40
11 Hen. IV, c. 5 38 n. 32
11 Hen. IV, c. 8 44 n. 74
11 Hen. IV, c. 9 29 n. 103
13 Hen. IV, c. 2 40 n. 40, 44 n. 74
13 Hen. IV, c. 3 40 n. 40
1 Hen. V, c. 3 123 n. 64
1 Hen. V, c. 5 40 n. 40
1 Hen. V, c. 6 38
1 Hen. V, c. 9 40 n. 40
2 Hen. V, c. 7 68
2 Hen. V, St. I, c. 1 68 n. 42
2 Hen. V, St. I, c. 2 31 n. 114

2 Hen. V, St. I, c. 6 38 n. 32, 40 n. 40
2 Hen. V, St. I, c. 8 38 n. 32
2 Hen. V, St. I, c, 9 40 n. 40
2 Hen. V, St. II, c. 3 146
2 Hen. V, St. II, c. 4 111 n. 16
2 Hen. V, St. II, c. 5 38 n. 27
4 Hen. V, St. II, c. 2 40 n. 40, 111
4 Hen. V, St. II, c. 3 111 n. 16
4 Hen. V, St. II, c. 7 117 n. 40
9 Hen. V, St. I, c. 1 45, 148 n. 74
9 Hen. V, St. I, c. 4 35 n. 13, 40 n. 40, 45 n. 76
9 Hen. V, St. I, c. 5 146 n. 63
9 Hen. V, St. I, c. 8 31, 40 n. 40, 45 n. 76
9 Hen. V, St. I, c. 9 40 n. 40, 45 n. 76
9 Hen. V, St. I, c. 11 99 n. 79.
9 Hen. V, St, II. c. 3 67 n. 37
1 Hen. VI, c. 2 38, 39
1 Hen. VI, c. 6 40 n. 40, 111 n. 15
2 Hen. VI, c. 2 79 n. 81
2 Hen. VI, c. 6 35 n. 13
2 Hen. VI, c. 12 156
2 Hen. VI, c. 15 89 n. 28
2 Hen. VI, c. 19 31
2 Hen. VI, c. 21 31
2 Hen. VI, c. 1 172 n. 100
3 Hen. VI, c. 3 31 n. 114

3 Hen. VI, c. 4 56 n. 125.
3 Hen. VI, c. 5 89 n. 28
4 Hen. VI, c. 3 45 n. 76
4 Hen. VI, c. 5 48
6 Hen. VI, c. 1 16 n. 44, 148 n. 74
8 Hen. VI, c. 9 35 n. 13, 89 n. 28
8 Hen. VI, c. 11 22 n. 70
8 Hen. VI, c. 12 68 n. 42
8 Hen. VI, c. 22 36 n. 16
8 Hen. VI, c. 24 36 n. 16
8 Hen. VI, c. 25 36 n. 16
8 Hen. VI, c. 27 31 n. 114, 169 n. 85
8 Hen. VI, c. 29 147 n. 67
9 Hen. Vl, c. 5 38 n. 27
10 Hen. VI, c. 5 44 n. 74, 45
11 Hen. VI, c. 1 146-147
11 Hen. VI, c. 4 124 n. 65
11 Hen. VI, c. 6 117 n. 40
11 Hen. VI, c. 7 29 n. 103, 111 n. 15
11 Hen. VI, c. 11 2 n. 6, 48 n. 96
11 Hen. VI, c. 13 16 n. 44
11 Hen. VI, c. 14 40 n. 40, 44 n. 75
14 Hen. VI, c. 4 111 n. 16
14 Hen. VI, c. 2 45
15 Hen. VI, c. 4 172 n. 100
15 Hen. VI, c. 6 83 n. 96
15 Hen. VI, c. 7 148 n. 77
18 Hen. VI, c. 1 57 n. 126, 138

18 Hen. VI, c. 3 36 n. 16

18 Hen. VI, c. 4 36 n. 16

18 Hen. VI, c. 157 n. 6

18 Hen. VI, c. 11 36 n. 16

18 Hen. VI, c. 12 45

18 Hen. VI, c. 13 167 n. 66

18 Hen. VI, c. 14 146 n. 63

18 Hen. VI, c. 18 111

18 Hen. VI, c. 19 68 n. 42, 167 n. 66

20 Hen. VI, c. 2 45 n. 76, 46

20 Hen. VI, c. 3 44 n. 75, 56 n. 125, 169 n. 85

20 Hen. VI, c. 6 45

20 Hen. VI, c. 8 35 n. 13

20 Hen. VI, c. 9 31

23 Hen. VI, c. 5 45

23 Hen. VI, c. 9 142–143

27 Hen. VI, c. 1 51 n. 110

27 Hen. VI, c. 5 67

27 Hen. VI, c. 6 83 n. 96

28 Hen. VI, c. 1 44 n. 75

28 Hen. VI, c. 4 44 n. 75, 148

31 Hen. VI, c. 4 48 n. 96

31 Hen. VI, c. 6 44 n. 73, 45 n. 76, 46, 48 n. 96

31 Hen. VI, c. 9 2 n. 6, 138

33 Hen. VI, c. 1 68, 95 n. 56, 111 n. 16

33 Hen. VI, c. 2 44 n. 73, 46

33 Hen. VI, c. 3 137

33 Hen. VI, c. 6 148

33 Hen. VI, c. 7 83

39 Hen. VI, c. 1 44 n. 73, 57, 139 n. 31

1 Ed. IV, c. 2 147 n. 67

3 Ed. IV, c. 1 51 n. 110

4 Ed. IV, c. 5 146 n. 63

7 Ed. IV, c. 1 111 n. 16

12 Ed. IV, c. 3 167 n. 64

12 Ed. IV, c. 9 146 n. 63

17 Ed. IV, c. 1 35 n. 13

17 Ed. IV, c. 2 45 n. 76, 103, 150 n. 84

17 Ed. IV, c. 3 67 n. 37

22 Ed. IV, c. 3 40 n. 40, 44 n. 75

22 Ed. IV, c. 4 51

1 Ric. III, c. 1 58

1 Ric. III, c. 2 69 n. 44

1 Ric. III, c. 4 138–139

1 Ric. III, c. 6 45 n. 76, 103, 150 n. 84

1 Ric. III, c. 9 51

1 Hen. VII, c. 2 79 n. 81

1 Hen. VII, c. 7 167

1 Hen. VII, c. 9 44 n. 75, 95 n. 56

3 Hen. VII, c. 1 69, 167 n. 66

3 Hen. VII, c. 2 69

3 Hen. VII, c. 5 68 n. 41, 97

3 Hen. VII, c. 6 69 n. 44

3 Hen. VII, c. 8 111 n. 16

3 Hen. VII, c. 9 48 n. 96, 67 n. 37

3 Hen. VII, c. 10 117 n. 40

3 Hen. VII, c. 11 111

3 Hen. VII, c. 12 68 n. 41

3 Hen. VII, c. 14 167 n. 66

4 Hen. VII, c. 8 103-104, 139 n. 31

4 Hen. VII, c. 9 137-138

4 Hen. VII, c. 12 157

4 Hen. VII, c. 16 146 n. 63

4 Hen. VII, c. 19 169 n. 85

4 Hen. VII, c. 21 111 n. 16

7 Hen. VII, c. 3 89 n. 28

7 Hen. VII, c. 10 111 n. 15

7 Hen. VII, c. 11 167 n. 64

7 Hen. VII, c. 12 99 n. 79

7 Hen. VII, c. 15 95 n. 56, 139 n. 31

7 Hen. VII, c. 20 139 n. 31

11 Hen. VII, c. 1 46 n. 86, 138

11 Hen. VII, cc. 2, 3 69 n. 44

11 Hen. VII, c. 7 111 n. 16

11 Hen VII, c. 8 68 n. 41, 97

11 Hen. VII, c. 12 99 n. 79

11 Hen. VII, c. 18 111 n. 16 .

11 Hen. VII, c. 20 111 n. 15

11 Hen. VII, c. 24 124 n. 65

11 Hen. VII, cc. 25, 26 40 n. 40

11 Hen. VII, c. 34 139 n. 31

12 Hen. VII, c. 6 56, 139 n. 31

12 Hen. VII, c. 7 68, 95 n. 56, 157

3 Hen. VIII, c. 12 104 n. 99

3 Hen. VIII, c. 23 90 n. 33

相关案例年鉴表

H 7 Ed. III, 4, 7 145 n. 57
M 17 Ed. III, 61, 65 3 n. 10
H 21 Ed. III, 46, 65 3 n. 10
T 21 Ed. III, 19, 4 3 n. 10
P 24 Ed. III, 40, 22 3 n. 10
P 39 Ed. III, f. 7A 8 n. 4, 23 n. 73, 39
H 40 Ed. III, 17, 8 49 n. 99
P 41 Ed. III, 10, 5 122 n. 59
H 42 Ed. III, 4, 16 80 n. 85
H 48 Ed. III, 1, 1 161 n. 31
M 1 Hen. IV, 1, 1 147 n. 68
M 1 Hen. IV, 5, 10 147 n. 68
M 2 Hen. IV, 4, 14 89 n. 28
M 2 Hen. IV, 11, 48 129 n. 94
M 2 Hen. IV, 12, 49 129
M 2 Hen. IV, 12, 50 122–123
P 2 Hen. IV, 18, 6 2, 127
T 3 Hen. IV, 18, 15 118 n. 43
M 4 Hen. IV, 4, 13 168 n. 77

H 5 Hen. IV, 2, 6 159
H 6 Hen. IV, 3, 22 118
M 7 Hen. IV, 25, 3 170 n. 89
M 7 Hen. IV, 31, 15 145
P 7 Hen. IV, 10, 1 100
P 7 Hen. IV, 41, 5 145 n. 57
T 7 Hen. IV, 16, 4 114 n. 26
T 7 Hen. IV, 16, 6 104 n. 100, 105
M 8 Hen. IV, 12, 13 15 n. 43, 57
M 8 Hen. IV, 16, 19 95 n. 56, 170 n. 92
M 10 Hen. IV, 6, 19 100–101
M 11 Hen. IV, 1, 1 158
M 11 Hen. IV, 7, 20 42 n. 64, 57 n. 128
M 11 Hen. IV, 16, 38 129
M 11 Hen. IV, 18, 43 125 n. 74
M 11 Hen. IV, 31, 57 112
M 11 Hen. IV, 33, 61 100 n. 84
M 11 Hen. IV, 37, 67 42 n. 64, 57

n. 128

H 11 Hen. IV, 40, 2 104 n. 100

H 11 Hen. IV, 45, 20 104 n. 100, 106, n. 105

H 11 Hen. IV, 47, 21 50

H 11 Hen. IV, 50, 27, 150

P 11 Hen. IV, 56, 2 104 n. 101

T 11 Hen. IV, 86, 37 15 n. 40

T 11 Hen. IV, 90, 46 95 n. 56, 163, 165 n. 58

M 12 Hen. IV, 1, 3 104 n. 100, 116 n. 35

H 12 Hen. IV, 12, 3 81 n. 91, 89

H 12 Hen. IV, 16, 9 114 n. 26

P 12 Hen. IV, 19, 4 118 n. 43

P 12 Hen. IV, 20, 5 104 n. 100

T 12 Hen. IV, 26, 15 172 n. 101

H 13 Hen. IV, 14, 11 14, 15, 16 n. 44

M 14 Hen. IV, 2, 6 20, 21

H 14 Hen. IV, 14, 4 126

H 14 Hen. IV, 21, 27 124, 164, 170 n. 92

H 14 Hen. IV, 27, 37 104 n. 100

M 1 Hen. V, 11, 21 113

M 1 Hen. V, 11, 24 79 n. 81

P 1 Hen. V, 4, 4 157 n. 5

T 2 Hen. V, 8, 2 168 n. 77

H 5 Hen. V, 6, 13 146 n. 63

7 Hen. V, 5, 3 95 n. 56, 101 n. 87

H 8 Hen. V, 4, 16 100 n. 83

H 8 Hen. V, 5, 21 89 n. 28

H 8 Hen. V, 6, 26 165

M 9 Hen. V, 9, 5 165

M 9 Hen. V, 12, 13 114

P 9 Hen. V, 1, 2 167

M 2 Hen. VI, 1, 1 36 n. 18, 172 n. 98

T 2 Hen. VI, 14, 13 165

T 2 Hen. VI, 15, 15 119 n. 47

M 3 Hen. VI, 14, 17 114, 130

M 3 Hen. VI, 14, 18 104-105

M 3 Hen. VI, 15, 20 168

M 3 Hen. VI, 18, 27 164-165, 171-172

H 3 Hen. VI, 26, 8 164-165, 171-172

P 3 Hen. VI, 43, 20 169 n. 85, 171

T 3 Hen. VI, 51, 17 24 n. 77

T 3 Hen. VI, 54, 25 24 n. 77

M 4 Hen. VI, 2, 4 122 n. 59

H 4 Hen. VI, 10, 4 168 n. 77

H 4 Hen. VI, 13, 11 168

T 4 Hen. VI, 25, 4 95 n. 56, 104 n. 100, 105-106

T 4 Hen. VI, 26, 5 118 n. 43

T 4 Hen. VI, 28, 12 90

T 4 Hen. VI, 31, 11 3 n. 10, 23 n. 76, 30, 167

M 7 Hen. VI, 5, 9 104 n. 100, 105

M 35 Hen. VI, 25, 33 28, 42 n. 60, 74 n. 63, 80, 157 n. 9

M 35 Hen. VI, 39, 47 158 n. 15

H 35 Hen. VI, 46, 11 159

H 35 Hen. VI, 52, 17 112 n. 19

P 35 Hen. VI, 56, 2 15 n. 40

T 35 Hen. VI, 60, 1 27 n. 95, 28 n. 99

36 Hen. VI, 7, 4 128 n. 90

M 37 Hen. VI, 1, 1 171 n. 94

M 37 Hen. . VI, 1, 2 157 n. 6

M 37 Hen. VI, 4, 6 95 n. 56, 157 n. 5

M 37 Hen. VI, 9, 19 167

P 37 Hen. VI, 17. 4 23 n. 76. 4l

M 38 Hen. VI, 2, 5 36 n. 17, 100 n. 83

M 38 Hen. VI, 11, 22 117

M 38 Hen. VI, 17. 43 104 n. 100

P 38 Hen. VI, 30, 12 112 n. 22

P 38 Hen. VI, 30, 13 42 n. 64, 115 n. 31

P 38 Hen. VI, 29, 12 151 n. 89

M 39 Hen. VI, 12, 16 130, 160

M 39 Hen. VI, 16, 20 117

M 39 Hen. VI, 27, 38 30 n. l06

M 39 Hen. VI, 27, 40 130, 160

H 39 Hen. VI, 38, 3 16 n. 44, 35 n. 14, 49 n. 99

M 1 Ed. IV, 1, 5 157 n. 5

M 1 Ed. IV, 2, 7 37 n. 25, 164 n. 52

M 1 Ed. IV, 5, 13 37 n. 25, 41 n. 48, 42 n. 62

M 2 Ed. IV, 18, 13; 23, 21 28 n. 98, 81 n. 91, 89

M 2 Ed. IV, 27, 32 170

P 2 Ed. IV, 4, 8 24 n. 77

M 3 Ed. IV, 8, 1 112 n. 22

M 3 Ed. IV, 15, 10 24 n. 78, 125 n. 74, 158 n. 17, 160

M 3 Ed. IV, 17, 12 24 n. 78

M 3 Ed. IV, 19, 13 104 n. 100

M 3 Ed. IV, 24, 18 24 n. 77

M 3 Ed. IV, 24, 19 79 n. 81

M 3 Ed. IV, 26, 20 24 n. 77

H 3 Ed. IV, 28, 3 24 n. 77

M 4 Ed. IV, 31, 12 24 n. 77

M 4 Ed. IV, 38, 22 141

P 4 Ed. IV. 3, 4 35 n. 13, 42 n. 64, 103 n. 94

P 4 Ed. IV, 8, 9 144 n. 53

P 4 Ed. IV, 10. 13 24 n. 78

P 4 Ed. IV, 12, 19 24 n. 77

P 4 Ed. IV, 13, 20 24 n. 77

P 4 Ed. IV, 13, 21 24 n. 78

P 4 Ed. IV, 14, 25 161 n. 33

P 4 Ed. IV, 16, 28; 19. 36 145−146

M 5 Ed. IV, 8, 23 41

M 5 Ed. IV, 86 24, 164

P 5 Ed. IV, 3, 26 158 n. 17

T 5 Ed. IV, 4, 9 141

T 5 Ed. IV, 4, 10 143 n. 52, 159 n. 18

M 6 Ed. IV, 3, 7 158

M 6 Ed. IV, 4, 11 171 n. 94

M 6 Ed. IV, 5, 14 147

M 6 Ed. IV, 5, 16 124 n. 65

M 6 Ed. IV, 7, 18 121–122, 123

H 6 Ed. IV, 61, 6 122 n. 59

M 7 Ed. IV, 18, 12 104 n. 100

M 7 Ed. IV, 19, 16 30 n. 109

M 7 Ed. IV, 20, 19 29 n. 105

M 7 Ed. IV, 20, 23 41 n. 55

H 7 Ed. IV, 29, 15 150 n. 84

P 7 Ed. IV, 1, 3 167–168, 172 n. 98

T 7 Ed. IV, 10, 1 24 n. 77

M 8 Ed. IV, 9, 9; 20, 35 23, 35, 71, 95 n. 56

M 8 Ed. IV, 17, 24 128

M 8 Ed. IV, 18, 30 19 n. 57, 42, 48, 82

P 8 Ed. IV, 1, 1 71, 141 n. 40, 151 n. 89

T 8 Ed. IV, 5, 14 79 n. 81

M 9 Ed. IV, 41, 26 144 n. 53

P 9 Ed. IV, 2, 5 150 n. 84

T 9 Ed. IV, 12, 4 140 n. 34

T 9 Ed. IV, 14, 9 144 nn. 53, 56

T 9 Ed. IV, 22, 24 112 n. 21

T 9 Ed. IV, 27, 39 73 n. 60

T 9 Ed. IV, 30, 45 104 n. 100

P 10 Ed. IV, 9, 24 150 n. 84.

H 11 Ed. IV, 9, 1 161

H 11 Ed. IV, 10, 5 23 n. 72

T 11 Ed. IV, 4, 8 29 n. 105

T 11 Ed. IV, 6, 10 3 n. 10, 36 n. 16, 122

T 11 Ed. IV, 8, 13 95 n. 56, 144 n. 53

M 12 Ed. IV, 19, 25 24 n. 77

P 12 Ed. IV, 1. 3; 8, 22 74 n. 63, 82 n. 92

P 12 Ed. IV, 9, 24 101 n. 88

M 13 Ed. IV, 1, 3; 5, 14 125

P 13 Ed. IV, 8, 3 126 n. 75

P 13 Ed. IV, 9, 5 73 n. 61

T 14 Ed. IV, 6, 8 144 n. 53

H 15 Ed. IV, 16, 4 24 n. 78, 165 n. 54

P 16 Ed. IV, 2, 7 127 n. 83

P 16 Ed. IV, 9, 10 119 n. 47

M 17 Ed. IV, 5, 3 89 n. 28

P 17 Ed. IV, 1, 2 112 n. 22

T 17 Ed. IV, 3, 2 127 n. 83

M 18 Ed. IV, 11, 4 144 n. 53

M 18 Ed. IV, 16, 18 104 n. 100, 106 n. 105

T 18 Ed. IV, 8, 8 89 n. 28

T 18 Ed. IV, 8, 11 101 n. 88

T 18 Ed. IV, 9, 18 128 n. 88

T 18 Ed. IV, 10, 25 112 n. 22, 158 n. 17

M 21 Ed. IV, 38, 5 115 n. 31

M 21 Ed. IV, 53, 22 41 n. 55

M 21 Ed. IV, 55, 28 16, 19 n. 57, 41 n. 55

M 21 Ed. IV, 63, 35 168 n. 84

M 21 Ed. IV, 67, 50 22 n. 70, 28 n. 98, 41 n. 48, 81

M 21 Ed. IV, 80, 27 30 n. 109

H 21 Ed. IV, 16, 11 41 n. 48

H 21 Ed. IV, 21, 2 140

H 21 Ed. IV, 74, 2 41 n. 48

H 21 Ed. IV, 78, 14 160 n. 28

P 21 Ed. IV, 22, 3 150 n. 84

P 21 Ed. IV, 24, 10 144 n. 53

P 21 Ed. IV, 24, 11 117 n. 41

P 21 Ed. IV, 28, 23 80-81

M 22 Ed. IV, 22, 2 80 n. 85

M 22 Ed. IV, 30, 11 21 n. 63, 41 nn. 48, 55

H 22 Ed. IV, 43, 4 81

P 22 Ed. IV, 2, 7 104 n. 100

P 22 Ed. IV, 2, 8 152

P 22 Ed. IV, 6, 18 140 n. 34

P 22 Ed. IV, 8, 24 20 n. 60, 80-81

T 22 Ed. IV, 19, 45 147

T 22 Ed. IV, 19, 46 24 n. 78, 115

T 1 Ed. V, 2, 3 147

T 1 Ed. V, 6, 12 37 n. 25

M 2 Ric. III, 14, 39 151 n. 89

M 2 Ric. III, 15, 42 81-82

M 1 Hen. VII, 2, 2 28 n. 96

H 1 Hen. VII, 6, 3 73, 81 n. 91

H 1 Hen. VII, 10, 10 10 n. 15

P 1 Hen. VII, 14, 2 159 n. 19

P 1 Hen. VII, 25, 18 152

M 2 Hen. VII, 4, 17 115-116

H 2 Hen. VII, 11, 9 127 n. 83

P 2 Hen. VII, 15, 1 29 n. 105, 37 n. 25

M 3 Hen. VII, 12, 8 36 n. 17

H 3 Hen. VII, 1, 4 38

H 3 Hen. VII, 19, 1 112 n. 22

M 4 Hen. VII, 117 3 101 n. 88

M 4 Hen. VII, 18, 12 49 n. 99

H 4 Hen. VII, 4, 8 72-73, 144 n. 53

P 4 Hen. VII, 6, 2 101

P 4 Hen. VII, 8, 9 30

T 4 Hen. VII, 13, 12 143

M 5 Hen. VII, 2, 3, 24 n. 78, 164 n. 49

M 5 Hen. VII, 4, 10 29 n. 105

M 5 Hen. VII, 9, 21 24 n. 77, 168 n. 84

H 5 Hen. VII, 10, 2 30, 125 n. 74

H 5 Hen. VII, 11, 4 37 n. 25

F 5 Hen. VII, 16, 8 116 n. 35

P 5 Hen. VII, 27, 9 24 n. 77

H 6 Hen. VII, 15, 9 119 n. 47

P 6 Hen. VII, 3, 5 58

M 7 Hen. VII, 6, 9 104 n. 100

M 7 Hen. VII, 16, 1 49 n. 99

P 7 Hen. VII, 10, 2 72 n. 58

T 7 Hen. VII, 14, 1 15

M 8 Hen. VII, 7, 4 104 n. 100

P 8 Hen. VII, 11, 1 23 n. 72

T 8 Hen. VII, 1, 1 42 n. 60, 49 n. 99

T 9 Hen. VII, 3, 4 23 n. 72

H 10 Hen. VII, 17, 17 10 n. 15

T 10 Hen. VII, 25, 2 104 nn. 99, 100

T 10 Hen. VII, 25, 3 112 n. 22

M 11 Hen. VII, 10, 33 24

M 11 Hen. VII, 11, 35 73–74

H 11 Hen. VII, 12, 3 48–49

H 11 Hen. VII, 15, 11 23 n. 72

T 11 Hen. VII, 26, 10 15–16

P 12 Hen. VII, 15, 1 49 n. 99

T 12 Hen. VII, 19, 1 16 n. 44, 28–29; 103 n. 94, 142, n. 46

T 12 Hen. VII, 22, 2 30 n. 106

M 13 Hen. VII, 2, 2 116 n. 32

M 13 Hen. VII, 4, 3 28 n. 99, 103 n. 94

M 13 Hen. VII, 10, 10 73 n. 61

M 13 Hen. VII, 11, 12 104 n. 100

P 13 Hen. VII, 22, 9 112 n. 19

T 13 Hen. VII, 26, 5 24

M 14 Hen. VII, 1, 4 128 n. 92

M 14 Hen. VII, 5, 11 125 n. 74

H 14 Hen. VII, 13, 2 104 nn. 100, 101, 105 n. 103

H 14 Hen. VII, 17, 7 36 n. 17, 79 n. 81. 103 n. 94

T 14 Hen. VII, 29, 4 147 n. 68

M 15 Hen. VII, 13, 1 147 n. 68

M 16 Hen. VII, 2, 4 103 n. 94

M 16 Hen. VII, 2, 7 95 n. 56

T 16 Hen. VII, 12, 5 79 n. 81

M 20 Hen. VII, 2, 4 140

M 20 Hen. VII, 3, 8 112 n. 21

M 20 Hen. VII, 4, 12 127

M 20 Hen. VII, 4, 14 23 n. 76, 127 n. 85, 140 n. 34

M 20 Hen. VII, 5, 15 23 n. 76

M 20 Hen. VII, 8, 18 126–127

M 20 Hen. VII, 10, 20 74 n. 63

M 20 Hen. VII, 13, 23 3 n. 10, 128

M 21 Hen. VII, 41, 66 23 n. 76

237

H 21 Hen. VII, 1, 1 16 n. 46, 46 n. 86	n. 46

H 21 Hen. VII, 13, 17 140 n. 36	T 21 Hen. VII, 27, 5 49

H 21 Hen. VII, 16, 28 142–143	M 21 Hen. VII, 41, 66 127 n. 82

H 21 Hen. VII, 18, 30 95 n. 56, 142	P 21 Hen. VII, 22, 14 128

参考文献

主要来源

Anonymous. *The Mirror of Justices* (thirteenth century), edited by W. J. Whittaker and F. W. Maitland, volume 7, Sel. Soc. (London. 1893).

Anonymous. *The Three Consideracions Right Necessarye to the Good Governance of a Prince*, edited by J-P. Genet, *Four English Political Tracts*, Camden Fourth Series, volume 18 (London, 1977) p. 174.

Anselm. *Monologium* and *Proslogium* (1077-1078), translated by S. N. Deane (Chicago, 1939).

Aquinas, Thomas. *Summa Theologiae* (1265-1273), 60 volumes (London, 1964-1976).

Bracton, Hnery. *De Legibus et Consuetudinibus Angliae* (*c.* 1220-1240), translated by S. E. Thorne (Cambridge, Mass., 1968).

Brooke, Robert. *Graunde Abridgement* (In aedibus Richardi Tottell Vicesimo, 1573).

Coke, Sir Edward. *The Institutes of the Laws of England*, *The First Part*, A Commentary on Littleton's Tenures, 1628 and 1832 editions, 2 volumes (New York, 1979); *The Second Part*, 1832 edition, 1 volume (New York, 1979).

Fitzherbert, Anthony. *Le Graunde Abridgement* (In aedibus Richardi Tottell Vicesimo, 1577).

Fleta (early fourteenth century). Volume IV, edited by G. O. Sayles, volume 99, Sel. Soc. (London, 1983).

Fortescue, John. *De Natura Legis Nature* (*c.* 1463), *The Works of Sir John Fortescue*, collected and arranged by Thomas (Fortescue), Lord Clermont, 2 volumes (London, 1869).

De Laudibus Legum Angliae (1468 – 1471), edited and translated by S. B, Chrimes, Cambridge Studies in English Legal History (Cambridge, 1942).

The Governance of England (*c.* 1471), edited by C. Plummer (Oxford, 1885).

Gratian. *Decretum* (*Concordance of Discordant Canons*, *c.* 1140), in *Corpus Iuris Canonici*, 2 volumes, edited by A. Friedburg (Leipzig, 1879, 1881, reprinted 1959).

Hooker, Richard. *The Laws of Ecclesiastical Polity* (1594), Books I–IV, edited by R. Bayne (New York, 1907); Book V, edited by F. Paget (Oxford, 1907).

Jacob, G. *New Law Dictionary* (5th edition, printed by H. Lintot, 1744).

Justinian. *Institutes*, translation and commentary by J. A. C. Thomas (Cape Town, 1975).

Knight of La Tour-Landry, *The Book of the* (1450), edited by T. Wright, Early English Text Society, Original Series, 33 (London, 1868, revised, 1906).

Littleton, Thomas. *Tenures* (*c.* 1480), edited by E. Wambaugh (Washington, 1903).

Lyndwood, William, *Provinciale* (1430), edited by J. V. Bullard and H. C. Bell (London, 1929).

Major, John. *Historia Majoris Britanniae* (1521), translated by A. Constable, Publications of the Scottish History Society, volume 10 (Edinburgh, 1892).

Marsilius of Padua. *Defensor Pacis* (1324), edited by A. Gewirth, *Marsilius of Padua: The Defender of Peace*, 2 volumes (New York, 1951–1956).

Paston, *Letters* (fifteenth century), edited by J. Gairdner, 6 volume (West-minster, 1900).

Pecock, Reginald. *The Donet* (*c.* 1443–1449), edited by E. V. Hitchcock, Early English Text Society, Original Series, 156 (London, 1921).

The Reule of Crysten Religioun (1443), edited by W. C. Greet, Early English Text Society, Original Series, 171 (London, 1927).

The Repressor of Over Much Blaming of the Clergy (1449–1455), edited by Churchill Babington, 2 volumes, Chronicles and Memorials, number 19 (London, 1860).

The Folower to the Donet (*c.* 1453), edited by E. V. Hitchcock, Early English Text Society, Original Series, 164 (London 1924).

Book of Faith (1456), edited by J. L. Morison (Glasgow, 1909).

Port, Sir John. *Notebook* (1493–1535), edited by J. H. Baker, volume 102, Sel. Soc. (London, 1986).

Saint German, Christopher. *Dialogue Between a Doctor of Divinity and a Student of the Common Law* (1528–1531), edited by T. F. T. Plucknett and J. L. Barton, volume 91, Sel. Soc. (London, 1974).

Salisbury, John of. *Policraticus* (1159), edited by C. C. J. Webb (Oxford, 1909).

Smith. Thomas. *De Republica Anglorum* (1583), edited by L. Alston (Cambridge, 1906).

Statham, Nicholas. *Abridgement*, printed at Rouen (*c.* 1490), edited by M. C. Kligelsmith (1915).

Statutes of the Realm, Printed by Command of His Majesty King George III, volume I and II (1816).

Testamenta Eboracensia: A Selection of Wills from the Registry at York (1458), edited by J. Raine, 5 volumes, Surtees Society Publications (London, 1836–1884).

The Epistle of Othea to Hector (*c.* 1440), edited by G. F. Warner, Roxburghe Club Publications, 141 (London, 1904).

Three Prose Versions of Secreta Secretorum (1422), edited by R. Steele and T. Henderson, Early English Text Society, Extra Series, 74 (London, 1898).

Wyclif, John. *An Apology for Lollard Doctrines* (attributed to Wyclif, *c.* 1400), edited by J. H. Todd, Camden Society Publications (London, 1842).

The Lay Folks' Catechism (*c.* 1400), edited by T. F. Simmons and H. E. Nolloth, Early English Text Society, Original Series, 118 (London, 1901).

Year Book 6–11, Henry IV, V, Edward V, Richard III, Henry VII, VIII (London, 1679); *Year Books Parts 7 and 8*, 1–39 Henry VI (London, 1679); *Year Book*, 1–22 Edward IV (1680) (printed by G. Sawbridge, W. Rawlins and S. Roycroft, Assigns of R. and E. Atkins).

次要来源

Allen, C. K. *Law in the Making* (7th edition, Oxford, 1964).

Allen, J. W. *A History of Political Thought in the Sixteenth Century* (3rd edition, London, 1951).

Arnold, M. S., T. A. Green, S. A. Scully and S. D. White. *On the Laws and Customs of England: Essays in Honour of S. E. Thorne* (Chapel Hill, N. C., 1981).

Arnold, M. S. "Statutes as judgments: the natural law theory of parliamentary activity in medieval England", 126 *University of Pennsylvania Law Review* (1977) p. 329.

Ault, W. O. "Village by-laws by common consent", 29 *Speculum* (1954) p. 378.

Austin, J. *Lectures on Jurisprudence*, edited by R. Campbell (London, 1880).

Baildon, W. P. *Select Cases in the Chancery: 1364–1471*, volume 10, Sel. Soc (London, 1896).

Baker, J. H. *The Reports of John Spelman*, volumes 93 and 94, Sel. Soc.

(London, 1976, 1977).

Manual of Law French (Avebury, 1979).

"New light on *Slade's Case*", 29 *Cambridge Law Journal* (1971) pp. 51, 213.

An Introduction to English Legal History (2nd edition, London, 1979).

The Legal Profession and the Common Law: Historical Essays (London, 1986).

Doctor and Student: Christopher Saint Germain, The Legal Classics Library (Birmingharm, Ala., 1988).

"Famous English canon lawyers: William Bateman, LL. D. (d. 1355), Bishop of Norwich", 3 *Ecclesiastical Law Journal* (1988) p. 3.

Baker, J. H. and S. F. C. Milsom, *Sources of English Legal History: Private Law to 1750* (London, 1986).

Bateson, M. *Borough Customs*, volumes 18 and 21, Sel. Soc. (London, 1904, 1906).

Baylor, M. G. *Conscience in Late Scholasticism and the Young Luther* (Leiden, 1977).

Bentham, J. *Of Laws in General*, edited by H. L. A. Hart (London, 1970).

Berkowitz, D. S. *Humanist Scholarship and Public Order* (Washington, 1984).

Berman, H. J. *Law and Revolution: The Formation of the Western Legal Tradition* (Cambridge, Mass., 1983).

Black, A. J. *Monarchy and Community: Political Ideas in the Later Conciliar Controversy: 1430-1450* (Cambridge, 1970).

Blayney, M. S. "Sir John Fortescue and Alain Chartier's *Traité de L'espérance*", 58 *Modern Language Review* (1953) p. 385.

Bolland, W. C. *The Eyre of Kent: 6 & 7 Ed. II*, volume 24, Sel. Soc. (London, 1909).

Borthwick, A. and H. MacQueen. "Three fifteen-century cases' [Scottish], *Juridical Review* (1986) p. 123.

Burns, J. H. "Fortescue and the political theory of dominium", 28 *Historical*

Gilbert, F. "Fortescue's *dominium regale et politicum*", 2 *Medievalia et Humanistica* (1944) p. 88.

Gill, P. E. "Politics and propaganda in fifteenth-century England; the polemical writings of Sir John Fortescue", 46 *Speculum* (1971) p. 333.

Gillespie, J. L. "Sir John Fortescue's concept of royal will", 23 *Nottingham Medieval Studies* (1979) p. 47.

Green, V. H. *Bishop Reginald Pecock; A Study in Ecclesiastical History and Thought* (Cambridge, 1945).

Guy, J. A. *The Public Career of Sir Thomas More* (Brighton, 1980).

Christopher Saint German on Chancery and Statute, vol. 6, Sel. Soc., Supplementary Series (London, 1985).

Hamelius, P. (ed.). *Mandeville's Travels*, Early English Text Society, Original Series, 153, 154, 2 volumes (London, 1919, 1923).

Harding, A. *The Law Courts of Medieval England* (London. 1973).

Hart, H. L. A. *The Concept of Law* (Oxford, 1961).

Hazlitt, W. C. *Remains of Early Popular Poetry in England* (1864).

Helmholz, R. H. *Marriage Litigation in Medieval England* (Cambridge, 1974).

Canon Law and the Law of England (London, 1987).

Hinton, R. W. K. "English constitutional theories from Sir John Fortescue to Sir John Eliot", 75 *English Historical Review* (1960) p. 410.

Holdsworth, W. S. *A History of English Law*, 16 volumes (London, 1922 – 1966).

Holt, J. C. *Magna Carta* (Cambridge, 1965).

Hymas, P. R. "Trial by ordeal: the key to proof in the early common law", *On the Laws and Customs of England: Essays in Honour of S. E. Thorne*, edited by M. S. Arnold, T. A. Green, S. A. Scully and S. D. White (Chapel Hill, N. C., 1981) p. 90.

Jacob, E. F. *Essays in the Conciliar Epoch* (3rd edition, Manchester, 1963).

"Reynold Pecock, Bishop of Chichester", 37 *Proceedings of the British Academy* (1951) p. 121.

Jefferson, R. L. "The uses of natural law in the royal courts of fifteenth-century England", unpublished Ph. D. thesis (University of Utah, 1972).

Jones, G. H. "*Per quod servitium amisit*", 74 *LQR* (1958) p. 39.

Jurow, K. "Untimely thoughts: a re-consideration of the origins of due process of law", *AJLH* (1975) p. 265.

Keir, D. K., and F. H. Lawson, *Cases in Constitutional Law*, edited by F. H. Lawson and D. J. Bentley (6th edition, Oxford, 1979).

Kelly, J. M. "*Audi alteram partem*", 9 *Natural Law Forum* (1964) p. 103.

Kiralfy, A. K. R. *The Action on the Case* (London, 1951).

"Law and right in legal history", 6 *JLH* (1985) p. 49.

"Custom in mediaeval English law", 9 *JLH* (1988) p. 26.

Knafla, L. A. "Conscience in the English common law tradition", 26 *University of Toronto Law Journal* (1976) p. 1.

Kretzmann, N., A. Kenny, and J. Pinborg, (eds.) *The Cambridge History of Later Medieval Philosophy* (Cambridge, 1982).

Kunkel, W. *An Introduction to Roman Legal and Constitutional History*, translated by J. M. Kelly (2nd edition, Oxford, 1973).

Lefebvre, C. "Natural equity and canonical equity", 8 *Natural Law Forum* (1963) p. 122.

Levi, E. "Natural law in Roman thought", 15 *Studia et Documenta Historiae et Iuris* (1949) p. 1.

Lewis, E. *Medieval Political Ideas*, 2 volumes (London, 1954).

"The positivism of Marsiglio of Padua", 38 *Speculum* (1963) p. 541.

Lewis, T. E. "The history of judicial precedent", 46 *LQR* (1930 – 1932) pp. 207, 341; 47 *LQR* p. 411; 48 *LQR* p. 230.

Lloyd, W. H. "The equity of a statute", 58 *University of Pennsylvania Law Re-*

view (1910) p. 76.

McGrade, A. S. *The Political Thought of William of Ockham* (Cambridge, 1974).

"Ockham and the birth of individual rights", *Authority and Power*, Studies on Medieval Law and Government Presented to Walter Ullmann on His Seventieth Birthday, edited by B. Tierney and P. Linehan (Cambridge, 1980) p. 149.

McIlwain, C. H. *The Growth of Political Thought in the West* (New York, 1932).

"Due process of law in *Magna Carta*", 14 *Columbia Law Review* (1914) p. 27.

The High Court of Parliament and Its Supremacy (New Havcen, Conn., 1934).

Constitutionalism and the Changing World (Cambridge, 1939).

Maine, H. S. *Ancient Law* (1861), with an introduction by J. H. Morgan (London, 1917, reprinted 1977).

Maitland, F. W. *Select Passages from the Works of Bracton and Azo*, volume 8, Sel. Soc. (London, 1895).

Roman Canon Law in the Church of England (London, 1898).

Forms of Action at Common Law (Cambridge, 1936).

"The history of the register of original writs", *Collected Papers*, volume II, edited by H. A. L. Fisher (Cambridge, 1911) p. 110.

Martos, J. *Doors to the Sacred: A Historical Introduction to Sacraments in the Christian Church* (London, 1981).

Meynial, E. "Notes sur la formation de la théorie du domaine divisé", *Mélanges Fitting*, II (Montpellier, 1908).

Milsom, S. F. C. "Trespass from Henry III to Edward III", 74 *LQR* (1958) pp. 195, 407, 561.

"The sale of goods in the fifteenth century", 77 *LQR* (1961) p. 257.

"Law and fact in legal development", 17 *University of Toronto Law Journal* (1967) p. 1.

The Legal Framework of English Feudalism, Cambridge Studies in English

Legal History (Cambridge, 1976).

Historical Foundations of the Common Law (2nd edition, London, 1981).

Moore, E. G., and T. Briden. *Introduction to English Canon Law* (2nd edition, Oxford, 1985).

Nicholas, B. *An Introduction to Roman Law* (Oxford, 1982).

Oakley, F. *The Political Thought of Pierre D'Ailly: The Voluntarist Tradition* (New Haven, Conn., 1964).

Owst, G. R. *Literature and Pulpit in Medieval England* (Oxford, 1961).

Pascoe, L. B. *Jean Gerson: Principles of Church Reform*, Studies in Medieval and Reformation Thought (Leiden, 1973).

Pike, L. O. "Common law and conscience in the ancient court of chancery", volume II, *Select Essays in Anglo-American Legal History* (Boston, 1908) p. 722.

Plucknett, T. F. T. *Statutes and Their Interpretation in the First Half of the Fourteenth Century*, Cambridge Studies in English Legal History (Cambridge, 1922).

The Legislation of Edward I (Oxford, 1949).

A Concise History of the Common Law (5th edition, London 1956).

Pollock, F. *A First Book of Jurisprudence* (6th edition, London, 1929).

Pollock, F. and F. W. Maitland. *The History of English Law Before the Time of Edward I*, 2 volumes (2nd edition, Cambridge, 1898, re-issued 1968).

Post, G. *Studies in Medieval Legal Thought: Public Law and the State*, 1100-1322 (Princeton, 1964).

Potter, H. *An Historical Introduction to English Law and its Institutions*, edited by A. K. R. Kiralfy (4th edition, London, 1958).

Potts, T. C. *Conscience in Medieval Philosophy* (Cambridge, 1980).

"Conscience", *The Cambridge History of Later Medieval Philosophy*, edited by N. Kretzmann, A. Kenny and J. Pinborg (Cambridge, 1982) p. 687.

Quillet, J. *Le Défenseur de la paix* (Paris, 1968).

Radin, M. "The conscience of the court", 48 *LQR* (1932) p. 506.

Raz, J. *The Concept of a Legal System* (Oxford, 1970).

Richardson, H. G. and G. O. Sayles. "The early statutes", 50 *LQR* (1934) pp. 201, 540.

Select Cases of Procedure Without Writ under Henry III, volume 60, Sel. Soc. (London, 1941).

Riess, L. *The History of the English Electoral Law in the Middle Ages*, translated by K. L. Wood-Legh (first published, 1940, New York; reprinted 1973).

Robinson, F. N. (ed.). *The Works of Geoffrey Chaucer*, 2nd edition (Oxford, 1957).

Rueger, Z. "Gerson's concept of equity and Christopher St. German", 3 *History of Political Thought* (1982) p. 1.

Salmond, W. G. *Jurisprudence*, edited by P. J. FitzGerald (12th edition, London, 1966).

Sayles, G. O. *Select Cases in the Court of King's Bench under Edward I*, volume 57, Sel. Soc. (London, 1938).

Schramm, P. E. *The History of the English Coronation* (Oxford, 1937).

Schoeck, R. J. "Strategies of rhetoric in St. German's *Doctor and Student*", *The Political Context of Law*, Proceedings of the Seventh British Legal History Conference (London, 1987) p. 77.

Sigmund, P. E. *Nicholas of Cusa and Medieval Political Thought* (Cambridge, Mass., 1963).

Simpson, A. W. B. *A History of the Common Law of Contract: The Rise of the Action of Assumpsit* (Oxford, 1975).

An Introduction to the History of the Land Law (2nd edition, Oxford, 1986).

Stein, P. *Regulae Iuris: From Juristic Rules to Legal Maxims* (Edinburgh, 1966).

Stubbs, W. *The Constitutional History of England* (1874-1878), abridged by J. Cornford (Chicago, 1979).

Suk, O. "The connection of the virtues according to Ockham" *Franciscan Studies* (1950) pp. 9, 91.

Thayer, J. B. *A Preliminary Treatise on Evidence at the Common Law* (Boston, 1898).

Thompson, F. *Magna Carta, Its Role in the Making of the English Constitution, 1300-1629* (Minneapolis, Minn. 1948).

Tierney, B. "*Natura id est Deus*: a case of juristic pantheism?", 24 *Journal of the History of Ideas* (1963) p. 307.

Tuck, R. *Natural Rights Theories: Their Origin and Development* (Cambridge, 1979).

Ullmann, W. "Bartolus on customary law", 52 *Juridical Review* (1940) p. 265.
"Baldus' conception of law", 58 *LQR* (1942) p. 386.
The Medieval Idea of Law as Represented by Lucas de Penna: A Study in Fourteenth-Century Legal Scholarship (London, 1946).
Medieval Papalism: The Political Theories of the Medieval Canonists (London, 1949).
Principles of Government and Politics in the Middle Ages (London, 1961).
Law and Politics in theMiddle Ages: An Introduction to the Sources of Medieval Political Ideas (London, 1975).
Medieval Political Thought (Harmondsworth, 1975).
Medieval Foundations of Renaissance Humanism (London. 1977).

Vinaver, E. (ed.). *The Works of Sir Thomas Malory*, 3 volumes (Oxford, 1967).

Wade, E. C. S. and A. W. Bradley. *Constitutional and Administrative Law* (10th edition, London. 1985).

Washington, G. T. "Damages in contract at common law", 47 *LQR* (1931) p. 354.

Waterhouse, O. (ed.). *The Non-Cycle Mystery Plays*, Early English Text Society, Extra Series, 104 (London, 1909).

Watkin, T. G. "*Honeste vivere*", 5 *JLH* (1984) p. 117.

Wilkinson, B. *Constitutional History of England in the Fifteenth Century*: *1399–1485* (London, 1964).

The Later Middle Ages in England: *1216–1485* (London, 1969).

Woolf, P. H. *Bartolus of Sassoferrato* (Cambridge, 1913).

Yale, D. E. C. "*Iudex in propria causa*: an historical excursus", 33 *CLJ* (1974) p. 80.

索 引

accessories，附件，165
account，描述，action of，作用，113, 122-123
Accursius（*Glossa Ordinaria*, *c.*1240），阿库修斯（通用注释，*c.*1240），35, 49
action on the case，先例效力，122, 122, 126
adultery，通奸，73
advowsons，神职授予权，95 n.56, 113, 115-116, 126, 170
aequitas，*see* equity，正义
aid prayer，祈祷援助，24, 118-119
ancient demesne，（英）旧有土地保有制，17 n.47, 170
annuity，年金，writ of，令状，114, 147, 161, 172-173
Anselm，安塞尔姆（1033—1109），90
appeal of robbery，指控抢劫，114- 15, 118
Aquinas，阿奎那，Thomas，托马斯（1225? —1274），8 n.5, 154
conscience and，良知，133-134
consent，同意，13 n.27
divine law and，神圣的法律，61
election，选举，12 n.24
equality，平等，106 n.106
equity，公平，102
Justice and，正义，85 n.8, 86, 87, 88, 90 n.36, 91, 95 n.58, 97 n.66, 106 n.106, 120
law and virtue，法律与道德，49, 99 n.76
law as commands，作为命令的法律，35
natural law，自然法，61, 62, 63 n.16, 64 nn.19, 22
obligatory nature of law，法律的强

制属性，37 n. 21

promulgation，颁布，38

reason，理由，61 - 62，64 n. 22，113 n. 23

Saint German and，圣日耳曼，135，176

teleological view of law，法律的目的论观点，47

unjust law，不公正的法律，53，54-55，78，135 n. 20

variability of law，法律的变化性，43 n. 65，44 n. 71

arbitration，仲裁，71

Aristotle，亚里士多德，8 n. 5, 102

arrest，逮捕，13，27，67，141，160, 161

Ascough，阿斯科夫，Srjt，高级律师，JCP，民事诉讼法院的法官 99，113，173

Ashton，阿斯顿，Nicholas 尼古拉斯（d. 1466），JCP，民事诉讼法院的法官 23 n. 76，25，28 n. 99，151 n. 89 170

assault，攻击，73

assumpsit，约定，*action of*，作用，4，126

see also contract，参见协议，

attaint，遭受剥夺财产权的处罚，124-125，166

audi alteram partem 听取一方之词，89 n. 28

audita querela，诉词已被听却，105，167

Augustine，奥古斯丁（354—430），78

authority，权威，for law，依据法律，see autonomist thesis，参见自治论的文章，heteronomist thesis，持他律性观点的文章，populist thesis，持平民主义观点的文章，positivist thesis，持实证主义观点的文章，voluntarist thesis 持唯意志论观点的文章，4，5，51-52，60，155，175-179

autonomist thesis，4，5，51-52，60，155，175-179

avowry，声明，23

Azo，阿佐，(d. 1200)，35 49 n. 103，94

Babington，巴丙顿，William 威廉，(d. 1454)，CJCP，民事诉讼法院的首席大法官，24 n. 77，80 n. 85，100，118 n. 43，149，169，171

Baldus de Ubaldis，巴尔杜斯（1327—1400）

equity and，平等，102 n. 92

law and virtue，法律与道德，49

n. 100

natural law, 自然法, 62 n. 8, 63 n. 16, 64 n. 20

Bartolus, of Sassoferrato, 巴托鲁斯 (d. 1357)

 customary law, 习惯法, 19, 40, 42 n. 60

 natural law, 自然法, 63 n. 16

 representative legislature, 立法机关代表, 12

 species of law, 法律种类, 40

 statute, 成文法, 19

Bateman, 贝特曼, William (Bishop), 威廉大主教 (d. 1355), 2 n. 5

benefit of clergy, 神职人员的利益, 68; 157 n. 7

Bereford, 贝佛德, William de, 威廉 (d. 1326), CJCP, 民事诉讼法院的大法官, 23, 28 n. 97, 104 n. 99

Biel, 比尔, Gabriel, 加布里埃尔 (d. 1495), 91 n. 43, 134

bill of deceit, 比尔的欺骗, 2, 142

 see also deceit, 欺骗

Billing, 比林, Thomas, 托马斯 (d. 1481), Srjt, 高级律师, CJKB, 国王法庭的首席大法官, 85, 89

borough english, 自治的市镇, 41

Bratcto, 布莱克顿, Henry, 亨利 (1200? —1268?), 7, 25

conscience, 良知, 146

distress, 悲痛, 88 n. 26

equity, 公正, 106

essoins, 缺席允准, 116-117

ius, 从正义到权利, three precepts of, 三个信条, 98 n. 74

jury, 陪审团, 146

justice, 正义, 85 nn. 1, 8, 87 n. 17, 90 n. 35 91 n. 38, 95

law and justice, 法律与正义, 97 nn. 68, 71

law and virtue, 法律与道德, 49

law as commands, 作为命令的法律, 35

law-making and, 法律的制定, 11, 12

natural law, 自然法, 64 n. 20, 69 n. 48, 95

positivism in, 实证主义, 55 n. 121

species of law, 法律的种类, 40

supremacy of law, 法律的至上性, 27

theocratic kingship, 具有神性的王权, 10

variability of law, 法律的可变性, 43

venire facias clericum, 陪审团召集令, writ of, 令状, 161n. 29

Brian (Bryan), 布莱恩, Sir Thomas, 托马斯爵士（d. 1500），Srjt, 高级律师，CJCP, 民事诉讼法院的大法官（1471—1500），10 n. 15, 22 n. 70, 23 n. 72, 29 n. 105, 30, 42 n. 60, 80 n. 88, 81, 101, 104 n. 99, 125 n. 74, 150 n. 84, 152, 161

Brutus, 布鲁图, legend of, 传奇, 9 n. 8

Butler, 巴特勒, Srjt, 高级律师, 16 n. 46

Candish, 坎迪什, Srjt, 高级律师, 165 n. 58

canon law, 教会法,
  canonists, 神法学者, 4, 7, 18 n. 50, 61, 76 n. 71. 85 n. 1, 88 n. 25, 154
  church courts, 教会法庭, 2, 136, 158
  conscience, 良知, 134 n. 15, 136, 144, 152 n. 99
  divine law and, 神法, 61
  divorce, 离婚, 140
  equity in, 平等, 102 n. 92
  jurisprudence in, 法理学, 2, 144
  natural law and, 自然法, 61, 65

Roman Law and, 罗马法, 2

Saint German and, 圣日耳曼, 136, 176

system of rules, 规则体系, 2

capias, 拘票, writ of, 令状, 24, 127-128, 141, 145, 160

Carletus, 卡勒图斯, Angelus, 奉天祷告, 136 n. 23

casuistry, 诡辩, 5, 136, 151, 154

Catesby, 凯茨比, John, 约翰（d. 1487），Srjt, 高级律师，JCP, 民事诉讼法院的法官, 19 n. 57, 20 n. 60, 23 n. 72, 41, 74 n. 63, 82 n, 92, 112 n. 22, 147, 151 n. 89, 168 n. 75

chancery, 大法官法庭, 72, 124, 132, 135 n. 21, 136, 144, 153-154, 164, 173, 176

Chantrell, 钱特雷尔, William, 威廉（d. 1438），Srjt, 高级律师, 172 n. 98

Chaucer, 乔叟, Geoffrey, 杰弗里, 133 n. 3, 156 n. 2

Cheyne, 切恩, JCP, 民事诉讼法院法官, 165

Choke, 乔克, Richard, 理查德（d. 1483），Srjt, 高级律师，JCP, 民事诉讼法院的法官, 24 n. 78,

28, 35 n. 13, 42 n. 58, 71, 79 n. 81, 82, 103 n. 94, 140, 160, 160 n. 28, 161

classical positivism, 古典实证主义, 33, 34 n. 5

　　see also positive law, 参见实证主义法律, positivist thesis, 持实证主义观点的法律

Cockayne, 科凯恩, John, 约翰（d. 1428/1429?）, JCP, 民事诉讼法院的法官, 104, 113

comen droit, 卡曼所有权原则, 28, 79-82, 89, 99, 101 n. 87

common law, 普通法

　　authority of reason and, 理性权威, 108-131

　　common erudition and, 常见的博学, 23 n. 72

　　conscience and, 良知, 132-154

　　custom of the realm as, 习惯法领域, 2, 41-42, 80n. 88, 82, 127

　　early, 早期, 1

　　judges as legislators of, 作为立法者的法官, 22-24

　　judicial consent and, 司法同意, 22-42, 33, 177

　　maxims of, 座右铭, 36, 172

　　morality and, 道德, see heteronomist thesis, 参见持他律性观点的文章

　　natural law and, 自然法, 70-74

　　popular consent and, 普遍的同意, 7, 19, 22-26

　　principles of, 原则, 36

　　promulgation, 颁布, 39

　　see also law, 法律, precedent, 先例, substantive law, 实体法

common weal, 公益, 14, 48-49, 71, 86, 102

communitas regni, 一致性, 11

conciliarist thought, 至上主义者的思想, 8, 13 n. 31

confessions, 忏悔, 132, 136, 146, 176

Coningsby, 科宁斯比, Humphrey, 汉弗莱 (d. 1535), Srjt, 高级律师 JKB, 国王法院的法官, 112 n. 21

conscience, 良知, 132-154, 175-179

　　administration of law and, 法律的管理作用, 137, 144-153

　　chancery and, 大法官法庭, 132, 144

　　common law and, 普通法, 58, 132-154

　　confessions and, 忏悔, 132, 136, 146, 176

　　droit and, 权利, 138-139

　　judicial conscience, 司法良知, 144-146

jurors and, 陪审员, 137, 138–139, 144, 146–148

litigants, of, 当事人, 137, 144, 148–153

positivist thesis and, 持实证主义观点文章, 56–57

preaching and, 劝诫, 132

theory and, 理论, 133–137

reason and, 理性, 46 n. 86, 137, 138, 142–143, 145

substantive law and, 实体法, 5, 56-7, 103, 104, 137–144, 153–154

synderesis, 良知, 133, 134

wager of law, and, 宣誓断诉法, 150–153

see also Saint German, 圣日耳曼

consent, 同意, 4, 5, 7–26, 33, 59, 80, 83, 88, 93, 131, 175–9

see also populist thesis, 持平民主义观点的文章

conspiracy, 阴谋, 145

continual claim, 连续提出权利要求, 157–158

contract, 合同, 1, 47

 corporations and, 法人, 101

 involuntary, 非自愿的, 2, 138

 privity, 默契, 171–172

see also assumpsit, 损害赔偿之诉, debt, 债务,

Cottesmore, 科茨莫尔, John, 约翰, (d. 1439), Srjt, 高级律师, JCP, 民事诉讼法院的法官 28 n. 96, 79 n. 81, 161 n. 33, 170

covenant, 协议, 47, 93, 121, 142

Culpeper (Colepeper), 库尔佩珀, John, 约翰 (d. 1414), Srjt, 高级律师, JCP, 民事诉讼法院的法官, 116 n. 35

custom, 习惯法, *see* common law, 普通法, local custom, 当地习俗

custumals, 习惯法汇编, 20–22, 72, 88 n. 25

 see also local custom, 当地习俗

Cynus of Pistota (early fourteenth century), 皮斯托他的塞纳斯 (14世纪早期), 97

D'Ailly, 戴利, Pierre, 皮埃尔 (1351—1420)

 abhorrent law, 恶法, status of, 地位, 78

 conscience and, 良知, 134 n. 14

 divine law and, 神法, 62, 66 n. 34

 election and, 选举, 9 n. 6

 equity and, 平等, 102 n. 92

justice and，正义，90 n. 36, 96 n. 64

law as commands，作为命令的法律 35

natural law and，自然法，62, 66 n. 34

rights，权利，ides of，理念，9 n. 6, 94

Saint German and，圣日耳曼，135, 154, 176

secular authority and，世俗的权威，8

species of law，法律的种类，34 n. 3, 41 n. 50

supremacy of law，法律的至上性，26

damages，损害，2, 114, 123, 124-125, 129, 145, 164

damnum absque injuria，不能认可的损害，50, 123

Danby，丹比，Robert，罗伯特（d. 1471?），Srjt，高级律师，JCP, 民事诉讼法院的法官，CJCP, 民事诉讼法院的大法官，24, 25, 30 n. 109, 48, 71, 117, 128, 130, 141, n. 42, 147, 170

Danvers，丹弗斯，Robert，罗伯特，(d. 1467)，JCP，民事诉讼法院的法官，25, 140 n. 34, 170

debt，债务，4, 21, 23, 24, 25, 29, 30, 72, 100, 104-105, 114, 122-123, 126-127, 139-140, 141, 143, 149, 158-159, 160, 164, 165, 171-172

see also contract，参见合约，*assumpsit*，损害赔偿之诉

debtors，债权人，29, 141

deceit，诈骗，23, 25, 100, 122, 127

see also bill of deceit，诈骗的证据

defamation，诽谤，21

demurrer，抗辩，2 n. 7, 23, 25, 142

detinue，非法占有，130, 150, 151-152

Dillon，狄龙，Peter，皮特，121, 122

distraint，扣押，30, 130, 168

damage feasant，牲畜闯入他人土地的损害，88

distress，悲痛，process of，程序，58, 148, 160, 161

divine law，神法，5 n. 16, 50, 60-70, 73, 83, 108, 110, 131, 132, 134, 135, 157, 175-179

legislation and，立法，66-70

see also natural law，自然法

Donington，多宁顿，William，威廉 (d. 1485)，125

259

droit，所有权，as a right，作为一项权利，94-95，170

　　see also *comen droit*，卡曼所有权原则

due process of law，法律的正当程序，27-31

duty，义务，idea of，理念，68，95，99，138

Elderkar（Ellerker），照看老年人，John，约翰（d. 1438/1439?），Srjt，高级律师，89 n. 28，125 n. 74

election，选举，8-9，18 n. 50，57

embracery，笼络陪审员的行为 69

entry，入口，writ of，令状，105，157-158

equity，平等，84，101-106

　　as fairness，公平性，103-104

　　canonical，权威性，102 n. 92

　　equal mischief and，相同的恶作剧，105，106 n. 105

　　equity of a statute，法律的平等性，104-106，107，176

　　practice and，实践，100，103-106，115，117，131，176

　　similarity，相似性，idea of，理念，105-106

　　theory and，理论，101-103，115，176

essoins，缺席允准，21，116-117

estoppel，禁止反言，17

eternal law，永恒法，see Natural Law，参照自然法

excommunication，逐出教会，126

Fairfax，费尔法克斯，Guy，盖（d. 1495），Srjt，高级律师，JKB，国王法院的法官，38，74 n. 63，82，117，n. 41

fairs，集市，28，67，103

false imprisonment，错误的关押，29，73，81，128

felony，重罪，29，68，81，99，148

feudalism，封建主义

　　law-making and，法律制定，7，10-14，19

　　nature，属性，10-11

Fineux（Fyneux），费纽克斯，Sir John，约翰爵士（d. 1526），CJKB，国王法庭的首席大法官（1495—1526），15，23 n. 76，24，30 n. 106，47，48，49 n. 98，73-74，112 n. 19，122 n. 56，140

fire，解雇，liability for，责任，2，127

Fitzherbert，菲茨赫伯特，Sir Anthony，安东尼爵士（d. 1538），JCP，民事

诉讼法院的法官（1522—1538），99

Fleta，弗莱塔，159 n. 22

Fortescue，福特斯丘，Sir John，约翰爵士（1394？—1476？），Srjt，高级律师，CJKB，国王法庭的首席大法官（1442-61）

abhorrent law，恶法，status of，法令 53-54，75-78，79，175

canon law，教会法，65，79

common law，普通法，19，22，26，32，41

conscience in，良知，133，134，146 n. 63

custom，习俗，40-41，79

deterrence，威慑，37 n. 26

divine law and，神法，61，75

election and，选举，8-9

equity and，平等性，102-103

eternal law and，永恒法，61

in practice，实践，15，19，23，35 n. 14，38，42 nn. 63，64，57-58，74 n. 63，105 n. 103，112 n. 19，115 n. 31，118，123 n. 64，129 n. 96，133，141，142，157，168 n. 77，171 n. 94

ius and *lex*，正义与法，40，41，94

jurors，陪审员，43，76-77，146

justice and，正义，85，86，87，88，90-2，94，97-8，120 n. 50

justice and natural law，正义与自然法，95-97，106，176

justification for populist theory，平民主义理论的正当性，18-19

law and justice，法律与正义，97-98，99

law and virtue，法律与道德，35，49-50，59，98

law as commands，作为命令的法律，34，35

law as sacrosanct，法律的神圣性，69-70

law-making in，法律的制定，7-8，12-13，16，23，164 n. 51

law，法律，obligatory nature，强制性特性，37

life，生活，3，177

local custom，地方习俗，26，41

maxims，箴言，36 n. 19

natural law and，自然法，40，54，60-61，63-5，75-78

politics and，政治，9 n. 8.

Populist theory and，平民主义理论，7-10，12-13，16，19，21，136，177

positivist thesis，持实证主义观点

261

的论文，53-54，177

promulgation，颁布，38

purpose of law，法律的目的性，47-48，49-50，98

reason and，理性，64，96，110

rights，权利，idea of，理念，94

species of law，法律的种类，39，40，41

supremacy of law，法律的至上性，27

tensions in，紧张，83，179

theocratic king ship and，王权的神圣性，9-10，16 n. 44

variability of law，法律的易变性，43-44

works，作品，3 n. 13，7

franchises，特权，89

Fray，弗雷，John，约翰（d. 1458/1461?），CB，财政署内室法庭首席法官，15 n. 43，27

Frowicke（Frowyk），弗洛维克，Sir Thomas，托马斯爵士（d. 1506），Srjt，高级律师，CJCP，民事诉讼法院的首席大法官（1502—1506），116 n. 32，126-127，147 n. 68

Fulthorpe，富勒索普，Thomas，托马斯（d. 1456/1457?），JCP，民事诉讼法院的法官，3 n. 10，36 n. 16，119，169 n，85

gage deliverance，解救的判断 168

Gascoigne，加斯科因，Sir William，威廉爵士（d. 1419），CJKB，国王法院的首席大法官（1400—1413），15，16 n. 44，145，170 n. 89

gavelkind，土地继承的习惯，20，41，79

Gerson，吉尔森，Jean，简恩（1363—1429）

abhorrent law，恶法，status of，法令，78

divine law and，神法，62，66

election and，选举，9 n. 6

equity and，平等，102 n. 92

justice and，正义，85，90 n. 36

law as commands，作为命令的法律，35 n. 12

law，法律，obligatory nature，强制性特征，37

natural law and，自然法，62，66

promulgation，颁布，38 n. 29

purpose of law，法律的目的性，47

rights，权利，idea of，观点，94

Saint German and，圣日耳曼，35 n. 12，62 n. 9，66，135，154，176

secular authority and, 世俗的权威, 8–9

supremacy of law, 法律的至上性, 26 n. 89

variability of law, 法律的易变性, 44 n. 71

Giraldus Cambrensi, 吉拉尔杜斯（1145—1223）, 144

Godrede (Godered), 戈得瑞德, William, 威廉（d. 1443 – 1447?）, Srjt, 高级律师, 124

Gratian, 格雷希恩（*Decretum*, c. 1140）, 34 n. 3, 65 n. 23, 78, 95

Gray's Inn, 格雷开的旅馆, 121

Grosseteste, 格罗斯泰特, Robert, 罗伯特,（1168—1253）, 11 n. 23

Hals, 哈勒斯, John, 约翰（d. 1434?）, Sijt, 高级律师, JCP, 民事诉讼法院的法官, 104 n. 100, 112, 149, 165, 166, 170

Hankford, 汉克福德, William, 威廉（d. 1423）, JCP, 民事诉讼法院的法官, 42 n. 64, 50, 57 n. 128, 81 n. 91, 89, 100 n. 84, 101, 106 n. 105, 124, 126, 129, 150, 158 n. 13, 164, 167

hats, 职位, 137–138, 143

Heidon, 赫顿, counsel, 辩护人, 158 n. 17

Hengham, 亨格汉姆, 23

heteronomist thesis, 持他律主义观点的论文, 5–6, 74–83, 178

see also morality, 道德性

Hill, 希尔, Robert, 罗伯特（d. 1425?）, JCP, 民事诉讼法院的法官, 14, 20, 50, 79 n. 81, 89, 95 n. 56, 127

Hody, 赫迪, CJKB, 国王法院的首席大法官, 17, 23 n. 76, 57

Hooker, 胡克, Richard, 理查德（1553—1600）, 62 n. 7, 70 n. 50

Horton, 霍尔顿, Roger, 罗杰（d. 1423）, Srjt, 高级律师, 104 n. 100, 125 n. 74

Hostiensis (Henricus de Segusia), 哈提斯恩斯（d, 1271）, 144 n. 56

Human law, 人定法, 4, 33–59, 83, 97–99, 175–179

Hussey (Huse), 赫西, William, 威廉（d. 1495）, CJKB, 国王法院的首席大法官（1481—1495）, 10 n. 15, 23 n. 72, 24, 36 n. 17, 82, 114–115, 116, 140 n. 34, 164 n. 49

Hyndestone, 海德斯通, Srjt, 高级律

师，28

Illingworth，伊林沃思，CB，财政署内室法庭首席法官，71，140

imparlance，商议，117

inconvenience，麻烦，90，129
 concept of consistency and，一致性的观点，155，161-166
 inconsistency between cases and，案件之间的不一致性，162，163-165
 mischief and，损害，6，155，169-174，178
 positivism and，实证主义，6，155
 reason and，理性，166-168
 substantive wrongs and，实证性的错误，167

Inner Temple，内殿法律学院，122

innkeepers，客栈掌柜，2，42，82

ius，正义，three precepts of，三项原则，98-99

iustitia，公正，see Justice，参见正义

Jenney，珍妮，William，威廉（d. 1483），Srjt，高级律师，168 n. 75，172 n. 98

John of Salisbury，索尔兹伯里的约翰（Policraticus，1159），78

Judges，法官，13，14，50，95，111
 abhorrent law，恶法，status of，法令，57-59，78-83
 as legislators，立法者，*see* common law，普通法
 conscience of，良知，137，144-146，176
 impartiality of，公正性，88-90
 natural law and，自然法，70-74，78-83，95，108
 positivist thesis and，持实证主义观点的论文，57-59，100

June（Juyn），琼，John，约翰（d. 1440），JCP，民事诉讼法院的法官，158，172

jury，陪审团，16，18 n. 50，25，58，79-80，89 n. 28，90，118，124-125，137，145，150，166
 conscience of，良知，138-139，146-148，176

justice，法官，84-107，132，175-177
 and rights，权利，84，92-95
 as virtue，道德，86-87
 consideration of others and，对别人的考虑，87-90
 equity and，平等，101，102-103
 giving each his due，给他应该得到的，90-92，106，111，121，131，176
 law and，法律，97-99，106，175

索 引

moral texture, 道德层面, 5 n.16, 84, 92
natural law and, 自然法, 92, 95-97, 120
practice and, 实践, 99, 111, 120-121
reason and, 理由 79, 84, 110-111, 120-121, 126, 130-131, 176
substance of, 实质 85-92
theocratic idea of, 神权思想 85, 86
justifications, 正当理由, 5, 89, 136, 139, 143, 172, 176-178

Keble (Kebell), 基布尔, Thomas, 托马斯 (d.1500), Srjt, 高级律师, 23 n.72, 30 n.109, 74 n.63, 79 n.81, 102 n.92, 112 n.22, 116 n.32
king, 国王, 2, 3 n.10, 7-19, 21, 26-29, 39, 55, 57, 67, 74, 85, 99, 100, 102, 118, 138, 145, 160, 170 177
see also legislation, 立法机关, theocratic government, 神权政府
Kingsmill, 金斯米尔, John, 约翰 (d.1509), JCP, 民事诉讼法院的法官, 46 n.86, 49

Law abhorrent, 恶法, status of, 法令, 51-59
as an entity, 作为一个实体, 4
as made, 被作为, 34, 35
autonomy of, 自治的范畴, 4, 33, 178
commands, 命令, 4, 33, 34-38
deterrence and, 威慑, 37-38
development of, 发展, and pleading, 诉求, 22-23
due process of, 正当程序, 27-31
French, 法国的, 43, 53
maxims of, 箴言, 36, 172
obedience to, 秉承, 17-18
obligatory nature, 强制的属性, 36-38
principle of, 原则, 36
promulgation, 颁布, 38-39, 132, 139
public utility and, 公共设施, 48-49
purpose of, 目的, 4, 5, 33, 47-51, 98
reason and, 理性, 111-113, 114, 124, 126, 137, 164, 173, 179
rules and, 规则, 1-3, 4, 6, 23, 36
social control and, 社会控制, 3
species of, 种类, 39-42
supremacy of, 至上性, 26-31
variability, 易变性, 33, 43-46

265

virtue and, 道德, 49-51, 98

see also canon law, 教会法, common law, 普通法 custom, 习俗, divine law, 神法, human law, 人定法, legislation, 立法机关, local custom, 地方习俗, natural law, 自然法, populist thesis, 持平民主义观点, positivist thesis, 持实证主义观点, Roman Law, 罗马法

legislation, 立法机关

as a judgment, 判决, 15, 25

conscience and, 良知, 56, 57, 58 137-139, 153

consent and, 同意, 7-19, 48, 59

equity of a statute, 法律的平等性, 104-106, 115

fixed term and perpetual, 固定任期和永久性, 44-46

justification for consent, 同意的正当性, 17-19

local custom and, 地方习惯法 22, 42, 81

mischief and, 恶作剧 156-157, 171, 178

positivist thesis and, 持实证主义观点的论文, 55-59, 74

theocratic, 神性, 66-70

types of, 种类, 39, 40-41

literature, 文献, non-legal, 非法性的, 50 n. 108, 51n. 110, 62 n. 5, 67 n. 37, 90 n. 33, 108-110, 113, 119, 130, 132, 156, 161-162, 167

Littleton, 利特尔顿, Richard, 理查德, 122

Littleton, 利特尔顿, Sir Thomas, 托马斯爵士 (1422—1481), JCP, 民事诉讼法院的法官 (1466—1481)

abhorrent custom and, 恶的习俗 79, 80-81, 82

common law, 普通法, 19, 42

continual claim, 连续提出权利要求, 157-158

equity, 平等, 104 n. 100

inconvenience, 不方便, 168 n. 78, 171 n. 96

life, 生活, 4

local custom, 地方习惯法, 19, 41

maxims and, 箴言, 36

mischief, 恶作剧, 157-158, 161

nemo iudex in sua causa, 自己不做自己案件的法官, 88, 89, 92

reason, 理由, 79, 88, 89, 112 n. 22, 121-122

works，作品，4 n. 15
livery，侍从，2, 48
local custom，地方习俗
   against reason，反对理性，42 n. 61, 79-83, 108, 176
   as law，作为法律，41-42
   consent and，同意，20 - 22, 33, 59, 80
   natural law and，自然法，72
   parliamentary legislation and，议会立法，22, 42, 81
   prescription and，训示，28, 80
   village counsel，乡村法律顾问，20 n. 59
Lodington，诺丁顿，counsel, 法律顾问，168 n. 77
Lollards，罗拉德派，3 n. 12, 37, 51 n. 108, 67-68
   see also Wyclif，威克里夫
Lucas de Penna 彭纳·德·卢卡斯（d. *c.* 1390），85 nn. 1, 3, 90 n. 36, 97, 99
Lynwood，林伍德，William，威廉（d. 1446）
   rejection of conciliarism，拒绝至上主义，13 n. 31
   theocratic government and，神权政府，10 n. 15

variability of law，法律的易变性，43 n. 67

Magna Carta，自由大宪章，31, 46, 117 n. 40
maintenance，维护，69, 123
Major，梅吉尔，John，约翰（1469—1550），9 n. 6
majoritarianism，多数主义，18
Malory，马洛里，Thomas，托马斯，109 n. 8
malum prohibitum and *in se*，法律所禁止的行为，73-74
Mandeville，曼德维尔，*Travels*，旅行，62 n. 5
Markham，马克汉姆，John，约翰（d. 1479），Srjt, 高级律师，29, 36 n. 18, 42, 72, 118 n. 43, 119, 123, 128 n. 88, 129, 141 n. 40, 145, 151 n. 89, 152 n. 93
married women，已婚妇女，30
Marsilius of Padua，帕多瓦的马西里乌斯（d. 1343?）
   justice in，法官，85 n. 3, 91 n. 39, 99
   law as commands，作为命令的法律，35
   law，法律, obligatory nature，强制

性属性，37 n. 21, 39 n. 36
natural law and, 自然法，65 n. 23, 75 n. 64
populist theory of law-making, 平民主义视角下的法律制定，11-12, 18 n. 50
positivist thesis and, 持实证主义观点的论文，55 n. 121
rights, 权利，95 n. 56
variability of law, 法律易变性，43 n. 65

Martin, 马丁，John, 约翰（d. 1436), JCP, 民事诉讼法院的法官，23 n. 76, 30, 37 n. 25, 79 n. 81, 90, 95 n. 56, 105, 114, 146 n. 63, 157 n. 6, 158 n. 17, 161 n. 33, 165, 167, 168 n. 77, 169 n. 85, 170, 172

Mirror of justices, 正义影像，26, 39, 42 n. 58, 43, 46 n. 86

Mischief, 恶作剧
  inconvenience and, 不方便，6, 155, 169-174
  moral wrong and, 道德错误，5 n. 16, 156-157
  legislation and, 立法，156-157
  positivist thesis and, 持实证主义观点的论文，55-57, 58-59, 74

procedural vexation and, 程序的烦恼，159-161, 176
substantive wrongs and, 实质性错误，156-157, 159-160
without redress, 没有救济渠道，as, 157-159, 176

Moile (Moyle), 莫里，Walter, 沃尔特（d. 1480), JCP, 民事诉讼法院的法官，16 n. 44, 23 n. 76, 25, 27 n. 95, 28, 35 n. 14, 36 n. 17, 41, 80, 117, 119 n. 47, 123, 149-150, 157 n. 5, 166, 170

morality, 道德，4, 5, 33, 51-52, 59, 60, 62-64, 65 n. 27, 75, 83, 84, 97, 104, 106, 110-111, 132, 136, 139, 155, 175-179
  see also heteronomist thesis, 持他律性观点的论文，natural law, 自然法

Mordant (Mordaunt), 莫登特，John, 约翰（d. 1504), Srjt, 高级律师，16 n. 44, 28, 142 n. 46

More, 摩尔，Thomas, 托马斯，134 n. 15, 1335 n. 18, 136n. 24

murder, 谋杀，38, 42 n. 64, 51 n. 110, 68, 69, 157, 160, 167

natural law, 自然法，60-83, 84,

85, 131, 132, 175-179

access to, 接近, 64-66, 83

commands of, 命令, 62-63

divine law and, 神法, 60-62

divine origin, 神圣血缘, 61-63

Eternal law and, 永恒法, 61

higher law, 高级法, as, 74-83, 175

immutability, 不变性, 63

instinct and, 天性, 64, 70

interatitial use of, 相互利用 71-72, 83, 102

judges and, 法官, 70-74, 83, 108

justice and, 正义, 92, 95-97, 106, 120

public utility and, 公共设施, 71

purpose of, 目的, 63-64

reason and, 理由, 61-62, 63, 65, 110-111

scripture and, 圣经, 65

substance of, 实质, 62-64

theocratic legislation, 神权立法, 66-70, 176

Nedham (Nedeham), 内德汉姆, John, 约翰 (d. 1480), JCP, 民事诉讼法院的法官, JKB, 国王法院的法官, 72, 112 n. 22, 151 n. 89, 158 n. 17, 160

Neele, 尼尔, Richard, 理查德 (d. 1486), JCP, 民事诉讼法院的法官, 3 n. 10, 16, 24 n. 78, 36, 165 n. 54

nemo iudex in sua causa, 自己不能做自己案件的法官, 88-90

see also justice, 正义

Newton, 牛顿, Richard, 理查德 (d. 1448), CJCP, 民事诉讼法院的首席大法官, 3 n. 10, 17, 36, 89 n. 28, 100, 113, 119 n. 47, 142, 152, 157 n. 6, 167, 172 nn. 98, 100, 173

Nicholas of Cusa, 库萨的尼古拉斯, (d. 1464)

election and, 选举, 9 n. 6

law, 法律, obligatory nature, 强制性属性, 18, 37

natural law, 自然法, 62 n. 7

obedience to law, 对法律的遵从, 18

purpose of law, 法律的目的性, 47 n. 89

quod omnes tangit, 极端的自由主义理念, 18

secular authority and, 世俗权威, 8

supremacy of law, 法律的至上性, 26

theocratic kingship and, 具有神权

的国王, 10

Norton, 诺顿, Richard, 理查德 (d. 1420), Srjt, 高级律师, 158

Ockham, 奥卡姆, William of, 威廉 (1280—1349), 7

anointing, 涂油礼, 10

consent, 同意, 12 n. 24

justice and, 正义, 86 n. 9

purpos of law, 法律的目的, 49 n. 102

quod omnes tangit, 极端的自由主义理念, 18 n. 51

rights, 权利, idea of, 理念, 94

Parliament, 议会, 8, 9, 13, 27, 35, 39, 44-46, 55, 57, 67, 70, 74, 82, 117, 137, 138, 156, 157, 177

binding its successors, 约束继承人, 46, 138

intention of, 意图, 44, 102, 103, 143 n. 50

positivist thesis and, 持实证主义论点的论文, 55-7

whole community present, 整个社区的存在, 8, 13, 15, 16 n. 46, 34

see also legislation, 立法机关

Paston Letters, 帕斯顿信礼, 148

Paston, 帕斯顿, William, 威廉 (d. 1444), Srjt, 高级法官, JCP, 民事诉讼法院的法官, 37 n. 25, 58, 95 n. 56, 105 n. 103, 119 n. 47, 160, 165 n. 58, 167 n. 74, 168, 170, 171, 173

Pecock, 皮卡克, Reginald, 雷金纳德 (1395? —1460?), Bishop, 主教

abhorrent law, 恶法, status of, 法令, 52-53, 75, 77-78

Anticipates, 预料, Fortescue, 福特斯丘, 3 n. 13, 13, 32, 176

common law, 普通法, 19 n. 57, 26, 113 n. 23

conciliarist though and, 至上主义思想, 13 n. 31

conscience in, 良知, 102, 134, 150 n. 86

deterrence, 威慑, 37 n. 26

divine law and, 神法, 34, 37, 50, 62, 134

election and, 选举, 9

equity, 平等, 101-102

inconvenience, 不一致, 162 n. 35

justice and, 正义, 85, 87, 88, 89, 90-91, 92-93, 95, 36, 101, 120

270

justification for populist theory，平民主义理论的正当性，17-18

law as commands，作为命令的法律，13，34

law as made，制定的法律，34，39

law，法律，obligatory nature，强制性属性，17-18，34，37

life，生活，3 n. 12，177

local custom，地方习俗，19，22，41

mischief and，恶作剧，156 n. 2

natural law and，自然法，50，52，60-63，71 n. 54，77-78，95，102

obedience to law，遵从法律，17-18

populist theory of law，平民主义法律理论，13-14，17-18，9，88，177

positive law，实证主义法律，34

positivist thesis and，持实证主义观点的法律，52-53，54

purpose of law，法律的目的，47，50

reason and，理性，52，61-62，63，65，89，93，95，102，110，113 n. 23，134

rights，权利，idea of，理念，18，84，92-93，94，106，176

rules and，规则，36 n. 17

species of law，法律的种类，39

supremacy of law，法律的至上性，39

supremacy of law，法律的至上性，27

usury，高利贷，97 n. 67

variability of law，法律的易变性，44，52

works，作品，3 n. 12，7

perjury，伪证罪，147，148，151

per quod servititom amisit，个人应获得自己的劳动所得，129

persona mixta，个人角色的混合，10 n. 15

Philip the Chancellor，总管大臣菲利普（d. 1236），133

piepowder courts，行商法院，103

Pigot，皮戈特，Richard，理查德（d. 1483），Srjt，高级律师，82 n.92，112 n. 21，168 n. 75

Pope，教皇，9 n. 7，74 n. 63

populist thesis，持平民主义观点的论文，4-6，7-32，51，60，88，177-178

Port，港口，John，约翰（1472？—1540），JKB，国王法院的法官，*Notebook*，笔记本，9 n. 8，30 n. 109，47 n. 91，49 n. 98，74 n. 63，

95 n. 56, 100 n. 82, 102 n. 92, 104 n. 100, 122 n. 56, 157 n. 6

Portington, 珀廷顿, John, 约翰 (d. 1454?), Srjt, 高级律师, 127 n. 83, 173

positive law, 实证主义法律, 23, 25, 34-35, 71

positive thesis, 持实证主义观点的论文, 4, 5, 6, 33-59, 60, 74-75, 83, 155, 171, 173-174, 178

see also classical positivism, 古典实证主义

praecipe quod reddat, 执行令状的程序, 24, 116, 117, 149, 159, 170

praemunire, 藐视王权, 39, 126

preaching, 劝诫, 132, 176

precedent, 先例, 22-25, 108, 115, 116, 130, 160, 163, 164

see also common law, 普通法

prescription, 训令, 28, 80-81

see also local custom, 地方习俗

principals, 主要负责人, 165

Prisot（Prysot）, 普瑞索特, John, 约翰 (d. 1461), Srjt, 高级律师, CJCP, 民事诉讼法院的首席大法官, 25, 28, 35, 37 n. 25, 42 n. 60, 80, 95 n. 56, 116, 125 n. 74, 128 n. 90, 130, 147, 149, 157 n. 6, 160, 161 n. 33, 164, 166, 167, 168 nn. 76, 78

procedural vexation, 程序方面的瑕疵, 130, 159-161, 176

prohibition, 158

quare clausum fregit, 非法侵入他人土地, 24

quare impedit, 禁止进入的令状, 113, 169

quod omnes tangit, 极端的自由主义理念, 18-19

quod principi placuit, 国王享有立法权, 19, 53

reason, 理性

  appeal to, 上诉, 5, 56, 67, 88, 106, 113-115, 119-120, 153

  as authority, 作为权威, 108-131, 132, 177-179

  as foundation of common law, 普通法的基础, 112-113

  as good sense, 良好的判断, 79, 11, 113-120, 128, 131, 153, 167, 176

  as justice, 作为法官, 79, 11, 120-130, 131, 153, 176

  custom and, 习俗, 79-83

  delays and, 耽搁, 117-119, 131

double liability and, 双重责任, 121, 129-130

double recompense and, 双重赔偿, 121, 124-125

imbalances and, 不平衡, 11, 120-121, 176

inconvenience and, 不一致, 166-8

law and, 法律, 111-113, 114, 124, 126, 164, 173, 179

practice and, 实践, 110-131

punishment and, 惩罚, 111, 120-123, 157

recompenst for loss and, 赔偿损失, 84, 95, 120-121, 126, 131, 176

theory and practice, 理论与实践, 110-111

theory's justice and, 理论的正义, 84, 95, 120-121, 126, 131, 176

treating like alike and, 平等对待, 106, 115-17, 131, 167

see also natural law, 自然法, Fortescue, 福特斯丘, Pecock, 皮卡克

receipt, 收据, 36, 116, 117, 163, 170

Rede, 瑞德, Robert, 罗伯特（d. 1519）, JKB, 国王法院的法官, CJCP, 民事诉讼法院的首席大法官, 3 n. 10, 128

res publica, 共和国, 11

Rickhill, 瑞克希尔, William, 威廉（d. 1407）, JCP, 民事诉讼法院的法官, 114 n. 26, 118

rights, 权利, idea of, 理念, 84, 92-95, 106, 176

practice and, 实践, 94, 95 n. 56

see also droit, 所有权, justice, 正义

rigor iuris, 法之严格规定, 84, 99-101, 106, 143, 155, 171, 178

rejection of, 拒绝, 100-101

robbery, 强盗, 69, 157, 160, 167

see also appeal of robbery, 强盗罪的指控

Rolf, 罗尔夫, Thomas, 托马斯（d. 1440）, Srjt, 高级律师, 36 n. 18, 41, 157 n. 5

Roman Law, 罗马法, 12, 18, 19, 35, 36 n. 19, 40, 69 n. 48, 76 n. 71, 79 n. 82, 85 n. 1, 90

canon law and, 教会法, 2, 7

civilians and, 老百姓, 4, 84, 94

gifts and, 赠予, 64 n. 21

ratio legis, 立法理由, 112

Rufinus, 鲁菲纽斯（writing c. 1157）, 64 n. 21

Saint German, 圣日耳曼, Christopher,

克里斯托弗（1460？—1540）
abhorrent law，恶法，atatus of，法令，76，77，82，175
common law，普通法，19，26，42，135-136，177
conscience and，良知，134-136，146
consent，同意，26
influence on，影响，35 n.12，62 n.9，66，134，135-136，154，176
justice and，正义，95 n.58
law and virtue，法律与道德，50 n.104
law as commands，作为命令的法律，35 n.12，37 n.22
life，生活，3，137
local custom，当地习俗，19，41
maxims，箴言，36 n.19
natural law and，自然法，62 n.7，63 n.15，64 n.19，76，82
reason，理性，112-113
rules，规则，36 n.17
theocratic government，神权政府，10 n.13
variability of law，法律的易变性，43 n.67
works，作品，3 n.14
Saunders，桑德尔斯，Sir Edward，爱德华爵士（d.1576），Srjt，高级律师，144
scire facias，请说明理由，114，172
sheriffs，警察，29，58，128，137，142，149，159，160，161
Smith，史密斯，Thomas，托马斯（1514？—1577），16，34，n.1，70 n.50
souls，灵魂，67，68 n.42，72-73，132，140，146，148，150，151，176
Santon，桑顿，Hervey，赫维（d.1327），JCP，民事诉讼法院的法官，23
Statham，斯坦森，Nicholas，尼古拉斯（d.1472），133 n.4
Stillington，斯蒂林顿，Robert，罗伯特，Bishop，主教，34 n.2，85
Stonore，斯图洛尔，John，约翰（d.1354），JCP，民事诉讼法院的法官，CJCP，民事诉讼法院的首席大法官，105 n.102，112 n.18
Strangeways，斯特兰奇韦斯，James，詹姆斯（d.1443？），Srjt，高级律师，JCP，民事诉讼法院的法官，171 n.95
subpoena，传讯，72
substantive law，实体法
absence of，缺席，1-2
conscience and，良心，137-144
emergent，突然发生的，1-6

implicit, 没有异议的, 1, 5
judges and, 法官, 2, 5
legislation and, 立法机关, 2
meaning, 意涵, 2
see also common law, 普通法, law, 法律

Sulyard, 苏亚德, John, 约翰 (d.1488), Srjt, 高级律师, 37 n. 25

supersedeas, 停止控告的令状, 124, 141

supremacy of law, 至上的法律, see Law, 法律

synderesis, 良知, 133, 134
see also conscience, 良知

taxation, 税收, 12, 13, 14, 16 n. 44, 17, 27, 34

theocratic government, 神权政府, 9-10

theocratic law, 神法 66-70

Thirning, 索林, William, 威廉 (d. 1413), JCP, 民事诉讼法院的法官, CJCP, 民事诉讼法院的首席大法官, 42 n. 64, 50, 57 n. 128, 89, 112 n. 22, 146 n. 63, 158 n. 13, 163, 168 n. 77

Thomism, 托马斯主义, 4, 62, 84, 87, 113 n. 23

see also Aquinas, 参见阿奎那著作

Thorpe, 索普, Robert, 罗伯特, (d.1372), Srjt, 高级律师, CJCP, 民事诉讼法院的首席大法官, 23 n. 73, 39

Three Considerations, 三方面考虑, 86-87, 98-99

Tirwit (Tyrwhit), 特威特, Robert, 罗伯特 (d.1428), Srjt, 高级律师, 15 n. 43, 57, 89 n. 28, 101 n. 87

torture, 拷问, 53

Townsend (Townshend), 汤森德, Roger, 罗杰 (d.1493), JCP, 民事诉讼法院的法官 (1485—1493), 73, 95 n. 56, 101

treason, 叛国, 31, 138

Tremaile (Tremayle), 特梅勒, Thomas, 托马斯 (d.1508), Srjt, 高级律师, JKB, 国王法院法官, 49 n. 99, 95 n. 56, 105 n. 103, 142 n. 46

trespass, 侵犯, 4, 21, 25, 29, 30, 48, 73, 80, 82, 90, 99, 122, 124, 125, 129, 140, 143, 145, 149, 158, 159, 163 n. 45, 164, 165

trial by battle, 决斗裁判, 114-115

Trovomara (Trovamala), 特沃玛菈,

Baptista，巴普蒂斯塔，136 n. 23

trusts，信任，*see uses*，参见适用

ultra vires，超越权限，29

usage，适用，4，5，7，19-26，41，42，100 n. 84，142，177

 see also common law，普通法，judges，法官，local custom，地方习俗

uses，适用，58，140

usury，高利贷，97，143

Vampage，乱闹，John，约翰，counsel，法律顾问，112 n. 18

Vavasour，瓦瓦苏，John，约翰（d. 1506），JCP，民事诉讼法院的法官，15，16，36 n. 17，147 n. 68

venire facias clericum，陪审团召集令，160-161

vice，邪恶，49-51，86

view，观点，117

virtue，美德，49-51，86-87，92，98

volenti non fit injuria，对同意者不构成损害，36，88

voluntarist thesis，持唯意志论观点的论文，14，33，34，35，60，74，84，91-2，97，155，175-179

 see also autonomist thesis，持自治论观点的论文

voucher to warranty，传唤不动产产权担保人出庭，118-119

wager of law，宣誓断讼法，21，23，25，117，148

conscience and，良心，150-153

Wangford，旺克福德，Srjt，高级律师，159

waste，废品，writ of，令状，58

weirs，堰，67，156

wills，意志，68，140-141

 administrators，管理者，104-145，114

 executors，执行者，21，23，30，72-73，100，104-105，114，139-140，143

 married women，已婚妇女，30

 testators，立遗嘱之人，21，23，139-140

writs，令状，29，114，116，159，170

 abatement of，废除，130，158，160，169，170，inconsistent，不一致性，114

 procedure without，程序不完善，1

 Register，登记，1，2 n. 4

 return of，归还，24，128，149，160，161

 system of，制度，1-2

Wyclif，威克里夫，John，约翰（d. 1384），49 n. 100，51 n. 108，63 n. 11，65，109 n. 6，144，156 n. 1 see also Lollards，罗拉德派

Yaxley，亚克斯利，counsel，法律顾问，125 n. 74，127

Yelverton，耶尔弗顿，William，威廉（d. 1476），JKB，国王法院的法官，23，35，36，71，74 n. 63，112 n. 22，171 n. 94

Young（Yonge），咏格，Thomas，托马斯（d. 1477），Srjt，高级律师，123，158，168 n. 75，172 n. 98

声　明　1. 版权所有，侵权必究。

　　　　2. 如有缺页、倒装问题，由出版社负责退换。

图书在版编目（CIP）数据

中世纪晚期英国法中的最高权威/（英）诺曼·多恩著；杨尚东译．—北京：中国政法大学出版社，2018.5
ISBN 978-7-5620-8053-4

Ⅰ.①中… Ⅱ.①诺… ②杨… Ⅲ.①法制史－研究－英国－中世纪 Ⅳ.①D956.19

中国版本图书馆CIP数据核字(2018)第061601号

出　版　者	中国政法大学出版社
地　　　址	北京市海淀区西土城路 25 号
邮寄地址	北京 100088 信箱 8034 分箱　邮编 100088
网　　　址	http://www.cuplpress.com（网络实名：中国政法大学出版社）
电　　　话	010-58908289（编辑部）58908334（邮购部）
承　　印	固安华明印业有限公司
开　　本	880mm×1230mm　1/32
印　　张	9.125
字　　数	230 千字
版　　次	2018 年 5 月第 1 版
印　　次	2018 年 5 月第 1 次印刷
定　　价	46.00 元